제4판

비용·편익분석

COST BENEFIT ANALYSIS

김동건

박영사

제 4 판 서 문

2008년 제3판이 출간된 지 어언간 4년의 시간이 흘렀다. 우리나라에서 아직까지 비용·편익분석의 이론과 실제를 소개하는 교과서가 별로 많지 않기에 본서가 이 분야에서 그런대로 일정한 역할을 해 온 것에 긍지와 감사를 느낀다. 그러나 여전히 보완할 부분이 남아 있기에 이번에 제4판을 출간하게 되었다.

이번에 보완된 부분은 대략 세 가지이다. 우선 시대적 변화에 따라 타당성분석의 접근방법도 변하고 있는데 그 변화의 일부분을 본서에 반영하였다. 최근의 타당성분석에서는 경제성분석뿐만 아니라 정책적 측면의 고려사항도 반영하고 있는데 이러한 내용을 추가하였다. 둘째로 제3판에 이어 제4판에서도 제6장 비시장재화의 가치측정을 보완하였다. 이번에는 사회적 실험(Social experiments)에 대한 접근방법을 소개하였다. 끝으로 비용·편익분석에서 사용되는 기본변수들의 수치들을 업데이트(update)하였다.

저자는 2009년에 정년을 맞이하여 지금은 서울대학교 명예교수로 있다. 서울대학교가 저자에게 집필할 수 있는 공간을 마련해 준 것에 항상 감사를 느낀다. 아울러 본서를 출판하는 데 수고하시는 박영사의 관계 임직원에게도 깊은 감사를 전한다.

2012년 1월
관악캠퍼스 명예교수실에서
저 자 씀

제3판 서 문

　　1997년 본서의 초판이 발간되었고 2004년에 개정판이 나왔는데 여전히 보완할 부분이 많아 제3판을 출간하게 되었다. 이번에 보완된 핵심 분야는 제6장 비시장재화의 가치측정에 관한 것이다. 특히 조건부가치 측정법(CVM)을 새롭게 정리하였다.

　　우리나라에서는 비용·편익분석 기법을 이용한 연구보고서는 많으나 이를 사회과학적 시각에서 소개하고 있는 교과서는 아직 그리 많지 않다. 따라서 본서가 이 부분에서 어느 정도 공헌하고 있다고 하겠으나 미흡한 것이 한두 가지가 아니다. 앞으로 계속 발전시켜 나가야 할 과제이다.

　　본서에 대하여 그동안 여러 가지 논평과 조언을 해준 서울대학교 행정대학원 출신의 제자들에게 감사를 드린다. 특히 공직사회에 진출한 공무원들로부터 많은 성원이 있었다. 이에 보답하는 뜻에서라도 본서가 더욱 좋은 책이 되도록 노력하여야겠다. 끝으로 항상 수고하시는 박영사의 조성호 기획부 차장님께 감사를 전한다.

2008년 2월
관악캠퍼스 연구실에서
저 자 씀

개정판 서문

1997년 본서의 초판이 발간된 지 7년이라는 시간이 흘렀다. 비용·편익분석(Cost-Benefit Analysis)을 본격적으로 소개하는 교과서가 그동안 별로 없었다는 점에서 본서가 이론적으로나 실무적으로 어느 정도 공헌한 바가 없지 않았으나 아무래도 이런저런 미흡한 바가 적지 않았다.

이번의 개정판에서는 몇 가지 중요분야를 보완하는 데 중점을 두었다. 초판과 기본적으로 같은 골격을 유지하면서 2개의 장을 추가하였는데, 그 하나가 제6장의 환경변화의 가치측정이고 다른 하나가 제11장의 비용·효과분석이다. 이 2개 장 모두가 초판의 보완적인 것이지만, 그 중요성에 비해 초판에서는 간략하게 다루었기 때문에 이를 확대시키면서 그동안 발전된 논리들을 소개하였다.

초판은 저자가 1년간 미국 캘리포니아 주립대학교(University of California, San Diego)에 초빙교수로 가 있으면서 집필한 것인데, 운좋게도 저자가 7년 후인 지난 2003년에 다시 같은 대학에 초빙교수로 가게 되어 이를 계기로 개정판을 발간할 수 있게 되었다. 이런 뜻에서 서울대학교 행정대학원에 감사를 드리지 않을 수 없다. 또한 좋은 교과서를 출판하기 위해 항상 수고하시는 박영사의 안종만 회장 이하 여러 임직원들에게 감사를 드린다.

2004년 6월
관악캠퍼스 연구실에서
저 자 씀

서   문

비용·편익분석(Cost-Benefit Analysis)에 관한 논의는 오래 전부터 재정학, 공공경제학 및 정책분석 등에서 단편적이나마 소개되어 왔었다. 그러나 비용·편익분석만을 소개하는 교과서가 없었기에 이 분야를 좀더 집중적으로 공부하고 싶어하는 학생들에게 불편함이 있었는데, 이번에 이 책을 출간하게 되어 저자로서 약간의 긍지를 느끼고 있다. 아직도 여러 가지로 미흡하고 보완해야 할 사항들이 다수 있음을 인정하지 않을 수 없다. 다만, 이 분야를 공부하는 학생들이나 이 분야에 관심 있는 일반공무원 및 시민들에게 비용·편익분석이라는 것이 무엇이고 어떻게 하는 것이라는 것을 이론과 실무 양 측면을 고려하면서 쉽게 이해할 수 있도록 집필했다는 점을 강조하고 싶다.

이 책은 총 13장으로 구성되어 있는데, 마지막 3개 장은 사례연구에 해당된다. 서로 비교될 수 있는 상이한 사업을 사례연구로 삼았기 때문에 실무에 적용하는 데 많은 도움이 되리라 여겨지며 또 실제 도움이 되기를 희망한다.

이 책을 집필하는 데 여러분들로부터 도움을 받았다. 우선 한국학술진흥재단의 김종운 이사장께 감사를 드린다. 저자는 지난해 한국학술진흥재단으로부터 교수해외파견 연구지원을 받아 1년

간 미국 캘리포니아 주립대학교(University of California, San Diego)
에 초빙교수로 가 있었는데, 그 기간중 이 책을 집필하게 된 것이
다. 그리고 저자가 속해 있는 서울대학교 행정대학원의 교수와 학
생들에게 감사를 드리지 않을 수 없다. 이 책은 저자가 10년간 강
의해 온 내용들을 토대로 집필된 것이며, 이 과정에서 동료교수
및 제자들로부터의 도움이 많았다.

　　끝으로 원고를 정리하고 교정하는 데 큰 도움을 준 서울대학
교 행정대학원의 김유심 조교에게 감사를 드리며, 박영사의 기획
과 편집을 담당한 여러 직원들에게도 심심한 감사를 드린다.

1997년 7월

관악캠퍼스 연구실에서

저 자 씀

목   차

제 3 장   공공부문 의사결정의 기준

제 4 장   비용 · 편익의 유형

제 6 장   비시장재화의 가치측정

제 7 장   교역재와 비교역재의 경제적 가치

제10장 소득분배와 사회적 비용 · 편익분석

제11장 비용 · 효과분석

제15장　교육사업의 타당성분석(사례 3)

제 1 장 　 비용·편익분석의 기본개념

1.1　 비용·편익분석의 목표

　　오늘날 선진국이든 혹은 개발도상국이든 한 나라의 정부지출의 효과는 지대하다. 정부지출에는 국방과 같은 민간부문에서 전혀 취급할 수 없는 기능에 대한 지출을 비롯하여 교통, 통신과 같은 사회간접자본(사회하부구조)의 건설, 자원개발, 인력관리, 과학기술촉진 등 넓은 분야가 포함되고 있다.

　　그런데 정부지출이란 모두 예산 속에 편성되어 집행되는 것으로서 정부의 입장에서는 부족한 자원을 어떻게 하면 효율적으로 사용할 수 있는가 하는 점이 중요 관심사가 아닐 수 없다. 다시 말해 정부가 공공투자사업을 선정하는 데는 충분한 분석이 있어야 하며 현명한 선택이 요구되는 것이다. 정부가 행하는 대부분의 사업은 대규모 사업이므로 한번 잘못된 선택을 한 경우 발생하는 피해가 크고 또 장기적이다.

　　비용·편익분석은 이와 같은 정부의 공공투자사업을 현명하게 선정하는 데 이용되는 절차와 방법을 다루고 있다. 따라서 비용·편익분석(cost-benefit analysis)은 정책결정자에게 중요한 의사결정 수단으로서의 역할을 제공하며, 공공투자사업의 타당성분석(feasibility analysis)의 하나라고 하겠다. 물론 타당성분석이란 말 그대

로 사업의 타당성여부를 검토하는 것이므로 비용·편익분석보다
훨씬 넓은 측면을 취급하게 된다. 비용·편익분석이 주로 경제성
분석에 초점을 맞추고 있다면 타당성분석은 기술적, 사회적, 정책
적 분석을 모두 포함하고 있다.

1.2 비용·편익분석의 특징

비용·편익분석이란 국가적인 차원에서 정해진 공공목표를 달
성하기 위하여 예상되는 여러 대안들(alternatives) 각각의 비용과
편익을 측정하고 비교평가하여 최선의 대안을 도출하는 기술적 방
법이라고 규정할 수 있다.[1] 따라서 이 분석은 사업대안들의 비용
과 편익을 측정하고 평가하는 일반적인 절차를 모두 내포하고 있
으며 이와 관련된 여러 원칙과 기준하에서 분석을 해야 하는 것이
다. 그러나 공공투자사업이란 매우 다양하고 광범위하므로 이 전
체를 포괄하는 일반절차란 규명하기가 어렵다. 실제적으로는 특정
사업의 성격을 고려하면서 그때 그때 적절한 방법을 통해 평가할
수밖에 없다.

비용·편익분석의 몇 가지 중요한 특징을 소개하면 다음과
같다.

첫째, 이것은 개별정부투자사업을 평가하는 경제적 분석의 한
분야라는 것이다. 물론 개별사업(project) 단위가 아닌 프로그램
(program)이나 정책(policy) 자체를 비교평가하는 것도 넓은 의미
의 비용·편익분석에 속하지만 여기서 주로 논의하는 것은 개별사

---

1) Peter G. Sassone and William A. Schaffer, *Cost-Benefit Analysis*: *A Hand-
book*(Academic Press, Inc., 1978), p. 3.

업단위에 대한 것이다.

둘째, 비용 · 편익분석은 기업차원의 재무적 분석과는 달리 사회적 관점 또는 국민경제 전체의 관점에서 비용과 편익을 파악한다. 따라서 민간기업에서 새로운 사업을 추진할 때 사용하는 타당성 검토와 비교해 볼 때 접근방법은 비슷하다고 하더라도 개념적으로는 아주 다르다. 가장 근본적인 차이는 비용과 편익의 성격과 내용에 있다고 하겠다. 국민경제적 관점에서 편익이란 특정사업의 국민생산에 대한 공헌을 뜻하며, 비용이란 국가자원의 낭비(즉, 자원의 기회비용)를 뜻하게 된다.

셋째, 비용 · 편익분석은 공공사업에서 추진하고 운영하는 과정에서 발생될 것으로 기대되는 모든 비용과 편익을 단기적 시각이 아니라 장기적 시각에서 종합적으로 평가한다는 것이다. 물론 민간기업의 의사결정에 있어서도 시간이라는 변수는 중요하다. 그러나 민간사업에서의 시간변수는 공공사업의 그것과 같을 수 없다. 공공사업에서는 시간변수도 사회적 관점에서 고려되므로 그 기간이 훨씬 더 길며 할인율의 선택이라든가 위험(리스크)에 대한 대응도 장기적이어야 한다.

넷째, 비용 · 편익분석은 현실적인 측면을 고려한 실무적 (practical)인 분석방법이다. 기본적인 분석의 논리는 미시경제학의 기초이론에 근거하고 있지만 현실적용을 위해 많은 응용이 분석과정에서 채택된다. 또한 대안의 선택에 있어서도 정치적, 사회적 또는 문화적 제약 등 현실적인 요인에 대한 고려가 중요한 비중을 차지하게 된다.

다섯째, 비용 · 편익분석은 객관적(objective)인 분석방법이다. 비용 · 편익분석이 올바른 의사결정수단의 하나로 인정받기 위해서는 여기서 제공되는 모든 정보가 객관적인 가치를 갖고 있어야

한다. 사회현상을 분석하는 사회과학에서 엄격한 객관적인 평가가
이루어진다는 것은 매우 어려운 일이다. 그러나 비용·편익분석은
가능한 한 객관적인 입장에서 분석을 완료하여야 한다.

여섯째, 비용·편익분석은 효율성 중심의 경제적 합리성에 근
거한 분석이다. 그런데 이 방법에 의해 내려진 결론이 항상 채택
되어야 한다는 법은 없다. 최종판단은 정책결정자에 달려 있는 것
인 만큼 이때 다른 가치판단(예컨대 사회·정치적 합리성)에 의해
다른 결정을 내릴 수 있다. 문제는 어떻게 경제적 합리성과 사
회·정치적 합리성을 슬기롭게 조화시키느냐이다.

비용·편익분석에 관하여 일반적으로 오해되고 있는 부분이
있는데 이를 세 가지만 지적하면 다음과 같다.[2]

첫째, 비용·편익분석을 행하는 데 있어 비용이나 편익으로
측정하기 어려운 요소들이 많이 있다. 다시 말하여 계량화의 어려
움이 존재한다. 이러한 이유로 비용·편익분석은 무리한 계량화로
인하여 믿을 수 없는 억측에 의한 분석에 불과하다는 견해가 있을
수 있다. 그러나 이러한 견해는 잘못된 것이다. 비용·편익분석은
분석대상에 대하여 장단점을 나열하고 이에 근거한 판단을 정리하
고 조직화한 사고의 틀이라 하겠다. 측정할 수 있는 것은 최대한
측정하고, 측정할 수 없는 것은 그대로 지적하여 최선의 선택에
이르도록 도와 주는 기법이 바로 비용·편익분석인 것이다.

또한 나중에 구체적으로 검토하겠지만 그 동안 학문적 연구가
활발히 이루어져서 계량화하기에 매우 어려운 과제(예컨대 환경변
화의 가치)들의 계량화기법들이 많이 개발되었다.

둘째, 비용·편익분석은 실증적인 접근방법(positive approach)

---

2) Edward M. Gramlich, *Benefit-Cost Analysis of Government Programs*
   (Prentice-Hall, Inc., 1981), pp. 5~6.

이라기보다는 규범적인 접근방법(normative approach)이다. 규범적인 접근방법에는 무엇을 어떻게 하는 것이 가장 이상적인가를 규명하는 가치판단이 내포된다. 가치판단에는 정치적·사회적·문화적인 여러 제약들이 영향을 끼치게 되며, 이러한 이유로 경제분석에 의해 도출된 비용·편익분석의 결과는 자칫 무용지물이 되기 쉽다. 그러나 이러한 문제 또는 제약 때문에 비용·편익분석을 경시하는 것은 잘못된 것이다. 정치적·사회적 제약들을 적절히 고려하면서 현실적으로 가능한 최선의 대안을 제시하는 것이 비용·편익분석의 목적이라면 이것은 그런대로 가치 있는 분석인 것이다. 앞에서도 지적하였듯이, 정책결정자의 최종판단 단계에서는 현실적인 제약들이 어쩔수 없이 반영된다고 하더라도 비용·편익분석에서 객관적인 분석과 평가를 한다는 것이 중요하며 이것으로서도 의미 있는 의사결정수단이 될 수 있는 것이다.

셋째, 비용·편익분석에 대한 잘못된 견해로써 마지막으로 지적하고자 하는 것은 첫 번째와 두 번째의 지적과 정반대의 경우에 해당된다. 즉, 비용·편익분석의 효력을 지나치게 신봉하여 여기서 도출된 결과를 만병통치약처럼 생각하는 것이다. 이것은 분명히 잘못된 견해이다. 정부의 정책이나 사업에 대해 만병통치약을 기대하기 어렵고 어쩌면 만병통치약이라는 것이 존재하지 않을지도 모른다. 비용·편익분석은 특정사업에서 비용보다 편익의 발생이 커서 순편익(net benefit)이 생기면 이 순편익은 결국 국민경제에 공헌하게 된다고 가정하고 있는 것에 불과하다. 그래서 어떤 공공목표(예: 빈곤퇴치)를 완벽하게 달성하고 결함을 치유한다기보다는 공공목표의 달성을 위해 점진적으로 진전시켜 나가는 것이 비용·편익분석의 효력이라고 하는 것이 더 옳을 것이다. 따라서 빈곤퇴치를 위해 특정사업 X를 채택했는데 빈곤이 완전히 퇴치되지 못

했으므로 특정사업 X는 실패한 것이고 나아가서 비용·편익분석은 그 효력이 없다고 얘기한다면 그것도 또한 잘못된 생각이라고 하겠다.

1.3 비용·편익분석의 연혁

비용·편익분석에 대한 이론적 연구는 그 역사가 그리 길지 않다. 이는 과거에 공공분야에 대한 경제학적 연구가 주로 조세문제에 국한되어 있었고, 공공지출문제는 상당히 경시되어 온 탓이기도 하다. 비용·편익분석의 기초개념이 공식적으로 처음 등장한 것은 19세기 말 프랑스 경제학자인 듀퐁(J. Dupuit)의 연구[3]라는 것이 일반적인 통설이며, 여기서 소위 소비자잉여(consumer surplus)라는 개념이 등장하게 되었다. 그러나 비용·편익분석이 좀더 본격적으로 개발된 것은 20세기에 들어와서 후생경제학(welfare economics)이 발전되고 난 후부터이다.

후생경제학에서는 정부부문의 공공지출 효율화 문제가 주요한 연구대상이 되었으며, 제한된 자원의 합리적 이용을 위해서는 공공투자도 민간투자 못지않게 혹은 그보다 더 효율적이라야만 그 당위성이 존재한다는 논리에 입각하여 양 부문의 투자효율에 대한 비교분석이 활발하게 전개되었다. 여기서의 주 관심사는 사회후생의 극대화라는 전제하에 민간지출과 공공지출간의 균형을 어떻게 유지시키느냐에 있었다. 이와 같은 후생경제이론을 바탕으로 이를 정부사업에 실제 적용시키고자 하는 시도를 처음으로 한 나

---

3) Jules Dupuit, "On the Measurement of Utility of Public Works," *International Economic Papers*, Vol. 2, 1952(Originally Published in France in 1844).

라는 역시 미국이었다. 미국정부는 1939년에 홍수방지법안을 통과
시키면서 홍수방지대책에서 주민들에게 돌아가는 혜택이 비용을
초과해야 한다는 원칙을 설정하였다. 그러나 비용과 편익을 어떻
게 규정하고 측정해야 하는가에 대한 구체적인 지침은 그 때까지
없었다.

그러다가 1950년에 미국의 「Federal Inter-Agency Com-
mittee on Water Resources」에서 수자원 관리를 위하여 강유역
사업들에 대한 타당성분석 보고서를 작성하게 되었는데 이 보고서
를 통상 'Green Book'이라고 불렀다. 1958년에 최종 완성된 이
Green Book에서 현대적 의미의 비용·편익분석방법이 소개되었
고, 오늘날의 정부사업평가의 기초가 마련되었다. 이와 동시에 좀
더 확고한 이론적 토대가 여러 학자들에 의하여 마련되었는데, 대
표적인 학자가 엑스타인(O. Eckstein)[4], 맥킨(R. N. McKean)[5] 및
돌프만(R. Dorfman)[6] 등이었다. 1965년 미국의 존슨(Lynden B.
Johnson) 대통령은 '위대한 사회건설'이라는 모토 아래 각종 사회
프로그램들을 확대시켰는데 이 때 재정팽창을 우려하여 모든 주요
정부프로그램 및 사업들에 대해서는 비용·편익분석을 행하고 이
에 따라 선정된 대안들만을 예산에 반영토록 하는 기획예산제도
(Planning Programming and Budgeting System: 일명 PPBS)를 채택
하도록 하였다. 미국의 PPBS는 대체로 실패하였다고 하겠으나 이
를 계기로 미국정부기관에 기획예산의 개념이 소개되면서 비용·

---

4) Otto Eckstein, *Water Resources Development*: *The Economics of Project
   Evaluation*(Harvard Univ. Press, 1958).
5) Renald N. McKean, *Efficiency in Government Through System Analysis*
   (New York: Wiley, 1958).
6) Robert Dorfman, ed., *Measuring Benefits of Government Investment*
   (Washington, D.C.: Brookings Institute, 1965).

편익에 대한 분석이 매우 정교하게 발전되었다. 1970년대에 들어
와서는 UN[7], OECD[8] 및 IBRD(세계은행)[9] 등에서 비용 · 편익분석
의 기법을 더욱 발전시켜 이를 후진국의 개발계획 또는 개발프로
젝트 등의 분석에 광범위하게 적용함으로써 비용 · 편익분석의 발
전에 크게 공헌하여 오늘에 이르고 있다.

　　1980년대와 1990년대에 걸쳐서 비용 · 편익분석은 새로운 전기
를 마련하게 되었다. 이는 많은 나라에서 삶의 질 향상과 연관하
여 환경보존의 중요성을 인식하고 환경에 영향을 주는 정책결정에
비용 · 편익분석을 도입하도록 하였기 때문이다. 대표적인 예로 미
국의회는 1995년에 일정규모 이상의 처리비용을 수반하는 규제조
치를 수립할 때에는 비용 · 편익분석을 반드시 행하도록 하는 법안
을 상정한 바 있다. 이 법안(The Risk Assessment and Cost-Benefit
Analysis Act of 1995)은 하원을 통과하였으나 상원에서 열띤 논쟁
끝에 투표로까지 가지 않아서 결국 법률화하지는 못하였다. 그러
나 이러한 논의과정을 거치면서 비용 · 편익분석의 중요성이 크게
인식되었고 새로운 기법 개발에도 발전이 있게 되었다. 민간기업
에서도 자신들의 대규모 투자사업이 장기적으로 어떠한 사회적 편
익과 비용을 유발할 것인가를 파악하는 것이 정부의 각종 규제절
차에 적절히 대응하는데 유용하다는 판단 아래 비용 · 편익분석을
중요한 의사결정수단으로 활용하고 있는 것이 지금의 추세이다.

　　우리나라에서의 비용 · 편익분석 도입은 1990년대에 들어와서
본격화되었다고 할 수 있다. 그 이전의 경제개발시대에서도 정부
투자사업에 대한 타당성 검토는 이루어져 왔으나 주로 기술적 타

---

7) UNIDO, *Guidelines for project Evaluation*(New York: United Nations, 1972).
8) OECD, *Manual of Industrial project Analysis*(Paris: OECD, 1969).
9) Lyn Squire and H.G. Van der Tak, *Economic Analysis of Projects*
　　(Washington, D.C.: World Bank Publications, 1975).

당성을 중점적으로 검토한 것이었고 보다 중요한 경제적 타당성은
소홀하게 취급되었다. 우리나라 정부는 1999년부터 "예비타당성
조사제도"를 도입하였는데, 조사 대상사업은 총 사업비 500억원
이상인 사업으로서 국가가 직접 시행 혹은 대행하는 사업뿐만 아
니라 지방자치단체 사업 및 민자유치사업에 대해서도 국고지원이
전제되는 한 예비타당성 조사를 받도록 하고 있다.

　예비타당성 조사제도는 본격적인 타당성 조사 이전에 예비적
차원에서 경제성 분석(전통적 비용 · 편익분석)을 행하고 이와는 별
도로 지역개발효과, 재원조달방안, 적정투자시기, 환경문제 등 정
책적으로 고려해야 할 사항을 분석하여 이렇게 행한 두 가지 분석
을 통합하여 종합적으로 평가하도록 하는 제도이다.

　예비타당성 조사를 수행하기 위하여 1999년 한국개발연구원
(KDI)산하에 공공투자관리센터를 설치하였고 여기서 예비타당성
조사를 위한 일반지침 및 철도, 항만, 공항, 도로, 문화, 관광, 체육,
R&D 등 부문별 평가지침을 개발하고 있다.[10]

---

10) KDI, 공공투자관리센터, 「예비타당성조사 수행을 위한 일반지침연구」(개정판),
　　(한국개발연구원, 2000) 참조.

제 2 장   비용·편익분석의 기초이론

2.1 시장의 실패와 정부의 개입

  비용·편익분석의 주대상이 정부투자사업이라면 먼저 시장경제를 신봉하는 자본주의 체제에서 정부의 공공사업이 왜 필요한가를 논리적으로 설명해야 한다. 정부의 공공사업은 시장경제하에서 민간부문이 그 기능을 제대로 수행하지 못함으로써 등장하게 되는데 이것을 시장의 실패(market failure)라고 부른다. 시장의 실패가 일어나는 요인들을 설명하면 다음과 같다.

2.1.1 공 공 재

  공공재(public goods)란 민간재(private goods)와 구별되는 말로서 재화가 갖고 있는 특수한 성질 때문에 시장에서 공급될 수 없고 공공기관을 통해서 공급되는 재화와 서비스를 일컫는다.
  공공재가 갖고 있는 특수한 성질 가운데 대표적인 것으로 소비의 비경합성(non-rival consumption)을 들 수 있다. 비경합적 소비란 한 개인이 소비에 참여함으로써 얻는 이익이 다른 모든 개인들이 얻는 이익을 감소시키지 않는다는 것을 의미한다. 다시 말하여 많은 사람들이 동일한 재화를 동시에 소비할 수 있으며 동등한 이익(혜택)을 서로 얻을 수 있음을 뜻한다. 이러한 의미에서 비경합적 소비를 공동소비(joint consumption)라고 한다.

민간재의 경우는 주어져 있는 공급량에서 한 사람의 소비가 증가되면 그것은 분명히 다른 사람의 소비량에 영향을 끼치기 마련이다. 그러나 대표적인 공공재인 국방의 경우를 보자. 국방은 이를 튼튼히 함으로써 외세의 침략을 방지할 수 있으며 따라서 인명과 재산의 피해를 미연에 막아 준다. 국방을 소비함으로써 각 개인은 혜택을 받는다. 그러나 국방은 한 개인이 이를 얼마만큼 소비하든 다른 사람의 소비에는 아무런 영향을 끼치지 않는 비경합적인 특성을 가지고 있다. 이와 같은 비경합적 소비라는 특징을 가지고 있는 공공재의 예는 국방 이외에도 많다. 홍수방지시설이라든가 치안유지제도 등은 동일한 지역에 살고 있는 모든 사람들에게 공동의 소비를 제공해 주고 있는 것이다.

비경합적 소비의 특징을 가지고 있는 공공재는 시장경제에서 효율적으로 공급될 수 없다. 왜냐하면 소비가 비경합적이면 소비자들은 그 재화를 구입하던 구입하지 않던 소비혜택에서 배제되지 않는다는 것을 알게 되고 그렇게 되면 소비자들은 결코 자발적으로 그 재화의 가격을 지불하면서 구입하려고 하지 않을 것이기 때문이다. 다시 말하여 소비자들은 공공재소비에 무임승차자(free-rider)의 위치에 있으려고 할 것이다. 이런 상황에서 만약 민간기업이 공공재를 시장경제원리에 의해 생산·공급하려고 한다면 자발적으로 구입하려는 소비자는 아무도 없게 되고 결국 해당 민간기업은 망하게 되어 원활한 공공재공급이 이루어지지 못하게 되는 것이다.

공공재는 정부에 의해 생산되고 공급될 때 자원의 효율적 사용이 가능해진다. 그러면 적정 공공재공급은 어떻게 결정되는가?

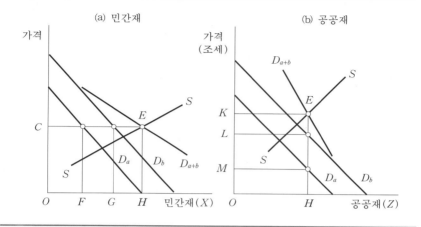

그림 2-1 민간재 및 공공재의 적정규모결정

(a) 민간재

(b) 공공재

이를 [그림 2-1]을 통해 민간재의 경우와 비교하여 살펴보자.

[그림 2-1]의 (a)는 우리에게 매우 친근한 민간재의 수요곡선과 공급곡선을 보여 주고 있다. D_a와 D_b는 일반소비자인 a와 b의 개별수요곡선이다. 시장수요곡선 D_{a+b}는 D_a와 D_b를 수평으로 합산한 것으로, 주어져 있는 시장가격에서 a와 b가 구입하고자 하는 수요량을 합산함으로써 구해진다. SS선은 시장공급곡선이며, 균형상태는 D_{a+b}곡선과 SS곡선이 교차하는 E점에서 결정된다. 균형가격은 OC이며, 균형생산량은 OH가 됨으로써 이 중 a는 OF만큼 구입하고 b는 OG만큼 구입하게 됨을 가리키고 있다. 즉 $OF+OG=OH$이다.

그러면 공공재의 경우는 어떠한가? [그림 2-1]의 (b)에서 보는 바와 같이 민간재와 마찬가지로 종축에 공공재의 가격, 횡축에 공공재의 수급량을 표시하고 있다. D_a와 D_b는 일반소비자 a와 b의 개별수요곡선이다. 개별수요곡선은 소비자 a와 b가 공공재에 대하여 자신의 진실한 선호를 자발적으로 표시하고 있다는 가정하에서 그려진 것이다. 총(시장)수요곡선 D_{a+b}는 D_a와 D_b를 합함으로써 얻어지는데, 이 때 D_a와 D_b를 수평적으로 합하는 것이 아니라 수직적으로 합해야 한다는 것이 민간재의 경우와 다른 점이다. 공공재는 비경합적 소비의 성질을 가지고 있으므로 소비자 a와 b의 소비는 균등하게 될 수 있음을 우리는 앞에서 지적하였다. 따라서 이렇게 균등한 공공재의 소비량에 대하여 소비자 a와 b가 지불하려고 하는 가격은 각자의 선호(수요)에 따라 다를 것인데, 이 가격을 합산하여 D_{a+b}곡선이 얻어지는 것이다. 균형상태는 D_{a+b}곡선이 공급곡선인 SS선과 서로 교차하는 E점에서 형성된다. 즉, 균형생산량은 OH이며 이것은 소비자 a와 b가 공동으로 소비하는 양이다. 공공재의 균형가격은 OK가 되며 이것은 a가 OM을 지불하고 b가 OL만큼 지불함으로써 이루어진다. 즉, $OM+OL=OK$이다.

이처럼 [그림 2-1]에서 민간재와 공공재의 적정규모 결정방법은 매우 유사한데, 그러면 양 재화 사이의 근본적인 차이는 무엇인가? 민간재의 경우에 있어서는 자원의 효율적 배분 및 적정생산을 위해서 각 개인이 향수하는 한계편익(MB)과 한계비용(MC)이 서로 일치하기를 요구하고 있다. 즉,

$$MB_x^a = MB_x^b = MC_x$$

이다. MB는 수요곡선에 의해 도출되고 MC는 공급곡선에 의해 도출된다. 그러나 공공재의 경우에는 자원의 효율적 사용과 이에 따른 적정규모의 생산을 위해 각 소비자들의 한계편익(MB)의 합이 한계비용(MC)과 일치할 것을 조건으로 하고 있다. 즉,

$$MB_z^a + MB_z^b = MC_z$$

이다. 다른 말로 표현하면 민간재에 있어서는 소비자 a와 b가 동일한 가격을 지불하면서 상이한 양을 소비하고 있는 반면에, 공공재에 있어서는 소비자들이 동일한 양을 소비하면서 상이한 가격을 지불하는 것이다.

　공공재에 대한 가격이란 바로 각자가 내는 세금이다. 소비자 a와 b는 동일한 양 OH를 균등소비하면서 각기 OM과 OL만큼의 조세를 지불함으로써 균형상태에 도달한다. 이렇게 할 때 각 개인은 자발적으로 표현한 한계가치에 따라 적정가격을 지불하고 있는 셈이며, $OK = OM + OL$이 되어 조세는 시장에서 형성된 가격과 그 성격을 같이하게 된다. 또한 공공재의 생산을 위해 소요된 총경비는 $OKEH$만큼인데(한계비용이 일정하다고 가정하여) 이 경비를 위해 조달된 총조세수입액 역시 $OKEH$이므로, 균형예산 속에서 공공재의 생산이 이루어지고 있음을 앞의 그림은 보여 주고 있다.

　[그림 2-1]의 (a)와 (b)는 모두 균형상태를 보여 주고 있으며, 균형점 E에서 균형가격과 균형생산량(소비량)이 결정되어지고 있다. 이러한 상태를 우리는 파레토 최적상태(pareto optimality)라고 부른다. 민간재와 공공재 공히 파레토 최적수준의 생산규모가 결정된다는 것을 앞의 그림에서 알 수 있다. 자원배분의 최대 효율성을 대변하는 파레토 최적상태의 의미는 다음 절에서 좀더 설명하게 될 것이다.

2.1.2 외 부 성

시장경제의 기능이 제대로 작동하지 못하는 또 다른 경제영역

으로는 외부성(externality)이 발생하는 경우이다. 외부성이란 어떤
소비자나 또는 생산자가 타 경제주체의 소비활동 또는 생산활동에
의하여 시장을 통하지 않은 채(즉, 자신은 시장에서의 소비 또는 생산
활동에 직접 참여하지 않았는데도) 무상으로 유리 혹은 불리한 영향
을 받게 되는 것을 의미한다. 유리한 영향을 받는 것을 외부경제
라고 하며 불리한 영향을 받는 것을 외부불경제라고 한다.

　시장에서 경쟁적 균형이 성립하기 위해서는 외부효과가 존재
하지 않는다는 전제가 필요하다. 외부효과는 시장기구를 통하여
일어나는 효과가 아니며, 따라서 외부효과가 존재하면 시장이 자
원을 효율적으로 배분하는 데 있어서 실패하게 된다. 외부경제를
일으키는 재화가 시장기구 속에서 공급될 때 사회가 원하는 양보
다 훨씬 적은 양의 공급이 이루어지며, 반대로 외부불경제를 일으
키는 재화가 시장기구 속에서 생산될 때 사회 전체에 해가 되는
과다생산이 이루어지게 된다. 이 관계를 그림으로 설명하면 다음
과 같다.

　[그림 2-2]의 (a)와 (b)는 각기 특정한 재화(X)에 외부경제
또는 외부불경제가 발생하고 있는 경우를 보여 주고 있다. [그림
2-2]의 (a)는 재화(X)에 외부적 편익이 발생하고 있어 이러한 편
익을 반영한다면 수요곡선이 DD에서 $D'D'$로 상향이동해야 함을
보여 주고 있다. 이러한 상황에서 만약 재화(X)가 시장기구 속에
서 공급된다면 DD와 SS가 교차하는 Q_1점에서 생산량(소비량)이
결정되어 사회 전체에서 요구되는 생산량 Q_e에는 미달하게 된다.
즉 시장기구 속에서는 외부적 편익을 충분히 반영시킬 매개체가
없는 것이다. 한편 [그림 2-2]의 (b)는 재화(X)에 외부적 비용이
발생하고 있어 이러한 비용을 반영한다면 공급곡선이 SS에서 $S'S'$
로 상향이동해야 함을 보여 주고 있다. 이러한 상황에서 만약 재

그림 2-2   외 부 성

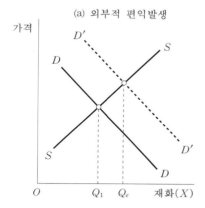

(a) 외부적 편익발생

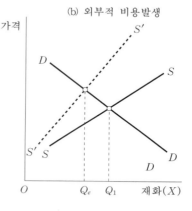

(b) 외부적 비용발생

화(X)가 시장기구 속에서 생산된다면 DD와 SS가 교차하는 Q_1점
에서 생산이 이루어지게 되는데 이는 사회 전체가 원하는 생산량
Q_e를 초과하게 된다. 여기서도 시장기구는 외부적 비용을 내재화
하여 이를 가격에 반영시키는 매개체를 갖고 있지 않는 것이다.

　　그러면 이러한 외부성을 어떻게 처리하여야 사회 전체가 진정
으로 원하는 양의 재화를 공급할 수 있는가? 이의 대답은 정부의
개입이다. 정부는 외부적 편익을 발생시키는 재화를 생산하는 기
업에게 보조금(subsidy)을 지급하여 생산량을 Q_1에서 Q_e로 증가시
키도록 지원해야 할 것이며, 반대로 외부적 비용을 야기시키는 재
화를 생산하는 기업에게는 조세(tax) 또는 부담금(charge)을 부과
하여 생산량이 Q_1에서 Q_e로 감소되도록 유도하여야 할 것이다.

2.1.3 규모의 경제(자연독점)

경쟁시장에서 각 기업은 생산시설을 최선의 방법으로 이용하여 최소한 총수입=총비용의 상태에 있게 함으로써 경제적 초과이윤은 없으나 손실도 없는 장기적 균형상태에 도달하도록 한다. 그런데 만일 어떤 기업의 생산조건이 비용을 계속 감소시킬 수 있는 상황에 있다면 이 기업은 생산시설을 확장함으로써 평균생산비를 더욱 절감할 수 있다. 다시 말하여 이 기업은 경쟁시장에서 비용감소를 통해 이윤을 남길 수 있고 또 이윤이 있는 한 계속하여 생산규모를 확대해 나갈 것이다. 이처럼 생산의 평균비용이 규모의 확대에 따라 장기적으로 계속 감소하고 있는 현상을 '규모의 경제'라고 한다.

규모의 경제가 크게 작용하여 한 개 혹은 몇 개의 기업체가 공급하는 생산품이 시장 전체에서 차지하는 비중이 커지면 커질수록 이들 기업체는 가격순응적(price-taking)인 수동적 자세에서부터 가격설정적(price-making)인 능동적인 입장으로 전환하게 되며, 따라서 완전경쟁은 결국 붕괴되고 만다. 궁극적으로 독점 혹은 과점이 출현하게 되는 것이다. 이렇게 출현한 독점을 통상 자연독점(natural monopoly)이라고 한다. 규모의 경제 때문에 독점기업이 시장에서 자연적으로 생성됨을 뜻하는 말이다.

그러면 규모의 경제는 무엇에서 연유하는 것인가? 대략 두 가지 원인을 생각할 수 있다. 첫째, 분업(division of labor)에 의한 생산요소의 전문화를 들 수 있다. 기업의 규모가 작으면 한 사람이 여러 가지 일을 겸하여 一人多役을 하게 된다. 그러나 기업의 규모가 커짐에 따라서 각자는 특정분야의 一役만을 담당하여 효율적인 생산증가를 기할 수 있는 것이다. 둘째, 대량생산의 결과로 생산요소간의 대체가 가능한 것이다. 예를 들어 소규모업체가 사용하는 기계나 장비는 별로 전문화되지 않은 것이어서 이들을 운용하기 위해서는 많은 노동이 필요한 반면에, 대규모의 기업체는 매우 전문화된 기계나 장비를 구비하고 있으므로 노동의 자본에 대한 비율이 매우 낮다. 물론 자본을 많이 사용하고 노동을 적게 사용하는 방법이 항상 비용을 절감한다고는 할 수 없으나 대부분의 대규모 생산에 있어서는 자본이 노동을 대체함으로써 평균생산비를 절감할 수 있다. 선진경제에서 자동화, 전산화 등이 이루어지고 있는 것은 이러한 사실에 대한 좋은 예라고 하겠다.

　　규모의 경제 때문에 독점 혹은 과점과 같은 불완전한 경쟁산업이 발생한다면 이러한 불완전경쟁하에서 자원의 배분이 어떻게 이루어지는가를 이제 살펴보자. [그림 2-3]에서 보는 바와 같이 독점기업의 이윤극대점은 MR과 MC가 일치하는 점 a에서 결정되며 이에 따른 균형생산량은 OA이며 균형가격은 OP이다. 이 때 물론 독점이윤이 발생하는데, 그러면 독점이윤이 경쟁기업의 이윤과 다른 것이 있다면 무엇일까? 독점기업이나 경쟁기업에서 이윤극대의 목표를 달성하는 균형조건은 $MR=MC$로서 서로 동일하다. 다만 경쟁기업에서는 한계수입(MR)곡선이 수평선이며 이것은 바로 평균수입(AR)곡선이 되기도 한다. 따라서 경쟁기업의 균형점에서 $P=AR=MR=MC$의 관계가 성립되며, 이 점에서 사회구성원의 총수요를 충족시킬 수 있는 사회적 최적배분이 이루어지는 것이다.

　　그러나 독점기업에서는 가격에 순응적이기보다 가격을 설정하는 입장을 취하고 있으므로 시장의 수요곡선, 즉 평균수입(AR)곡선이 수평선이 아니라 우하향하게 되어 한계수입(MR)곡선도 우하향하게 된다. 이것은 결국 [그림 2-3]에서 보는 바와 같이 독점

그림 2-3   독점기업의 균형과 사회적 최적배분

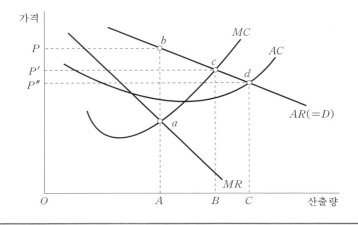

기업이 균형상황에 놓여 있을 때 상품의 가격이 한계비용보다 높아지게 한다. 즉, $P>MC$가 되는 것이다. 독점기업이 $P=MC$가 될 때까지 생산량을 늘리지 아니하고 $P>MC$의 상태에서 생산을 정지한다는 것은 독점기업이 경쟁기업보다 더 큰 이윤을 확보한다는 의미이기도 하다. 만약 이 기업이 독점기업이 아니라 경쟁기업이라면 $P=MC$가 되도록 생산량을 OB까지 확대하고 가격을 OP'까지 하락시킬 것이며 그리고도 어느 정도의 이윤을 확보할 수 있을 것이다. 이와 같은 사실에서 이제 분명해진 것은 기업이 독점기업이기 때문에 소비자의 입장에서는 경쟁적일 경우보다 생산물의 공급량은 적고 그 생산물의 가격은 더 높은 불리한 상황에 처하게 되고, 사회적 관점에서는 자원이 그만큼 비효율적으로 배분되어진다는 것을 알 수 있다. 이제 자명해지는 것은 독점과 같은 시장기구의 결함을 시정하기 위해서는 공공정책(예: 독과점 규제)을 통한 정부의 시장개입이 요구된다는 점이다.

2.1.4 소득분배의 형평성

　지금까지의 시장실패에 대한 논의는 자원의 효율적 배분에 관한 것이었다. 자원배분의 효율성이 시장기구 속에서 저해되는 요인으로 공공재, 외부성 및 자연독점을 열거하였다. 그런데 시장기구 속에서 근본적으로 제대로 수행하기 어려운 과제가 있는데 이것은 바로 소득분배상의 형평성 유지이다. 자본주의 경제체제에서 자원배분의 효율성은 경쟁을 통해 그런대로 유지할 수 있다고 하더라도 소득분배의 형평성은 정부개입 없이는 적정하게 유지하기가 어렵게 되어 있다.

　정부가 형평성 제고를 위해 사용하는 소득재분배 수단으로서는 부유층에 부과하는 직접세(direct tax)와 빈곤층에 제공하는 이전소득(transfer payment)이 전형적인 것이다. [그림 2-4]는 정부개입 이전의 최초 소득분배상태와 정부개입에 의해 개선된 소득분

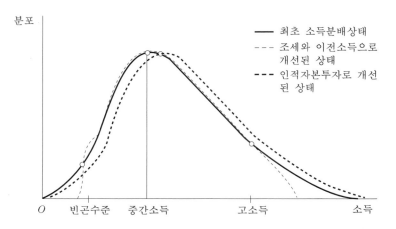

그림 2-4 소득의 분포와 재분배

분포

―― 최초 소득분배상태
--- 조세와 이전소득으로 개선된 상태
▪▪▪ 인적자본투자로 개선된 상태

O　　빈곤수준　중간소득　　　고소득　　　소득

배상태를 각기 보여 주고 있다. 과세에 의해 고소득자의 분포가
감소한 반면에 이전소득에 의해 빈곤수준이 많이 개선되었다. 그
러나 이러한 소득재분배 정책에는 상당한 역효과가 존재하고 있음
을 인식해야 한다. 빈곤층에게는 일하지 않고 살려고 하는 소위
'복지병(welfare disease)'을 조장하게 되며, 부유층에게는 과도한
조세에 따른 노동의욕 상실 또는 초과부담(excess burden)의 발생
이라는 문제를 낳게 된다. 그래서 미국의 경제학자 오쿤(Arthur
Okun)은 이러한 역효과를 '물이 새는 바스켓'에 비유한 바 있다.[1]
이는 소득분배를 개선하기 위해 한 바스켓 속의 물을 다른 바스켓
에 옮겨놓은 소득재분배정책을 계속하는 동안 바스켓 속의 물이
점점 새어나가 결국 국민총소득 자체가 줄어들고 말 것이라는 의
미를 함축하고 있다. 이러한 문제를 해결하는 방법이란 정부의 소
득재분배정책을 단기적인 시각에서 보지 말고, 좀더 장기적인 관
점에서 접근하여 교육·훈련 프로그램의 개발 등 소위 인적자본
(human capital)에의 투자를 통해 소득분배를 개선하는 것이라 하
겠다. 앞의 그림에서 보듯이 인적자본투자에 의한 소득향상은 소
득의 분포곡선 전체를 좌로 이동시키면서 좀더 균형잡인 소득분배
를 이룩할 수 있게 한다.

---

1) Arthur Okun, *Equality and Efficiency*: *The Big Tradeoff*(Washington,
   D.C.: Brookings Institute, 1975), Chapter 4.

2.2 공공경제하의 정책판단기준

2.2.1 파레토효율

앞에서 논의된 시장실패의 여러 요인들은 정부가 시장경제에 개입하는 당위성을 제공해 준다. 정부가 개입하는 것이 당연하다고 할 때 그러면 정부가 과연 시장의 실패를 교정해 줌으로써 자원배분이 효율적으로 이루어지는 것을 보장할 수 있느냐는 질문에 직면하게 된다. 즉, 정부가 개입된 공공경제에서 공공재의 적정공급이 이루어지고 외부효과도 해결됨으로써 파레토효율(Pareto efficiency)을 달성할 수 있느냐 하는 것이다.

이와 같은 질문에 답을 얻기 위해서 비용·편익분석과 같은 기법이 개발되어 온 셈이지만 결론부터 말하자면 그 대답은 부정적이다. 즉, 정부의 실패(government failure)가 일어나고 있음을 인정하지 않을 수 없다. 제1장에서 이미 밝혔듯이 비용·편익분석이 만병통치약의 역할을 할 수 없고, 더욱이 공공경제에서 제일 큰 취약점으로 지적되는 정보의 부족 및 정부관료조직의 비능률, 그리고 정치적 이해집단들간의 갈등 등이 효율적인 최종선택을 어렵게 하고 있다. 그러나 그렇다고 절망할 이유는 없다. 문제의 해결은 정부가 파레토효율의 달성을 위해 얼마만큼 노력하느냐에 달려 있기 때문이다.

그러면 파레토효율이란 무엇인가? 19세기 이탈리아의 사회과학자 파레토(Vilfredo Pareto)의 이름을 붙인 파레토효율은 자원의 최적배분이 달성되는 것을 의미한다. 이제 다음의 [그림 2-5]를 가지고 이를 설명해 본다.

그림 2-5 　　　　　　　　　　　파레토효율(후생경계선)

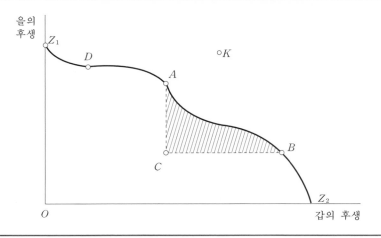

[그림 2-5]는 甲과 乙의 후생의 경계를 밝히는 후생경계선 Z_1Z_2를 보여 주고 있다. 후생경계선 Z_1Z_2의 바깥부분은 경제가 도달할 수 없는 부분이다. 즉, 그림의 K점은 주어져 있는 자원상 태에서는 甲과 乙이 도달하기에 불가능한 후생수준인 것이다. 반 면에 후생경계선상의 어느 점이나 또는 후생경계선의 안쪽부분은 경제가 도달가능한 부분이다. Z_1Z_2선상의 어느 점, 예컨대 A점 또는 B점에서 자원이 가장 효율적으로 배분되며 더 이상의 효율 성은 기대할 수 없는 상태이다. 이러한 상태를 파레토 최적배분상 태라고 부른다.

　Z_1Z_2선상의 A점이 자원을 효율적으로 배분하고 있다는 것은 이 점에서 Z_1Z_2선상의 어느 다른 점으로 이동시켜 어느 한 사람 의 후생을 증진시키려 할 때 다른 한 사람의 후생을 감소시키지 않고서는 그것이 불가능한 상황까지 자원이 최선으로 배분되었다 는 것을 의미한다. A점은 파레토 최적배분수준이며 이와 동일한

논리로 B점도 파레토 최적배분수준이다. 이렇게 볼 때 Z_1Z_2선상에는 무수한 페레토 최적배분수준이 존재한다고 하겠다.

　파레토효율은 앞의 [그림 2-1]에서도 지적하였듯이

$$MU_x(혹은\ MB_x)=P_x=MC_x$$

의 조건이 형성될 때 달성된다. 즉, 재화 X재의 한계효용(MU_x)이 X재의 한계비용(MC_x)과 일치하며 이것이 X재의 시장가격(P_x)과 일치하도록 생산량(소비량)이 조정 결정될 때 파레토효율이 달성된다. 이와 같은 조건은 시장경제에 완전경쟁이 존재하면 자동적으로 달성된다. 따라서 파레토효율은 완전경쟁시장에서 자동적으로 달성되며, 시장이 불완전하면 파레토효율은 기대할 수 없다. 정부가 개입된 공공경제에서는 정부가 파레토효율의 달성을 위해 얼마만큼 노력하느냐에 달려 있겠지만 자동적으로 파레토효율이 달성된다는 보장은 없다.

2.2.2 파레토기준

　시장에서 자원이 파레토 최적배분상태로 자연스럽게 배분될 때 정부가 더 이상 개입해야 할 이유가 없다. 그러나 자원이 파레토효율이 아닌 상태로 배분된다면 정부가 이를 개선하기 위해 시장에 개입하여 공공정책을 추진하게 된다. [그림 2-5]에서 이 점을 설명해 보자.

　[그림 2-5]의 C점은 자원이 효율적으로 배분되지 못한 상태이다. 이 때 정부가 개입하여 C점을 A점과 B점의 방향(빗금 친 방향)으로 이동시킨다고 하자. 이러한 상황의 자원배분이 일어날 때는 다른 사람의 피해를 야기시키지 않고 일부사람의 후생을 증

가시킬 수 있다. 이러한 경우를 우리는 파레토개선(Pareto improve-ment)이라고 한다. 공공사업이 파레토개선을 가져다 주는 것이라면 굳이 비용·편익분석을 행하지 않아도 될 것이다.[2] 모든 사람의 후생을 모두 증가시킨다든가 혹은 다른 사람에게 피해를 주지 않고 일부사람들의 후생을 증가시키는 정책을 채택한다면 이는 매우 바람직한 것이다. 이러한 정책판단기준을 통상 파레토기준(Pareto Criterion)이라고 부른다.

2.2.3   보상기준

현실적으로 많은 공공정책의 집행은 득(benefit)을 본 그룹과 해(cost)를 입은 그룹을 발생시킨다. 이처럼 이득자와 피해자가 함께 공존하게 되는데 만약 이득자의 득의 가치가 피해자의 해의 가치보다 크고 그래서 이득자가 피해자를 보상해 줄 수 있다면 이 정책은 바람직한 것이다. 이를 우리는 보상기준(compensation criterion)이라고 하며 이러한 보상원칙을 칼도(N. Kaldo)와 힉스(J. Hicks)가 제창하였다고 하여 칼도-힉스기준이라고 부른다.

비용·편익분석의 적합성은 바로 이 보상기준에 근거하고 있다. 그런데 칼도-힉스기준에 의하면 실제로 이득자가 피해자를 금전적으로 보상해 준다는 것은 아니며, 정부가 조세정책 등 여러 수단을 활용함으로써 보상의 원칙이 적용되는 현상이 자연스럽게 일어날 수 있는 잠재성을 밝히고 있는 것이다. 득이 해보다 커서 사회에 순이득이 발생할 때 이는 사회적 잉여로서 남아 보상의 원칙에 합당한 역할을 할 수 있다는 것을 지적하고 있는 데 불과하

---

2) 물론 당연히 바람직한 사업이라도 사업의 규모, 시기, 적정가격 등을 결정하기 위하여 투자사업의 타당성분석은 필요하다.

다. 한편 보상의 기준을 보다 분명하게 하기 위해서 칼도-힉스기
준을 이중으로 적용해 볼 필요가 있을 것이다. 즉, 어떤 정책에 대
해 칼도-힉스기준을 적용하여 그것이 바람직하다고 판명되고 동시
에 그 반대의 경우에는 칼도-힉스기준에 의해 바람직한 것이 아니
라는 것이 확인되었을 때에 한하여 그 정책을 바람직한 것으로 규
명하는 것이다. 이를 시토브스키(T. Scitovsky)가 제안했다고 하여
시토브스키기준이라고 부른다.

2.2.4 사회후생함수에 의한 기준

위에 언급된 파레토기준은 이득자와 피해자를 적절히 비교할
수 있는 방안을 제공해 주지 않고 있으며, 보상기준은 이득자가
피해자를 실제로 보상하는 것이 아니라 가상적인 보상이 이루어지
는 것을 상정하고 있다.

그러면 실제로 이득자의 득과 피해자의 해를 어떻게 평가할
수 있는가? 이 문제를 풀기 위해서는 사회후생함수(social welfare
function)를 도출하는 방법밖에 없다.

사회후생함수란 사회구성원의 효용수준이 사회총효용의 수준
과 어떤 함수관계를 갖고 있는가를 보여 주는 함수이다. 즉,

$$SW = f(U_A, U_B, \cdots, U_N)$$

여기서 U_A, U_B, $\cdots$, U_N은 사회구성원 A, B, $\cdots$, N의 효용함
수이며 SW는 사회 전체의 총효용수준을 가리킨다. 사회구성원 각
자의 효용수준이 변할 때 이것이 종합적으로 사회 전체의 효용에
어떤 영향을 주는가를 밝힐 수 있기 때문에 사회후생함수를 알면
어떤 공공정책이 바람직한가가 판명되며 자원배분의 효율성 및 소

득분배상의 공평성을 함께 추구하는 정책을 도출할 수 있다. 문제
는 사회후생함수가 개개인의 효용함수로 구성되어 있기에 주관적
인 가치판단이 개입될 수밖에 없고 따라서 모든 사람이 동의하는
그런 객관적인 함수관계의 설정이 어렵다는 데 있다.

　　아무튼 우리가 사회후생함수를 설정하고 이에 근거하여 어떤
공공정책이 바람직한가를 판단한다면 이는 앞의 파레토기준이나
보상기준보다 훨씬 정확한 결과를 얻을 수 있을 것이다.

2.3　소비자잉여와 사업편익

　　비용·편익분석을 연구하는 데 있어 소비자잉여(consumer
surplus)라는 개념을 이해하는 것은 매우 중요하다. 왜냐하면 소비
자잉여 개념이 비용·편익분석에서 사업의 순편익(net benefits)과
같은 개념이기 때문이다.

　　소비자잉여란, 경쟁적인 시장에서 일정한 단위의 재화를 얻
기 위하여 소비자가 지불할 의사가 있는 최대한의 지불용의액
(willingness to pay)과 그가 실제로 지불하는 지불액과의 차이라고
규정하고 있다. 이를 그림으로 설명해 보자. [그림 2-6]에서 수요
곡선이 DD처럼 있다고 하고 X재의 시장가격은 P이며 소비량은
Q라고 하자. X재를 Q만큼 소비할 때 소비자가 느끼는 총효용(총
가치)은 수요곡선의 아랫부분인 사각형 $ODEQ$의 면적이라고 하겠
으며 이것이 소비자가 지불할 의사가 있는 최대한의 지불용의액인
것이다. 그러나 소비자가 실제로 지불하는 지출액은 사각형
$OPEQ(=OP \times OQ)$이므로 그 차액인 삼각형 PDE(빗금 친 부분)가
바로 소비자잉여인 것이다. 이를 비용·편익분석의 틀에 적용시켜

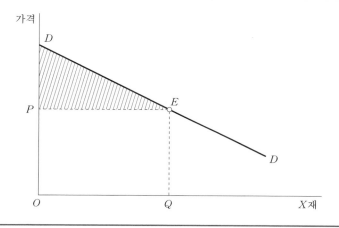

볼 때 소비자가 지불할 의사가 있는 금액은 사업의 총편익(total benefits)에 해당되고 소비자가 실제 지불하는 금액은 사업의 총비용(total costs)에 해당되므로 그 차액인 사업의 순편익(net benefits)이 소비자잉여와 같은 개념이 되는 것이다.

　소비자잉여를 측정하기 위해서는 특정재화의 수요곡선을 알아야 한다. 통상의 수요곡선은 [그림 2-6]에서 보듯이 우하향하고 있다. 이는 두 가지의 효과에 영향을 받는다. 첫째가 소위 대체효과(substitution effect)로서 재화의 가격이 하락하면 소비자들은 효용수준을 동일하게 유지하면서도 해당 재화를 더 많이 구입하고 다른 재화를 적게 구입하려는 선호가 발생한다. 둘째로는 소위 소득효과(income effect)로서 재화의 가격이 하락하면 소비자들의 실제소득이 증가하는 셈이 되어 해당 재화를 더 많이 구입할 수 있는 능력이 생기게 된다. 이렇게 수요곡선의 기울기는 대체효과와 소득효과의 크기에 영향을 받게 된다. 그런데 소비자잉여란 소비

그림 2-7   정상수요곡선과 소득효과 제거 후의 수요곡선

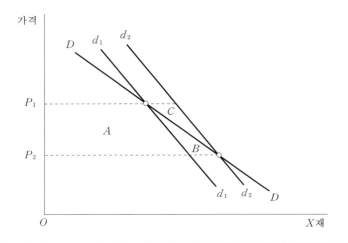

자들의 선호(또는 의사)에 의한 것이므로 엄격한 의미에서는 대체
효과만을 고려한 수요곡선상의 면적만을 측정해야 할 것이다. 즉,
실질소득을 고정시켜 놓음으로써 소득효과를 제거시킨 수요곡선
을 고려대상으로 해야 할 것이다. 이렇게 소득효과를 제거시킨 수
요곡선이 [그림 2-7]에서 소개되어 있는데, 이 때에도 두 가지 형
태가 있을 수 있다. [그림 2-7]에서 수요곡선 DD는 정상적인 수
요곡선으로서 대체효과와 소득효과 모두를 포함하고 있는 곡선이
다.[3] 여기서 소득효과를 제거시킨 수요곡선을 도출한다면, 그 하나
는 수요곡선 d_1d_1처럼 최초가격 P_1을 기준으로 하여 도출된 곡선
이고, 또 다른 하나는 수요곡선 d_2d_2처럼 최종가격 P_2를 기준으로
하여 도출된 곡선을 생각할 수 있을 것이다. 이 두 가지 수요곡선

---

3) 정상적인 수요곡선은 마샬(A. Marshall)이 이를 고안하였다고 하여 마샬수요곡
   선(Marshallian demand curve)이라고 부른다. 소득효과를 제거시킨 수요곡선은
   보상수요곡선(compensated demand curve)이라고 부른다.

은 소득효과를 제거시켰기 때문에 모두 정상적인 수요곡선보다는
기울기가 가파를 수밖에 없다.

　　이제 문제는 어느 수요곡선에 근거하여 소비자잉여를 측정하
여야 하는가이다. 수요곡선 $d_1 d_1$에 근거한 소비자잉여(엄격히 말하
여 소비자잉여의 증가분)는 면적 A에 불과하며, 수요곡선 $d_2 d_2$에
근거한 소비자잉여(소비자잉여의 증가분)는 면적 $A+B+C$가 될 것
이다. 따라서 정상적인 수요곡선 DD에 근거한 소비자잉여(소비자
잉여의 증가분)인 면적 $A+B$는 수요곡선 $d_1 d_1$ 또는 $d_2 d_2$와 비교할
때 과소평가될 수도 있고 과대평가될 수도 있는 것이다. 이렇듯
소비자잉여는 그 크기를 정확히 측정하기가 어려운 것이 사실이나
공공투자사업의 순편익 개념으로서, 나아가서는 사회후생(social
welfare)을 나타내는 척도로서 널리 사용되는 도구이다.

　　경우에 따라서는 소비자잉여의 '증가분'이 사업의 '총편익' 개
념이 될 수 있다. 도로를 예로 들어 설명해 보자. 도로가 제공하는

그림 2-8　　　　　　　　　　사업편익과 소비자잉여

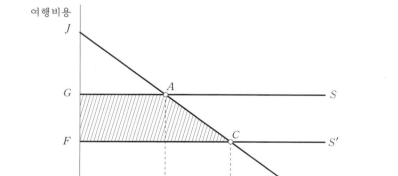

서비스의 수요곡선이 [그림 2-8]의 JK선과 같이 주어져 있다고
하자. 도로가 제공하는 서비스란 이 도로를 이용하는 여행자의 도
로이용(여행)이라고 할 수 있다. 만약 여행을 하는 데 아무런 비용
이 발생하지 않는다면 여행자(소비자)는 OK만큼의 여행을 할 것
이고, 이 때의 소비자잉여는 OJK의 면적이 된다. 그러나 여행에
는 분명히 비용이 발생한다. 휘발유비, 자동차소모비 그리고 시간
의 손실 등이 바로 도로를 사용하는 여행비용이다. 만약 이와 같
은 사용자비용이 여행건수당 OG만큼 발생한다면 GS선이 여행의
비용(공급)곡선이 될 것이며 OB만큼의 여행이 이루어질 것이다.
이 때의 소비자잉여는 GJA의 면적이 된다.

　　이제 정부가 여행자의 편의를 위하여 기존도로를 확장하고 포
장도 새로이 한다고 하자. 도로조건이 좋아졌으므로 여행자의 여
행비용이 감소할 것은 분명하다. 여행시간이 절감될 것이고 휘발
유 및 기타 소모비가 줄어들기 때문이다. 이렇게 감소된 사용자비
용이 여행건수당 OF라고 하면 FS'선이 여행의 새로운 비용(공급)
곡선이 되며 여행수는 OD로 증가하게 될 것이다. 이 때의 소비자
잉여는 FJC의 면적이 된다.

　　이처럼 [그림 2-8]에서 보듯이 도로의 확장·보수사업에 의
하여 여행비용이 감소하였고, 여행수(도로이용도)가 증가되었으며,
따라서 소비자잉여가 $FGAC$면적만큼 증가하게 되었다. 이 소비자
잉여의 증가분이 도로의 확장·보수사업에 의해 발생한 사업의 총
편익이며, 이것이 도로의 확장·보수사업에 투하한 투자비용(건설
비·유지관리비 등)보다 크다면 그 사업은 타당성이 있는 것이다.

2.4 소비자 지불용의액의 측정

소비자잉여의 개념설명에서 중요하게 기억해야 할 점은 사업의 편익(가치)이란 바로 소비자가 해당 사업(또는 재화와 용역)에 대해 지불할 의사가 있는 용의액을 의미한다는 것이다. 따라서 시장에서의 정보가 충분히 파악되어 해당 사업의 시장수요곡선이 알려져 있는 경우에는 그 수요곡선의 아랫부분(면적)이 소비자의 지불용의액이므로 이를 계산하면 사업편익을 파악할 수 있다. 이처럼 시장이 존재하고 그 시장이 비교적 경쟁적인 상황 속에 있다면 사업편익을 측정하는 데 별 어려움이 없다. 그러나 만약 시장이라는 것이 존재하고 있지 않은 어떤 재화와 용역에 대한 소비자 지불용의액은 어떻게 확인되고 측정될 수 있는가? 예컨대 공기를 정화하는 사업, 해변을 깨끗하게 하는 사업, 또는 생명을 보호하는 사업의 편익은 어떻게 측정될 수 있는가? 이것은 소위 비시장재(non-market goods)의 가치측정에 관한 문제이며 이에 대해서는 제 6 장에서 구체적으로 살펴보겠지만 일단 세 가지 접근방법을 소개하면 다음과 같다.

첫 번째 접근방법은 해당사업과 직접적 또는 간접적으로 연관되어 있는 대리시장(surrogate market)에서의 소비자의 행태를 관찰하고 자료를 분석하여 이를 통해 소비자의 지불용의액을 추정하는 방법이다. 재산가치 접근법(property value approach) 또는 여행비용 접근법(travel cost approach) 등이 이에 해당된다.

예를 들어 보자. 어느 특정 지역의 공기를 정화하는 사업의 편익, 즉 이 사업에 소비자가 지불하려는 지불용의액은 공기정화가 이루어짐으로써 이 지역의 부동산(주택) 가격이 그렇지 않은 지역의 부동산 가격보다 얼마만큼 상승하였는가를 조사하여 가격 상승에 기여한 몫에 근거하여 소비자 지불용의액을 산출하도록 한다. 해변을 깨끗이 하는 사업의 경우에는 이 해변을 이용하는 사람들이 지불하는 각종 여행비용(예컨대 교통비, 숙박비, 입장료, 여행시간 비용 등)을 파악하여 이에 근거하여 소비자 지불용의액을 추정한다. 인간의 생명을 보호하는 사업의 경우에는 생명의 위험을 회피하기 위하여 사람들이 기꺼이 지불하려는 금액(예컨대 생명보험료, 위험방지비용 등)을 계산하여 이에 근거하여 생명의 가치를 측정하는 것이다.

두 번째 접근방법은 존재하고 있지 않은 시장이 실제로 존재하고 있는 것처럼 가상적인 시장(hypothetical market)을 설정하고 여기에 속해 있다고 판단되는 사람들을 직접 만나서 이들의 의견(preference)을 알아보는 방법이다. 가상적인 시장상황을 시뮬레이트(simulate)하고 관련 대상자들이 그 상황에서 어떻게 행동할 것인가를 설문조사하여 그들의 지불의사액을 측정하고자 하는 것인데, 이러한 기법을 조건부 가치 측정법(contingent valuation method)이라고 부르고 있다.

세 번째 접근방법은 사회적 실험(social experiment)을 실제로 시도하는 것이다. 건강, 교육, 훈련, 고용, 복지 등과 같은 사회정책 프로그램들이 흔히 사회적 실험의 대상이 될 수 있겠는데, 사회적 실험을 통해 이러한 프로그램에 관련된 사람들의 행태가 어떻게 변하는지를 직접 관찰하는 것이다. 이런 실험을 통해 확인된 사람들의 행태(소비자들의 지분의사)는 향후 이와 동일한 사업을 분석하고 비용과 편익을 측정할 때 활용되는 것이다.

제 3 장　공공부문 의사결정의 기준

3.1　의사결정의 기본원칙

　　비용·편익분석에서의 의사결정에 관한 기본원칙(fundamental principle)은 어떠한 상황에서도 가장 큰 순편익을 제공해 주는 대안을 선택하라는 것이다. 이러한 원칙은 앞장에서 칼도-힉스기준에 의해서도 지지를 받은 바 있다.[1] 여러 개의 대안(사업)들 가운데 예산의 제약 속에서 몇 개의 사업을 선정해야 할 경우에도 순

[표 3-1]　**여러 개 사업들의 비용 및 편익(예)**　　　　　　(단위: 억 원)

사 업	편　　익		비　용 (납세자부담)	순 편 익	편익/비용 비율
	소비자	공급자			
A	200	−50	100	50	1.50
B	200	−50	200	−50	0.75
C	450	−50	300	100	1.33
D	100	−10	100	−10	0.90
E	650	0	500	150	1.30

---

1) 이 원칙은 하나의 가정이며 실증적으로 문제가 없는 것은 아니다. 사업의 순편익이 크다고 하여 이것이 국민경제에 전적으로 공헌한다는 보장이 없으며 소득분배를 개선시킨다는 보장도 없다. 칼도-힉스기준도 보상이 '실제로' 이루어지는 것을 전제로 하고 있는 것은 아니라는 점을 앞에서도 밝힌 바 있다.

편익이 큰 순서로 선택하는 것이 일반적인 규칙이라고 하겠다.

그러나 사실 의사결정의 기본원칙이라는 것이 그리 간단하지가 않다. 다음의 가상적인 예를 통해 설명해 보자. [표 3-1]에는 다섯 개의 상호독립적인 사업들에 대한 편익과 비용이 소개되어 있다. 이에 따라 각 사업들의 순편익과 아울러 편익을 비용으로 나눈 편익/비용 비율이 계산되어 있다. 만약 예산상의 아무런 제약이 없다면 사업 E가 가장 바람직한 사업으로 선택된다는 원칙에 아무도 이의를 제기하지 않을 것이다. 사업 E는 순편익이 150억 원으로써 가장 크며 아무도 피해를 입지 않는다는 점에서 파레토기준이나 보상기준 모두에 합당하다.

그러나 현실은 어떠한가? 우선 사업 E는 총비용이 500억 원이나 요구되는 대규모 사업이므로 예산배정에 어려움이 있을 수 있고 또 정치적으로 대규모 사업 한 개만 수행할 것이 아니라 몇 개의 소규모 사업을 동시에 추진하는 것이 더 바람직하다는 의견이 제기될 수 있다. 이럴 경우에는 소규모 사업 A가 가장 인기 있는 선택이 될 수 있는데 그 이유는 순편익은 비록 50억 원에 불과하지만 편익/비용 비율이 1.50으로서 가장 높기 때문이다.

물론 단일 사업 한 개만을 놓고 이것을 수행할 것인가의 여부를 결정할 때는 순편익이 零보다 크든가 편익/비용 비율이 1보다 크면 그 사업은 선택된다. 두 개의 기준은 서로 같은 개념이기 때문이다. 그러나 여러 개의 사업들에 대한 우선순위를 결정할 때에는 예산상의 제약이 없다면 순편익의 크기 순서대로 결정하면 되지만 만약 예산상의 제약이 있으면 그 제약의 범위 내에서 순편익과 편익/비용 비율을 동시에 적절히 고려하면서 의사결정을 할 수밖에 없게 된다.

한편 예산이 일단 주어져 있고 이 주어진 예산을 두 개(또는

그림 3-1   예산범위 내에서 두 개의 사업규모결정

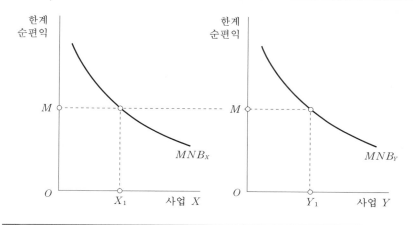

두 개 이상)의 필요사업에 할당한다고 하자. 이 때에는 예산의 범위 내에서 두 사업의 적정규모를 결정하는 것이 관건이 된다. 사업의 적정규모를 결정하는 기본원칙으로는 양 사업으로부터의 순편익의 합계가 극대가 되도록 하는 것이다. 순편익의 합계가 극대가 되는 조건은 양 사업의 한계순편익(marginal net benefits)이 서로 일치되도록 하는 것이다. 이를 그림으로 표시하면 [그림 3-1]과 같다.

    [그림 3-1]에서 MNB_X와 MNB_Y는 사업 X와 사업 Y의 한계순편익곡선을 보여 주고 있다.[2] 사업 X의 한계순편익과 사업 Y의 한계순편익이 서로 일치되도록 예산을 사업 X와 Y에게 분배하여 사업규모가 각각 X_1과 Y_1으로 결정될 때 양 사업의 순편익의 합계가 극대화될 것이다. 즉, 순편익합계의 극대화조건은 $MNB_X = MNB_Y$이다.

---

  2) 사업규모가 크면 클수록 순편익의 규모도 클 가능성이 높다. 그러나 한계수확체감의 법칙에 따라 한계순편익의 규모는 사업규모가 클수록 체감하게 된다.

3.2 의사결정의 여러 기준

의사결정에 도움을 주는 기준(criterion) 또는 지표들은 여러 가지가 있는데 그 가운데 중요한 것을 소개하면 다음과 같다.

3.2.1 비용변제기간

비용변제기간(pay-back period)기준에 따르면 사업의 총비용을 가장 짧은 기간에 변제할 수 있는 사업이 가장 우선적으로 선정된다. 다음의 간단한 예를 살펴보자.

사 업	C_0	$B_1 - C_1$	$B_2 - C_2$
A	100	110	10
B	100	0	1,000

위의 두 개의 사업 A와 B를 비교할 때 두 사업 모두 최초 사업비용(C_0)은 100에 달하고 있다. 그러나 사업 A는 첫해에 순편익($B_1 - C_1$)을 110 발생시키고 있으나 사업 B는 아무런 순편익이 없다. 이럴 경우 사업 B가 비록 그 다음 해에 순편익($B_2 - C_2$)을 1,000이나 발생시킨다고 하더라도 사업 A가 더 우선적으로 채택된다.

비용변제기간기준은 사업을 선정하는 데 할인율(discount rate)을 적용시킬 필요가 없는 상황에서 주로 사용되며 민간기업에서 단기사업의 경우에 고려되는 기준이다. 또한 이 기준은 과거 소련과 같은 사회주의국가의 공공사업에서 많이 사용된 바가 있다.

3.2.2 순평균수익률

순평균수익률(net average rate of return)이란 사업의 전기간에 걸쳐 발생하는 순편익의 합계를 편익이 발생하는 사업기간 연수(年數)로 나눈 것을 의미한다. 다음의 예를 살펴보자.

사 업	C_0	$B_1 - C_1$	$B_2 - C_2$	순평균 수익률
A	100	115	—	115
B	100	114	114	114

사업 A는 1년간에 걸친 사업이고 사업 B는 2년간에 걸친 사업이다. 사업 A는 다음 해에 115의 순편익을 발생시키고 사업 B는 2년에 걸쳐 매년 114의 순편익을 발생시킨다. 이럴 경우 순평균수익률은 쉽게 계산될 수 있으며, 위의 예에서 보듯이 사업 A의 순평균수익률이 사업 B의 그것보다 높기 때문에 따라서 사업 A가 선정된다.

순평균수익률기준은 사업의 총연한(年限)을 중요하게 고려한다는 데 그 의미가 있다. 그러나 이 기준을 공공사업에 적용시키는 데에는 치명적인 약점이 있다. 다시 말하여 사업편익이 장기에 걸쳐 발생하는 공공사업에서는 이 기준을 잘 적용하기가 어렵다. 위의 예를 보더라도 순편익의 총규모면을 볼 때 사업 B가 월등하게 우수하다고 하지 않을 수 없다.

3.2.3 순현재가치

순현재가치(net present value)란 투자사업의 전기간에 걸쳐 발

생하는 순편익의 합계를 현재가치로 환산한 값을 의미하며, 이 순
현재가치가 正으로 나타나면 그 사업은 경제적으로 타당성이 있는
것으로 평가된다. 순현재가치를 계산하기 위해서는 적절한 할인율
을 사용하여 시간의 흐름에 따라 순편익의 가치를 할인해 주어야
하므로 어떤 수준의 할인율을 적용하느냐가 매우 중요한 관건이
된다. 순현재가치의 계산공식은 다음과 같다.

$$NPV = \frac{B_0 - C_0}{(1+r)^0} + \frac{B_1 - C_1}{(1+r)^1} + \cdots + \frac{B_n - C_n}{(1+r)^n}$$
$$= \sum_{t=0}^{n} \left(\frac{B_t - C_t}{(1+r)^t} \right), \ t = 0, \ 1, \ \cdots, \ n$$

여기서 r은 사회적 할인을
n은 사업의 기간(연수)을 의미한다.

　순현재가치기준은 비용·편익분석에서 가장 널리 사용되는 보
편적인 기준이지만 앞의 의사결정 기본원칙을 설명할 때 언급하였
듯이 이것에만 전적으로 의존하는 데에는 문제가 따르게 된다. 이
기준이 갖고 있는 가장 큰 취약점이란 대규모 사업이 소규모 사업
에 비해 순현재가치가 크게 발생하게 되어 대규모 사업이 통상 유
리하게 평가된다는 점이다.

3.2.4 비용·편익비율

　비용·편익비율(benefit-cost ratio)의 기준은 편익/비용 비율이
높은 사업일수록 경제적 타당성이 높은 것으로 평가하는 기준이며
여기에서도 적절한 사회적 할인율을 적용하여 비율을 계산한다.
이의 공식은 다음과 같다.

$$\frac{B}{C} = \sum_{t=0}^{n} \frac{B_t}{(1+r)^t} \Big/ \sum_{t=0}^{n} \frac{C_t}{(1+r)^t}, \quad t=0, 1, \cdots, n$$

편익/비용 비율은 위의 공식에서 보듯이 사업의 비용 1단위당 편익이 얼마인가를 보여 주는 것이므로 자연히 소규모 사업이 상대적으로 높은 편익/비용 비율을 갖게 되는 경우가 많다. 그러나 이러한 소규모 사업의 순편익 규모는 그리 크지 않을 것이다. 따라서 사업의 우선순위를 결정하는 데 있어서 편익/비용 비율기준은 큰 의미가 없으며 다만 예산의 제약 때문에 순편익이 큰 대규모 사업을 수행하기가 어려울 때에 이 기준을 적절히 사용할 수 있을 것이다.

3.2.5 내부수익률

내부수익률(internal rate of return: IRR)이란 투자사업이 원만히 진행된다는 전제하에서 기대되는 예상수익률로서 투자사업의 전 기간에 걸쳐 발생하는 편익의 현재가치와 비용의 현재가치를 일치시켜 순현재가치(NPV)가 零이 되게 하는 어떤 할인율로 계산된다. 이를 공식화하면 다음의 공식에서 R이 내부수익률이 된다.

$$C_0 = \frac{B_1-C_1}{(1+R)^1} + \cdots + \frac{B_t-C_t}{(1+R)^t} + \cdots + \frac{B_n-C_n}{(1+R)^n}$$

위 공식에서는 최초연도(0차년도)에는 편익이 발생하지 않은 것으로 간주하고 최초연도의 비용과 그 다음 해부터의 할인된 순편익의 합계가 일치되도록 하는 R을 찾아 낸다면 그것이 바로 내부수익률이라고 하겠다. 이 내부수익률(R)이 통상적으로 사용되는 사회적 할인율(r)보다 크다면 그 투자사업은 타당성이 있는 것으로 평가된다.

   내부수익률기준은 근대 최고의 경제학자인 케인즈(John M. Keynes)의 이론에 토대를 두고 있다.[3] 케인즈는 '투자의 한계효율(marginal efficiency of investment)'이라는 개념을 도입하여 투자에 대한 의사결정을 논하고 있는데 이 개념에 의하면 투자사업은 이 사업으로부터 기대되는 예상수익률과 비용으로서의 이자율이 서로 일치하는 상황까지 계속 확대시키는 것이 합리적이라는 것이다. 다시 말하여 투자의 적정규모는 예상수익률(편익)과 이자율(비용)이 서로 일치되는 상황에서 결정된다는 것이다.

   내부수익률기준에 따르면 내부수익률이 큰 사업일수록 유리한 사업으로 판정되므로 사업들간의 우선순위를 결정할 때 내부수익률의 크기를 직접 비교하면 된다. 내부수익률이 사회적 할인율(r)보다 크다는 의미는 이 사회적 할인율(r)로 할인한 순현재가치(NPV)가 零보다 크다는 의미와 같다. 그러면 판정기준으로서의 내부수익률기준과 순현재가치기준간의 관계는 어떠한가? 이를 다음의 표와 그림을 통해 비교해 보자.

   [표 3-2]에 의하면, 두 개의 사업 A와 B는 모두 3년에 걸쳐 편익과 비용을 발생하며 이에 근거하여 순현재가치를 零으로 하는

[표 3-2] 내부수익률과 순현재가치의 비교   (단위: 원)

사 업	연도별 순편익			내부수익률	각 할인율에서의 순현재가치		
	0차	1차	2차		2%	5.2%	7%
A	−1,000	0	1,210	10%	163	93	57
B	−1,000	1,150	0	15%	127	93	75

3) John M. Keynes, *General Theory of Employment, Interest and Money* (MacMillan & Co., 1936).

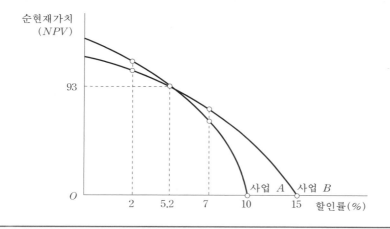

그림 3-2 **내부수익률과 순현재가치의 비교**

내부수익률을 각각 계산하면 사업 A는 10%, 사업 B는 15%로서 따라서 사업 B가 더 양호한 사업으로 평가된다. 그러나 이 양 사업에 대하여 순현재가치기준을 적용시켜 보면 2%의 할인율 적용시에는 사업 A가 우선시되나, 반대로 7%의 할인율을 적용하면 사업 B가 우선하게 된다. 또한 할인율이 5.2%일 경우에는 사업 A와 사업 B 사이에 아무런 선호의 차이가 없게 된다. [표 3-2]의 설명을 그림으로 표시하면 [그림 3-2]와 같다.

그러면 [표 3-2]와 [그림 3-2]를 통해 얻는 결론은 무엇인가? 논리적으로 말하여 내부수익률기준이 일반적으로 순현재가치기준보다 우월하다고 본다.[4] 내부수익률을 달리 표현하면 투자사업이 원만히 진행되어 총비용을 회수하여 최소한 "break-even"상황을 유지한다고 할 때 예상되는 수익률이라고 할 수 있으므로 이

---

4) 이런 이유로 세계은행(IBRD)과 같은 국제금융기구에서는 내부수익률기준을 가장 중요시하고 있다.

것이 크다는 것은 투자사업이 그만큼 양호하다는 뜻이다. 또한 내부수익률을 계산할 때 사회적 할인율을 사전에 미리 알지 못하여도 그 계산이 가능하다는 점이 순현재가치기준보다 편리하다. 위의 예에서 보듯이 순현재가치기준하에서는 어떠한 사회적 할인율을 적용하느냐에 따라 서로 상이한 결론에 도달하고 있다.

그러나 내부수익률기준에 있어서도 한두 가지의 취약점이 발견된다. 첫째, 어떤 사업이 성질상 사업의 초기에 많은 비용이 투입되어야 하고, 그리고 나서 어느 정도의 편익기간이 지난 후 다시 대규모 비용이 발생하는 그런 사업에 대해서는 내부수익률이 두 개로 계산될 수 있다. 둘째, 예산상의 제약이 있다든가 혹은 사업들간에 상호경쟁적(상호배타적)인 관계가 있을 때에는 내부수익률기준을 직접적으로 적용할 수 없다.[5]

따라서 판정기준으로서 내부수익률의 크기에 전적으로 의존하는 것도 문제가 있음을 인식해야 하며, 결론적으로 말하여 순현재가치(NPV), 내부수익률(IRR) 및 편익/비용 비율(B/C) 세 가지를 모두 적절히 고려한 후 의사결정을 내리는 것이 최선의 방법이라 하겠다.

3.3 의사결정의 제약

우리는 앞 절에서 의사결정에 적용되는 중요기준들을 소개하였는데, 투자사업의 타당성을 검토하는 데 있어 앞의 기준들을 그

---

5) 상호경쟁적(상호배타적) 사업이란 사업규모(큰 댐/작은 댐) 혹은 사업시기(금년/내년)를 결정하는 것처럼 어느 한 대안을 선택하면 다른 대안들은 자동적으로 고려대상에서 배제되어 버리는 사업을 가리키며, 이런 경우에 각 대안의 IRR을 직접 비교하는 것은 잘못이다.

대로 적용하는 데는 현실적으로 상당한 제약이 따르게 된다. 대표적인 제약들을 소개하면 다음과 같다.

3.3.1 소득분배의 제약

앞의 기준, 예컨대 순편익을 극대화시키는 사업을 우선적으로 선택하도록 하는 기준 등은 투자사업의 효율성(efficiency)을 강조하는 기준이며 이것이 소득분배를 개선시킬 것인가에 대해서는 아무런 설명을 하지 못한다. 다시 말하여 앞의 기준은 공평성(equity)을 전혀 고려하고 있지 않다.

그러나 엄격히 말하여 투자사업이 소득분배를 악화시킬 수 있는 사업이라면 이를 채택해서는 안 될 것이다. 그런데 문제는 소득분배의 개선이라는 것이 도덕적·윤리적인 면이 강하고 개인의 주관적인 판단에 크게 의존한다는 점이다. 만약 100만 원이라는 돈을 부자로부터 가난한 자에게로 이전시켰다고 할 때 이것이 과연 사회후생(social welfare)을 증가시킨다고 확신할 수 있는가? 만약 증가시킨다면 어느 정도 증가시킬 것인가? 이것의 해답은 각자의 소득수준, 재산상태, 소비행태 등등에 크게 의존하게 되며 어느 일정한 기준을 적용하여 얘기하기가 어렵다.

아무튼 투자사업의 혜택이 주로 부자그룹에게 가고 비용은 주로 빈민그룹에게서 발생하는 사업은 그 반대의 경우, 즉 혜택은 빈민그룹에 가고 비용은 부자그룹에게서 발생하는 사업에 비해 분명히 열등(inferior)하게 평가되어야 한다. 따라서 비용·편익분석을 보다 완벽하게 수행하기 위해서는 편익과 비용이 어떤 그룹에게서 발생하는가를 가능한 한 정확히 파악하고 이를 최종판단에 반영시켜야 할 것이다. 이러한 분석을 사회적 비용·편익분석(Social Cost-

Benefit Analysis)이라고 부르고 있는데 이에 대한 보다 구체적 설
명이 제10장에서 다루어질 것이다.

3.3.2   예산상의 제약

다음으로 중요하게 제기되는 제약이 예산상의 제약이다. 예산
상의 제약은 넓은 의미에서 정치적 제약(political constraints)이라
고도 할 수 있겠는데 그 이유는 공공투자사업에 배정되는 예산은
의회민주주의 국가에서 국회의 심의를 받아야 하며 결국 정치적
판단이 예산배분에 절대적인 영향을 주기 때문이다.

앞의 [표 3-1]을 다시 한번 보자. 만약 국회에서 배정된 예산
규모가 400억 원 정도라고 하자. 이 때에는 순편익이 최대인 사업
E가 채택될 수 없다. 사업 A와 C가 선택되는 것이 가장 바람직
할 것이다. 두 사업 모두 正의 순편익을 발생시키기 때문이다. 그
런데 만약 국회에서 예산배분이 800억 원으로 증가되었다고 하자.
이 때에는 아마도 사업 C와 E가 선택될 가능성이 가장 높다. 편
익/비용 비율이 가장 높은 사업 A가 예산배정이 증가됨으로써 도
리어 탈락하는 수모를 당하게 된다. 이상의 예는 예산배정의 규모
에 따라 사업선정에 어떠한 변화가 일어날 수 있는가를 잘 보여
주고 있다고 하겠다.

여기에다가 국회에서는 정치적 전략에 의해 특정공공사업을
선택하기 위한 투표의 교환행위(vote-trading) 혹은 정치적 계약행
위(logrolling)가 일어나고 있음에 유념해야 한다. 정치가들은 흔히
자신의 존재가치를 과시하기 위하여 필요 이상으로 새로운 공공재
가 공급되어야 한다는 것을 역설하고 납세자들은 정부로부터 보다
많은 공공재를 무상으로 제공받기를 기대하면서도 실제 얼마만한

비용이 소요될 것인가에 대해서는 무심하게 넘겨버리는 성향이 있다. 이러한 현상은 결국 공공사업의 선정을 경제적 합리성보다는 정치적 합리성에 의존하도록 유도하며 궁극적으로는 정부예산을 비효율적으로 팽창시키는 결과를 초래한다고 하겠다.

3.3.3 사업성격상의 제약

세 번째의 제약으로는 대안으로 고려되는 공공투자사업들간의 상호관계와 관련된 것이다. 이를 사업성격상의 제약이라고 칭할 수 있겠다. 여러 개의 공공투자사업들 가운데서 몇 개의 사업을 선정하려고 할 때는 대개가 사업들이 서로 독립적이다. 다시 말하여 서로 완전히 다른 성격을 가지고 있는 사업들이 선정대상으로 고려되고 있다. 그러나 경우에 따라서는 대상사업들이 서로 독립적인 것이 아니라 서로 의존적인 성질을 가지게 될 때가 있다.

대상사업들이 서로 의존적인 성질을 가지고 있을 때는 앞에서 소개된 여러 기준들을 직접적으로 적용하기 어렵게 된다. 예컨대 A라는 사업이 선정되기 위해서는 반드시 B라는 사업이 함께 선정되어야 하는 그런 경우이다. 이러한 사업들은 서로 보완적(complimentary)인 관계를 가지고 있다. 한편 A라는 사업이 선정되었다면 B라는 사업은 자동적으로 제거되는 그런 경우도 있다. 이러한 사업들은 서로 경쟁적(substitute)인 관계를 가지고 있다. 서로 경쟁적인 관계에 있는 사람들은 다른 표현으로 상호배타적(mutually exclusive)인 관계에 있다고도 한다. 이처럼 대상사업들이 상호보완적이냐 혹은 경쟁적이냐에 따라 사업선정의 기준들이 약간씩 달라질 수 있을 것이다. 상호보완적인 사업(예: 다목적 댐)과 상호배타적인 사업(예: 큰 댐/작은 댐)에 대한 내부수익률(IRR) 계산은 서로 독립적인 사업에서의 내부수익률 계산과는 다르며 약간의 조정단계를 거치게 된다.

3.3.4   정보의 제약

마지막 제약(어떤 의미에서는 가장 본질적인 제약)으로 정보의 제약을 지적하지 않을 수 없다. 비용·편익분석에서 가장 심각한 문제점이 측정의 문제(measurement problem)라 함은 이미 앞에서 지적하였다. 아무리 좋은 판단기준을 가지고 있더라도 정보의 부족으로 비용과 편익을 정확하게 측정하지 못한다면 아무런 소용이 없다. 측정상의 문제를 해결하기 위하여 비용·효과분석(cost-effectiveness analysis)[6]이 도입되기도 하였다. 정보의 제약을 극복하기 위하여 각종 설문조사, 계량예측모형 및 여러 가지 경영학적·산업공학적 기법들이 또한 개발되고 있지만 모든 것이 완벽하지는 않다.

3.4   의사결정 형태별 의사결정 기준

지금까지의 논의를 요약·정리해 보면 공공투자사업(또는 정책)에 대한 판정기준으로 순현재가치(NPV), 내부수익률(IRR), 그리고 편익/비용 비율, 이 세 가지를 모두 적절히 고려하여 의사결정을 내리는 것이 최선의 방법이지만 그 중에서도 순현재가치(NPV)를 극대화시키는 사업을 선택하는 것이 의사결정기준의 기본원칙임을 밝혔다. 그러나 이 원칙은 어디까지나 효율성 측면에

---

6) 비용·효과분석에 대해서는 제11장에서 다시 설명된다.

서만 유효한 원칙이며, 형평성 논리라든가 정치·사회적 측면이 고려된다면 다른 기준이 등장할 수 있음을 지적하였다. 아울러 효율성 기준에 있어서도 예산상의 제약이라든가 사업의 성격 등을 고려하게 될 때 상당히 세심한 주의가 요청되고 있다. 이제 이러한 기준을 의사결정 형태별로 다시 정리해 보자.

3.4.1 한 개 사업(정책)의 채택 여부

이 경우의 의사결정 기준은 간단명료하다. 칼도-힉스 기준에 근거하여 순현재가치가 0보다 크면 사회후생에 긍정적인 공헌이 있다고 보고 그 사업을 채택하면 된다. 이 때의 사업의 내부수익률은 당연히 사회적 할인율보다 크게 된다.

3.4.2 상호 배타적인 사업(정책)들 중에서 하나를 채택

상호 배타적(mutually exclusive)인 사업이란 사업들이 서로 경쟁적인 관계에 있기 때문에 한 사업이 채택되면 나머지 다른 사업들은 모두 배제되어 버리는 그런 관계에 있는 사업을 의미한다. 예컨대 어떤 규모(또는 방법)의 사업을 할 것인가를 결정하는 데 있어서 한 가지 특정 규모(또는 방법)가 채택되면 다른 대안들은 모두 탈락되어질 수밖에 없는 상황이 여기에 해당된다.

이 경우에는 약간의 논란이 있을 수 있으나 앞의 기본원칙을 그대로 적용해도 무방하다. 즉, 여러 대안들 가운데서 순현재가치가 가장 큰 것을 선택하는 것이다. 그러나 좀더 정확하게 판단하기 위해서는 내부수익률을 기준으로 활용하는 것이 좋은데, 다만 이 때 각 사업의 내부수익률 크기만을 비교하여 우선순위를 정하

는 것은 오판을 내릴 가능성이 있다. 사업의 성격이 상호 배타적
이므로 내부수익률 계산에 약간의 조정이 필요하며 이런 조정을
거친 후에 내부수익률의 크기에 따라 사업을 선정하는 것이 좋다.
이 점에 대해서는 제 8 장(8.4)에서 다시 다루도록 하겠다.

3.4.3   여러 사업(정책)들 중에서 몇 개를 선택

이 경우에는 상황을 다시 세분할 필요가 있다. 즉 사업들이
서로 의존적인가 혹은 독립적인가, 그리고 사업선정에 예산제약이
있는가 혹은 없는가로 구분하여 이럴 때 몇 개의 사업을 어떻게
선택하는 것이 좋은가를 살펴보는 것이다. 이는 바람직한 사업의
조합(subset)을 선택하는 것과 같은 개념이다.

(1) 의존적인 사업 : 예산제약 없음

의존적(dependent)인 사업이란 어떤 사업이 채택되었을 때 혹
은 어느 특정 사업의 규모가 변경되었을 때 이것이 다른 사업의 순
편익에 영향을 미치게 되는 그런 관계에 있는 사업들을 의미한다.

예를 들어 두 도시 사이에 강이 흐르고 있고 여기에 다리를
건설한다고 하자. 대체로 3곳(다리 A, B, C)에 다리를 건설할 수
있다고 하고 다리를 하나만 건설할지, 아니면 2개 또는 3개 모두
를 건설할지가 우리의 선택문제라고 하자. 이 때 다리 A, B, C는
서로 의존적인 사업의 범주에 속하게 된다. 왜냐하면 다리 A를
건설하면서 얻게 되는 순편익은 다리 B 또는 다리 C의 건설여부
에 따라 영향을 받을 수밖에 없기 때문이다. 다리 A만 건설된다
면 다리를 이용하려는 사람들이 다리 A에만 몰리게 되겠지만 다
리 B가 동시에 건설될 때 이용자 수가 다리 A와 다리 B로 분산

[표 3-3] 의존적인 사업 : 다리건설사업들의 순편익   (단위: 백만 달러)

다리건설사업의 조합	편익의 현재가치	비용의 현재가치	순현재가치
A	200	100	100
B	250	100	150
C	210	100	110
A, B	370	200	170
A, C	350	200	150
B, C	300	200	100
A, B, C	380	300	80

될 것이 분명하며, 다리 C가 추가로 건설된다면 다리 A를 이용하는 사람 수는 더욱 감소할 가능성이 높다.

이제 다리 3개를 어떤 조합으로 건설하느냐에 따라 위의 [표 3-3]과 같은 편익과 비용의 현재가치가 계산되었다고 하자(다리건설사업의 편익은 다리를 이용하는 사람들의 시간절약을 포함한 여행비용 절감분이며, 사업의 비용은 다리를 건설하고 관리하는 데 들어가는 비용을 뜻한다).

이제 예산상에 아무런 제약이 없다고 한다면 어떤 건설사업의 조합을 선택하는 것이 바람직한 것인가? 이에 대한 해답은 앞에서 밝힌 기본원칙에 따라 순현재가치가 가장 큰 조합을 선택하는 것이다. [표 3-3]에서 조합(A, B)의 순현재가치가 170백만 달러로 가장 큰 것으로 판명되었기에 다리 A와 B를 동시에 건설하는 대안이 선택되어야 할 것이다.

(2) 의존적인 사업 : 예산제약 있음

그러면 의존적인 사업의 조합을 선정하는 데 있어서 예산상의

제약이 있는 경우는 어떠한가? 위의 다리건설의 예를 가지고 살펴
보자. 만약 예산이 250만 달러밖에 배정되지 않았다면 [표 3-3]에
서 다리 세 개를 모두 건설하는 조합(A, B, C)은 채택될 수가 없
다. 다리 두 개만 건설할 수 있으며, 이 중 조합(A, B)이 가장 바
람직한 선택이 된다.

우리의 예에서는 예산제약이 있든 없든 똑같은 결과를 가져왔
다. 그러나 이것은 우리의 예에서 우연히 그렇게 된 것에 불과하
다. 예산제약이 있을 때의 의사결정기준은 예산범위 내에서 선택
가능한 조합을 찾아낸 후 그 중 최대의 순현재가치를 가져다 주는
조합을 선택하는 것이다. 한 가지 유의할 점은 조합(A, B)의 편익
이 370백만 달러로서 다리 A와 B를 각각 개별적으로 건설했을
시의 편익 200백만 달러와 250백만 달러를 합친 것보다 적게 된
것에 의아해 할 수 있겠는데, 이는 당연한 결과이다. 사업의 성격
이 의존적인 것이므로 두 사업을 동시에 실시했을 때의 편익은 두
사업을 별도로 실시했을 때의 각각의 편익을 합친 것보다 클 수도
있고 적을 수도 있다(두 사업의 성격이 독립적이라면 두 사업을 동시
에 실시하든 혹은 별도로 실시하든 두 사업 각각의 편익을 단순합계한
것과 일치할 것이다).

(3) 독립적인 사업 : 예산제약 없음

최선의 사업조합을 선택하는 어려움은 사업들이 서로 독립적
인 경우에도 발생한다. 독립적(independent)인 사업이란 사업이 상
호배타적인 관계에 있지도 않고 의존적인 관계도 아닌 순전히 개
별적인 성격을 지닌 사업들을 의미한다.

이러한 사업들의 선정에 예산상의 제약이 없다면 의사결정 기
준은 매우 간단하다. 고려 대상이 되는 사업들 가운데서 순현재가

[표 3-4] 독립적인 사업: 5개 사업들의 순편익   (단위: 백만 달러)

사 업	편익의 현재가치	건설비용의 현재가치	연간유지비의 현재가치	순현재가치
A: 경찰장비구입	17	5	2	10
B: 도시환경정비	67	25	7	35
C: 저수지건설	45	20	5	20
D: 대중교통수단개선	100	50	10	40
E: 체육시설 전산화	1	2	0	−1

치가 0보다 큰 것을 모두 채택하면 된다. [표 3-4]의 예를 가지고 설명해 보자.

독립적인 사업의 경우에는 의존적인 사업에서 행하였던 것과 같은 다양한 사업조합별 순편익을 검토할 필요가 없다. 각각의 사업들의 개별적 순편익을 계산하여 비교하면 족하다. [표 3-4]의 예에서는 5개 사업 중 4개 사업(사업 A, B, C 및 D)이 채택될 수 있다. 4개 사업의 순현재가치가 모두 0보다 크기 때문이다. 사업 E는 순현재가치가 마이너스(−)이므로 채택될 수 없다.

(4) 독립적인 사업: 예산제약 있음

그러면 예산상의 제약이 있을 때에는 어떠한가? [표 3-4]에 소개된 사업들은 지방정부의 입장에서 보면 모두 중요한 사업들임에 틀림없다. 그런데 지방정부가 여기에 쓸 수 있는 예산액이 50백만 달러에 불과하다고 하자. 5개의 사업 중 사업 D(대중교통수단개선)의 건설비용이 50백만 달러이고 순현재가치도 40백만 달러로 가장 크게 나왔으므로 이 사업에 우선순위를 부여하는 것을 생각해 볼 수 있다(연간 유지비 10백만 달러는 다음 연도 예산에 반영시킨다고 일단 가정한다). 그러나 한편 사업 A, B 및 C, 3개 사업을 모두 동시에 추진해도 예산 50백만 달러 내에서 가능하며, 이들의 순현재가치 합계액도 65백만 달러에 달하므로 효율성 측면에서 사업 D라는 하나의 사업보다는 3개의 사업을 채택하는 것이 더 바람직하다고 할 수 있겠다.

　　이렇게 볼 때 예산제약이 있을 경우(현실적으로 대부분 예산제약이 있음) 단일한 해답을 찾기가 어렵게 되었다. 예산의 범위 내

[표 3-5] 의사결정 기준에 대한 요약

의사결정 형태	의사결정 기준
1. 한 개 사업(정책)의 채택 여부	$NPV>0$이면 채택 (또는 $IRR>r$이면 채택)
2. 상호배타적인 사업(정책)들 중에서 하나를 선택	NPV가 가장 큰 것을 선택 (또는 적절한 조정단계를 거친 후 IRR과 r을 비교하여 결정)
3. 여러 사업(정책)들 중에서 몇 개(조합)를 선택 　1) 의존적인 사업(정책) 　　① 예산제약 없음 　　② 예산제약 있음 　2) 독립적인 사업(정책) 　　① 예산제약 없음 　　② 예산제약 있음	 여러 조합 가운데서 최대의 NPV를 가져다 주는 조합을 선택 예산 범위 내에서의 선택 가능한 조합 가운데서 최대의 NPV를 가져다 주는 조합을 선택 NPV가 0보다 크면 모두 선택 예산범위 내에서 선택 가능한 조합 가운데서 최대의 NPV를 가져다 주는 조합을 선택(정책적 판단 병행: 다양한 정보를 활용하여 우선순위 결정)

에서 순현재가치의 합계가 가장 크게 되는 사업의 조합을 찾는 것
이 최선의 의사결정 기준이라 하겠으나 이것이 항상 절대적인 정
답이 된다고 얘기하기도 어렵다. 결국 예산제약이 있을 시에는 정
치적·사회적 기타 여러 가지 측면의 고려가 함께 이루어진 정책
결정자의 합리적 정책판단에 의존할 수밖에 없게 된다.

3.5 공공투자분석의 순환적 단계

비용·편익분석에 관한 구체적인 방법론을 논의하기에 앞서
공공투자분석의 순환적 단계에 대하여 간략히 고찰한다. 공공투자
분석의 순환적 단계로는 ① 분석대상사업의 선정(identification),
② 사업의 타당성평가(appraisal), ③ 사업의 집행(implementation),
그리고 ④ 사업의 사후평가(post-evaluation), 이렇게 네 가지 단계
가 있다.

3.5.1 분석대상사업의 선정

첫 번째 단계는 분석·평가하고자 하는 대상사업을 엄격한 심
사과정을 거쳐 선정하는 일이다. 대상사업을 선정하는 데 있어서
가장 먼저 해야 할 작업은 사업의 목적이 무엇이며 어떤 규모와
범위 내에서 사업을 추진해야 하는가를 확인하는 일이다. 사업의
목적이 확실해야만 그 목적을 달성하기 위해서 필요한 대안들이
무엇인지를 알 수 있으며 여러 가지의 대안들 가운데서 분석대상
이 되는 사업을 선정할 수 있게 된다.

사업의 규모와 범위를 확인하기 위해서는 사업에 대한 수요예

측을 가능한 한 정확히 해야 한다. 예컨대 고속도로건설의 규모를
결정하는 데는 앞으로의 교통량이 얼마만큼 증가할 것인가를 여러
가지 기법을 동원하여 가능한 한 정확하게 예측함이 필요한 것이다.

    정부사업을 분석대상사업으로 선정하는 데 있어서 관련기관과
의 협의가 절대적으로 필요하며 이 사업에 예산이 얼마나 배정될
것인가에 대해서도 긍정적인 이해가 있어야 할 것이다. 또한 사업
의 수혜그룹이 누구인지를 미리 파악하여 이들의 의견을 청취하는
것도 사업선정에 도움을 줄 것이다.

3.5.2   사업의 타당성분석 및 평가

    일단 분석대상으로 선정된 사업에 대해서 그 다음 단계는 당
연히 타당성분석을 행하고 분석결과에 따라 집행 여부를 결정하는
일이다.

    사업의 타당성분석은 이 사업의 추진배경과 목적을 분명하게
이해하는 데서부터 시작된다. 사업의 현재 및 장래에 걸쳐 발생되
는 유리한 효과와 불리한 효과가 어떠한 것이 있는가를 분석해야
하는 것이다. 유리한 효과를 측정한 것을 편익이라고 하고 불리한
효과를 측정한 것을 비용이라고 하겠다. 이렇게 편익과 비용이 모
두 계산되면 수익률이 어느 정도인지가 확인될 것이며 그리고 나
서 적절한 여러 기준을 적용하여 그 사업에 대한 선택 여부가 결
정되는 것이다.

    타당성분석 결과는 타당성분석 보고서에 체계적으로 정리·수
록되어야 할 것이다. 보고서를 작성하는 데는 여러 분야의 전문가
들이 함께 참여하여 작성하는 것이 바람직하다. 보고서 속에는 사
업건설과 집행을 위한 기술적 제안, 법적·제도적 장치마련, 인력

관리 그리고 재원조달 등 다양한 분야의 정보가 모두 수록되어야 하기 때문이다. 다시 말하여 타당성분석 보고서에는 경제적 타당성뿐만 아니라 재무적 타당성, 기술적 타당성, 경영관리적 타당성 등 모든 면의 타당성과 사업추진방안이 제시되어야 한다. 그렇기 때문에 경제학자뿐만 아니라 경영학자, 공학자 및 관련분야 기술자들이 공동으로 참여하여 타당성분석 보고서를 작성하는 것이 좋다.

3.5.3 사업의 집행

세 번째 단계는 타당성평가를 통해 타당성이 인정된 사업을 집행하는 것이다. 여기서 말하는 집행이란 사업의 건설을 일차적으로 의미하는 것이지만 사업건설이 완료된 후 사업을 직접 운영·관리하는 것까지도 집행의 개념 속에 포함시킬 수 있다.

개발도상국에서 사업집행의 가장 큰 어려움이라면 재원조달상의 문제와 기술관리상의 한계이다. 재원조달의 문제는 어느 나라를 막론하고 항상 제기되는 문제이며 특히 사업집행이 순조롭지 못하여 건설기간이 예정보다 지연될 때 더욱 심각하게 나타난다. 개발도상국에서 기술관리상의 어려움이 있다 함은 누구나 쉽게 이해할 수 있겠으나 때로는 이러한 기술관리상의 한계가 사업집행에 치명적일 수 있다. 그러므로 이 점에 대해서 사전에 충분한 검토와 대책마련이 있어야 할 것이다.

3.5.4 사업의 사후평가

마지막 네 번째 단계가 사업의 사후평가이다. 사업건설을 완료하고 실제로 사업을 운영하는 과정에서 사업성과를 관찰(monitoring)하고 사후평가를 내린다는 것은 대단히 중요하며 이에는 두 가지의 목적이 있다. 하나는 사업의 경험을 통하여 앞으로 유사한 사업의 추진에 교훈으로 삼고자 하는 것이며, 또 하나는 사후평가를 통해 경영관리자들에게 책무감을 심어 주기 위함이라 하겠다.

사후평가는 대체로 두 번 정도하는 것이 좋다. 사업건설이 완료되고 편익이 발생하기 시작하는 해쯤에 가서 사후평가를 한 번 하고, 그 후 4~5년 후쯤에 가서 두 번째의 사후평가를 하는 것이다. 첫 번째의 사후평가는 최초계획시 예상된 비용과 실제 투입된 비용을 비교해 보는 데 주목적이 있다면, 두 번째 사후평가는 사업이 없었을 경우와 있었을 경우를 비교하는 사전(ex-ante) 대 사후(ex-post) 비교의 성격이 강하다고 하겠다. 사업의 사후평가에서 사업혜택이 어떤 그룹에 어떻게 배분되었나를 확인해 보는 것도 중요한 작업이라 하겠다.

제 4 장　비용·편익의 유형

4.1　비용·편익의 유형별 분류

4.1.1　실질적 對 금전적

비용과 편익은 여러 유형으로 분류될 수 있는데 그 중 가장 중요한 분류로는 실질적(real)인 비용·편익과 금전적(pecuniary)[1] 인 비용·편익과의 구분이다. 비용·편익분석에서는 오직 실질적인 비용·편익만이 고려된다.

실질적인 비용과 편익이란 말 그대로 공공사업에 의해 발생한 진정한 비용과 편익을 뜻한다. 실질적인 편익은 국민생산 또는 사회후생의 증가를 통해 국민(소비자)들이 실제로 받는 혜택을 의미하며, 실질적인 비용은 공공사업의 추진에 의해 발생된 자원의 기회비용을 뜻한다.

한편 금전적 비용과 편익은 공공사업에 의해 빚어진 화폐적 가격의 변화 때문에 발생한 것들이며 이들을 계산에 포함시키면 이중계산 또는 과대계산의 과오를 범하게 된다. 공공사업에 의해 어떤 부문이 이득을 얻게 되는데, 그것이 다른 부문의 손실에 의

---

1) '금전적'이라는 용어에 혼란이 없기를 바란다. 여기서 금전적이라는 말은 돈으로 측정될 수 있다는 그런 뜻이 아니라 순전히 화폐적 현상에 의한 것으로 '실질적'인 것과 구별되는 개념이다.

하여 발생된 것이라면 그 이득은 사회 전체의 이득을 의미하지 않
는다. 예를 들어 도로사업이 진행되어 그 지역의 노동자들이 대량
으로 고용될 때 그 노동자의 임금은 노동생산성과는 관계 없이 상
승하게 된다. 이러한 임금의 상승은 노동자들에게는 당연히 이익
이지만, 한편으로 임금의 상승 때문에 정부가 재원조달을 위해 타
산업부문에 고율의 세금을 부과하게 되고 그렇게 되면 타 산업부
문에서 생산이 위축되어 노동수요가 감소되므로 타 산업부문에서
의 임금은 하락하게 된다. 도로사업에 의한 임금상승은 타 산업에
서의 임금하락으로 상쇄되어 국가 전체로 보아서는 아무런 이득이
없게 된다. 그러므로 도로사업에 의한 임금상승은 그것이 노동생
산성과 관련이 없다면 어디까지나 금전적 편익에 불과할 뿐이며
그 지역의 노동자들에게 소득의 증가가 이루어졌다고 하여 소득증
가분을 편익에 포함시킨다면 사회 전체의 입장에서 과대편익계산
의 잘못을 범하게 된다. 또 한 가지 예로서, 새로운 도로에 의해
주위의 토지가 개발되어 토지의 생산성이 증가된다면 이것은 분명
히 실질적인 편익이다. 그러나 도로가 신설됨으로써 투기심리 때
문에 공연히 주위의 땅값이 상승한다면 이것은 금전적 편익에 불
과한 것이다. 마찬가지로 신설된 도로의 노변에 있는 여관이나 음
식점들이 보다 더 많은 수입을 올리게 된다면 이것은 모두 금전적
편익이며 이러한 수입증가는 다른 지역에서의 수입감소를 유발시
켰을 것이므로 서로 상쇄되어야 할 것이다. 이처럼 공공사업에 의
해 발생한 비용과 편익이 이전(transfer)적인 것일 때에는 이를 비
용·편익분석에 반영시켜서는 안 된다.

4.1.2 내부적 對 외부적

비용과 편익은 그것이 내부적(internal)으로 발생하느냐 혹은 외부적(external)으로 발생하느냐에 따라 내부적 비용·편익과 외부적 비용·편익으로 구분된다. 내부적이건 외부적이건간에 그것이 실질적인 비용과 편익이라면 비용·편익분석에 포함되어야 한다.

내부적 비용·편익은 말 그대로 공공사업 그 자체에 의해 내부적으로 발생하는 비용과 편익을 의미하는데, 가장 단순한 예로서 제조사업의 내부적 편익은 그 사업에 의해 발생하는 수익이 될 것이다. 그러나 외부적 비용·편익의 개념은 그리 간단하지 않다. 우리는 외부효과의 의미를 제 2 장에서 소개한 바 있는데 그 때 언급한 바대로 외부적 비용·편익은 공공사업에 의해 직접적으로 발생한 효과라기보다는 간접적으로 발생한 효과라고 하겠다. 가장 좋은 예가 수력발전소 건설의 경우이다. 수력발전소 건설의 내부적 편익은 전기발전량이 되겠지만 동시에 댐의 건설로 홍수를 방지한다든가 수자원의 오염을 방지하고 식수공급을 원활히 한다면 이런 혜택은 외부적 편익이 되며 당연히 비용·편익분석에서 고려되어야 한다.

그러나 외부적 비용·편익을 고려하는 데는 대단한 주의가 요구된다. 왜냐하면 외부적 효과는 상당부분 금전적(pecuniary)인 성격을 갖고 있으며 따라서 앞에서 지적한 바처럼 자칫 이중계산 또는 과대계산의 잘못을 저지를 수 있기 때문이다.[2]

금전적 외부효과란 공공사업 때문에 다른 관련분야에 끼친 화

---

2) Tibor Scitovsky는 외부효과를 기술적 외부효과(technological externalities)와 금전적 외부효과(pecuniary externalities)로 구분하였고 오직 기술적 외부효과만을 고려해야 한다고 주장하였다. T. Scitovsky, "Two Concepts of External Economies," *Journal of Political Economy*, Vol. 67(1954), pp. 77~88.

폐적·금전적 효과를 의미한다. 예컨대 해당 사업의 산출물 (output)이 생산되어 공급이 증가하니까 이의 시장가격이 하락하고 그래서 보완재(complement goods)의 가격이 상승하고 대체재 (substitute goods)의 가격이 하락하는 것 등이 모두 금전적 외부효과들이며 비용·편익분석에서는 이러한 효과들이 고려대상에서 제외된다. 금전적 외부효과들이 비용·편익분석의 고려대상에서 제외된다는 의미를 다른 측면에서 보면 해당 공공사업의 실질적 효과가 발생하는 동안 타 부문 재화들간의 상대가격에 변화가 일어나지 않는다는 것을 전제(가정)로 하고 있다는 뜻이기도 하다.[3]

4.1.3 직접적 對 간접적

실질적 비용과 편익은 직접적일 수도 있고 간접적일 수도 있다. 양자간의 구별이 항상 분명한 것은 아니지만 직접적인 것은 공공사업의 일차적인 목적과 관련된 비용 및 편익을 뜻하며, 간접적인 것은 2차적인 목적, 즉 부산물의 성격을 가지고 있는 비용과 편익을 가리킨다. 예를 들어 댐을 건설하는 일차적인 목적이 홍수방지에 있다면 직접적인 편익은 홍수방지에 의한 농작물수확의 증가분이 된다. 그러나 댐건설의 간접적인 편익이라면 상수공급의 증가, 전력공급의 증가 등을 들 수 있다. 교육사업으로 대학을 신설하였다면 직접적인 편익은 고등학교 졸업생들에 비해 대학생들이 벌어들일 수 있는 소득의 순증가분일 것이며, 간접적 편익은 범죄발생의 감소라 하겠다. 이처럼 비용과 편익은 직접적인 것은

---

3) 상대가격의 변화가 없다는 전제(가정)는 후진국에서는 하나의 문제점으로 대두될 수 있다. 후진국처럼 시장규모가 비교적 작은 나라에서는 대규모 공공사업을 추진함으로써 타 재화와의 상대가격에 변화를 줄 가능성이 매우 크기 때문이다.

물론이고 간접적인 것도 실질적이면서 측정할 수 있는 것이라면
모두 포함시켜야 한다.

간접적인 비용과 편익은 흔히 외부적 효과의 형태로 나타나며
또한 2차적 효과(secondary effects)로서의 유발효과(induced
effects) 또는 연관효과(linkage effects)의 성격을 강하게 갖는다.
그렇기 때문에 간접적인 비용·편익에 대한 고려도 상당히 신중해
야 할 것이다. 유발효과 또는 연관효과들을 경제분석에서 얼마만
큼 고려해야 하느냐에 관해서 학문적으로 일관된 통설은 없다. 이
에 대한 예로서 경제학자 케인즈(J.M. Keynes)가 제기한 승수효과
(multiplier effects)를 살펴보자.

승수효과란 최초의 정부(또는 민간)투자가 일어나면 이것이 타
산업부문의 투자를 자극하여 소득과 고용이 승수적으로 증가되는
효과를 일컬으며 거시경제이론 및 경제정책에서 매우 중요하게 취
급되는 효과이다. 그러면 이와 같은 승수효과를 공공투자사업의
비용·편익분석에서 어떻게 반영시켜야 할 것인가? 승수효과가 비
용·편익분석에서 실제로 반영되기 위해서는 몇 가지 전제가 필요
하다. 즉, 공공투자사업에 들어간 경비의 재원이 조세수입에서 나
온 것이 아닌 아주 독립적인(autonomous) 것이어야 하고, 공공투
자사업에 투입된 생산요소들의 타 분야에서의 이용성이 절대적으
로 없는 경우, 다시 말하여 공공사업 때문에 민간경제가 조금도
위축되지 않는 경우라야만 한다. 그러나 현실적으로 이와 같은 순
수 독립적인 공공투자가 존재한다고는 보기 어렵다. 더욱이 공공
투자에 투입된 생산요소(예: 노동)가 유휴상태에 있는 것이었다고
해도 잠재가격(잠재임금)의 개념이 비용·편익분석에서 적절히 반
영되어 있다면 고용효과가 이미 분석에 내포되어 있는 셈이다.[4] 이

---

4) 잠재가격(shadow price)과 이의 역할에 대해서는 제5장에서 설명된다.

렇게 볼 때 승수효과를 통한 별도의 고용 및 소득효과를 편익계산
에 추가시킨다면 이는 앞에서 본 금전적 효과의 경우처럼 자칫 편
익의 과대평가를 가져올 수 있는 것이다. 이러한 이유 때문에 맥
킨(McKean) 같은 학자는 경제가 완전고용상태에 있건 또는 불완
전고용상태에 있건간에 2차적 유발효과가 비용·편익분석에 반영
되는 것을 적극 반대하고 있다.[5]

　　그러나 다른 견해도 있다. 비용·편익분석에서 취급되는 편익
은 대부분 자원배분의 효율성측면에서 제기된 편익들인데, 공공투
자사업의 목적이 무엇이냐에 따라 편익의 개념도 달라져야 한다는
것이다. 따라서 소득분배를 위한 사업이면 소득분배효과가 편익이
되며, 지역개발을 위한 사업이면 지역개발효과가 편익이 될 수 있
다. 이것은 사업의 효과가 1차적이건 2차적이건간에 그 효과가 사
업의 목적과 일치하는 것이라면 모두 비용·편익분석에 반영해야
한다는 주장이다.[6] 이러한 주장은 분명히 일리가 있다고 하겠으나
다만 지나친 과대평가만은 삼가해야 할 것이다.

4.1.4 무형적 對 유형적

　　직접적이건 간접적이건 편익과 비용의 측정은 그리 용이한 일
이 아니다. 측정을 더욱 어렵게 하는 요인으로는 편익과 비용의
형태가 무형적(intangibles)인 형태로 나타나는 경우가 많다는 점이
다. 유형적이라는 것은 통상 시장에서 평가될 수 있는 편익과 비
용을 뜻하므로 적절한 가격을 적용한다면 측정이 비교적 용이하

---

5) R.N. McKean, *Efficiency in Government through System Analysis*(New
York: Wiley, 1958).
6) Arthur Maas, "Benefit-Cost Analysis: Its Relevance to Public Investment
Decision," *Quarterly Journal of Economics*, Vol. 80(May 1966), pp. 208~226.

다. 그러나 무형적인 것은 형태가 없으므로 시장에서 평가될 수가 없다. 예를 들어 관개사업에 의하여 주위환경이 정돈되고 아름다워진다면 무형적 편익이 발생한 것이며, 반대로 자연미가 파괴되었다면 무형적 비용이 발생한 것이다. 이러한 효과들에 대한 화폐단위로의 평가는 대단히 어렵다.

그런데 무형적 효과가 측정되기 어렵다고 하여 무조건 측정을 포기해서는 안 된다. 우리가 비용·편익분석에서 측정불가능(in-commensurables)이란 용어 대신 무형적(intangibles)이라는 말을 쓰는 이유도 바로 여기에 있다. 예컨대 인명의 손실이라든가 건강 같은 것은 개인적인 판단이 요구되는 것으로 평가하기가 더욱 어려운 무형적 효과들이다. 그러나 이러한 것들은 사업의 목적과 직결되는 매우 중요한 효과들이므로 적절한 방법을 동원하여 그 가치를 측정해야 한다. 설령 측정할 수 없다면 문장으로서 그 효과를 확실히 밝혀야 할 것이다.

무형적 편익과 비용을 측정하는 문제는 공공재의 평가라는 본원적인 문제로 귀결된다. 공공재에 대한 궁극적인 평가가 정치적 과정을 통해 이루어지는 것이라면 비용·편익분석이 이러한 정치과정의 완전대체물이 될 수 없는 것이기에 비용·편익분석은 유형적인 편익과 비용을 주로 창출시키는 공공재의 경우에만 그 효력을 발휘할 수 있다. 무형적인 편익과 비용의 측정이 어려운 것은 사실이나 다음과 같은 두 가지 측면에서 측정에 도움이 되는 방법을 생각할 수 있다.

첫째, 비용과 편익을 잠재가격(shadow price)을 사용하여 측정함으로써 무형적인 측면을 어느 정도 계산에 반영시킬 수 있다. 둘째, 비용과 편익을 직접적으로 측정하지 못할 때는 간접적으로 측정할 수 있는 방안을 연구해야 한다. 예컨대 소비자잉여(consumer surplus)와 같은 개념을 이용하여 무형적 비용과 편익을 간접적으로 계산하는 것이다. 간접적인 방법으로도 측정할 수 없다면 주어져 있는 목표(효과)를 가장 적은 비용으로 어떻게 달성할 수 있는가를 비교하여 사업을 평가하는 방법을 생각할 수 있다. 이러한 방법을 비용·효과분석(cost-effectiveness analysis)이라고 하며 이에 대해서는 나중에 좀더 설명하고자 한다.

4.2 비용·편익의 추가적 유형분류

4.2.1 4.1의 논의 요약

앞의 4.1에서 논의된 얘기의 핵심은 우리가 공공투자사업을 평가할 때 이 사업에 의해 발생할 것이라고 기대되는 모든 편익과 비용항목들을 확인하는 것이 중요한 일이지만 그러나 수익률(NPV 또는 IRR)을 계산할 시에는 이 중에서 오직 실질적(real)인 것만을 반영하고 금전적(pecuniary)인 것은 반영해서는 안 된다는 것이다. 이것은 경제이론상 매우 당연한 것이지만 이를 실제로 적용할 때 간혹 혼란이 발생한다.

혼란의 대표적인 예가 지역개발효과에 관한 것이다. 어떤 공공투자사업이 특정지역(예컨대 낙후된 미개발지역)의 개발에 주목적을 두고 있을 때 이 사업의 핵심적인 편익은 지역 주민들의 소득증대 및 고용창출효과이다. 그러나 소득증대나 고용창출효과는 앞에서 밝혔듯이 상당부분이 금전적 편익에 해당되므로 이 효과들을 모두 편익계산에 포함시키면 편익의 과대계산, 중복계산이라는 잘못을 저지르게 된다. 따라서 상당한 조심이 요구되며, 실질적 소득증대효과를 계산하기 위해서는 미시적(micro) 접근방법을 택하여 해당지역의 노동생산성 등이 얼마만큼 향상되었는가를 점검·분석하는 것이 중요하다.

이처럼 실질적인 편익을 금전적인 편익과 구별하는 작업이 그리 쉽지 않다. 물론 이것은 어디까지나 비용·편익분석에서의 수익률계산에 적용되는 얘기이다. 만약 사업의 타당성 여부를 최종적으로 판단할 때 효율성 논리가 아닌 형평성 논리(예컨대 지역의 균형개발 또는 소득분배의 개선 등)를 앞세운다면 이 때에는 사업에 의해 예상되는 그 지역의 총체적 소득증대, 고용창출효과 모두가 중요한 편익 대상이 될 것이다.

4.2.2 추가적 유형분류

최근에는 천연자원개발, 자연환경개선 등에 관심이 제고되면서 비용·편익의 유형분류에 새로운 개념이 등장하였다. 즉 사용가치(use value)와 비사용가치(non-use value)로 구분해서 비용과 편익 항목을 재편성해 보는 것이다.

사용가치란 어떤 특정한 자원(resource)의 광의의 소비적 사용에 의해서 얻게 되는 가치를 뜻한다. 시장이 존재하는 일반재화의 가치는 모두 사용가치에 근거하고 있으며 시장이 존재하지 않는 비시장재화(non-market goods)의 가치도 사용가치에 근거하는 경우가 많다. 자연환경 속에서 다양한 소비행태, 예컨대 맑은 물을 마시고, 신선한 공기에 접하고, 아름다운 자연을 관망하며, 야생동물을 사진 찍고 구경하는 그런 행태를 통해 얻게 되는 만족감 같은 것이 사용가치의 대표적인 예라 하겠다. 한편 비사용가치란 일명 존재가치(existence value)라고 부르기도 하는데 비시장재화의

경우에 적용된다. 자연환경을 잘 보존함으로써 비록 그 자연환경
속에서 지금 당장 어떤 소비행태가 일어나지 않고 있으며 또 앞으
로 영원히 일어나지 않을지라도 환경 그 자체가 존재한다는 것에
가치를 부여하는 것을 비사용가치라고 정의할 수 있겠다.

사용가치이든 비사용가치이든 모두가 소비에 대한 선호에 따
라 가치규모가 결정될 것이고 그 가치규모는 소비자들의 지불용의
액이 얼마냐에 좌우될 것이다. 만약 어떤 기부자(doner)가 자기는
생전 본적이 없고 앞으로 볼 기회도 없을 어떤 희귀동물을 보호하
고 보존하는 일에 돈을 기부하려고 한다면 이 때의 기부용의액이
희귀동물 보호의 가치규모가 될 수 있다. 또한 희귀동물 보호가
실패하여 그 동물이 사망했을 때 기부용의액만큼의 비사용가치가
소멸됐다고 보는 것이다.

비사용가치가 우리들에게 관심의 대상이 된 계기는 대형유조
선이 해변에 좌초되어 기름유출로 인하여 주변에 엄청난 환경오염
을 야기시키는 사고가 생기고 나서부터이다. 비록 주변에 사람이
살지 않고 앞으로도 사람이 살 가능성이 희박한 지역이라도 비사
용가치 개념을 가지고 비용을 측정해야 한다는 주장이 제기된 것
이다. 이처럼 비사용가치는 대체성이 전무한 어떤 자원이 도저히
회복되기 어려운 상태로 파괴되었을 때 제기되는 가치라고 하겠다.

사용가치와 비사용가치의 개념이 항상 분명하게 구분되지 못
하는 경우가 많고, 학술적으로도 아직 완벽하게 정의된 것도 없다.
예컨대 한 번도 가보지 않은 어떤 자연환경을 사진으로 즐긴다면
이것은 사용가치이기도 하고 혹은 비사용가치가 될 수도 있다. 사
용가치는 그래도 어느 정도 측정이 가능하다고 하겠으나 비사용
가치는 측정하는 데 어려움이 많다. 그러나 그 동안의 많은 연구
결과에 의하면 비사용가치가 분명히 존재하고 있으며 그 규모도

상당하다는 것이다. 따라서 비사용가치가 내재되어 있는 사업(또는 정책)을 평가할 때에는 이의 중요성을 결코 간과해서는 안 될 것이다.

비사용가치 또는 존재가치를 측정하는 문제는 항상 어려운 과제이다. 비시장재화의 가치측정은 제6장에서 구체적으로 살펴보겠지만 해당 소비자(사용자)들의 의견을 설문조사를 통하여 확인하든가 혹은 그들의 행태를 다양하게 관찰함으로써 해당 재화의 가치를 측정하는 것이 현실적인 접근방법이다. 이 때 중요한 것은 비시장재화가 스스로 본질적인 고유의 가치를 가지고 있으며 그 가치는 현세대에서만이 아니라 미래세대에 이르기까지 영향을 미칠 수 있다는 점이다.

경우에 따라서 존재가치라는 개념이 비사용가치의 개념과 구별되기도 한다. 존재 그 자체에 가치를 부여한다면 그 가치의 소비는 비경합적이며 또 비배제성의 원칙이 적용될 수 있다. 따라서 존재가치는 순수공공재의 성질을 갖고 있다고 하겠고 이렇게 볼 때 존재가치는 "비사용"이란 표현보다는 "수동적 사용(passive use)"이라는 표현에 더 적합하게 연결된다고 하겠다. 국방이라는 순수공공재의 가치를 비사용가치라고 하기보다는 수동적 사용가치라고 생각하는 것이 더 적합하기 때문이다.

존재가치와 연관하여 선택가치(option value)의 개념을 알아둘 필요가 있다. 선택가치란 정부가 어떤 돌이킬 수 없는 변화를 유발하는 사업을 추진할 때, 즉 복원불가능(irreversibility)한 사업을 시행하려고 할 때 이에 좀 더 신중해야 한다는 것을 강조하기 위하여 등장하는 개념이다. 복원불가능한 사업을 지금 즉각 시행하기보다는 이를 유보하고 정책의 유연성을 확보하려고 노력할 때 미래의 불확실성을 해소하면서 보다 정확한 정보를 획득할 수 있는 기회가 생기게 된다. 이처럼 정책의 유연성은 완전한 미래정보를 창출하는 경제적 가치를 갖게 되며 이러한 유연성의 가치가 바로 선택가치(option value)가 되는 것이다. 다시 말하여 선택가치란 불확실성이 내포된 행위를 유보하는데서 창출 가능한 미래정보의 가치(기대값)를 의미한다. 이렇게 볼 때 복원불가능한 사업을 정부가 시행할 때의 비용·편익분석에서는 비용항목에 선택가치가 추가적인 비용으로 계상되어야 한다고 주장할 수 있다.

4.3   비용·편익항목에 관한 일반적 고려사항

4.3.1   with 對 without

비용과 편익을 분류하고 측정하는 데 있어 이것이 과연 사업에 의한 비용·편익인가를 확인하는 작업이 중요하다. 이 때 유의할 점은 사업에 의한 효과를 사업이 없었을 경우의 상황과 비교한다는 점이다. 다시 말하여 사업이 있는 경우(with the project)와 사업이 없을 경우(without the project)간의 비교가 중요한 것이다. 사업 이전(before the project)과 사업 이후(after the project)간의 비교는 중요하지 않다. with 對 without의 비교가 중요한 것이지 before 對 after의 비교가 중요한 것은 아니라는 말의 의미를 다음의 그림으로 설명해 보자.

[그림 4-1]은 농업관련 사업으로서 농업생산량을 증대시키는 어떤 사업을 보여 주고 있다. 사업을 1995년에 착수하여 1996년에 완성함으로써 사업효과(생산량 증대)가 1996년부터 발생한다고 하자. 그림에서 보듯이 AB선은 사업이 있음으로 인해서 기대되는

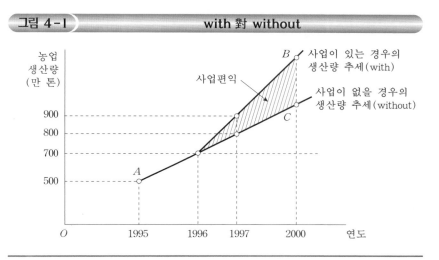

그림 4-1   with 對 without

생산량 추세곡선을 가리키고 있다. 이제 사업의 편익을 계산한다고 할 때 농업생산량이 1996년부터 증대되었다고 해서 모든 증대분을 사업편익으로 볼 수는 없다. 왜냐하면 사업이 없었다고 하더라도 생산량은 기존상태에서 자연적으로 증대될 수 있기 때문이다. AC선이 바로 사업이 없더라도 생산량 증가가 기대되는 생산량 추세곡선을 나타내고 있다. 따라서 1996년의 사업편익은 생산량이 1995년과 비교하여 200만 톤이나 증가하였어도 0으로 계산되며 1997년의 사업편익은 100만 톤(=900만 톤−800만 톤)으로 계산되어야 한다. 2000년의 사업편익은 BC의 크기가 될 것이다. 이처럼 사업편익의 계산은 사업완성의 전후(before 對 after)로 파악해서는 안 되고 사업에 의한 것인가의 여부(with 對 without)로 파악되어야 한다.

4.3.2 이전지출

비용·편익분석에서 이전지출(transfer payments)에 해당되는 금전거래를 어떻게 처리해야 하느냐가 간혹 혼란을 가져다 주기도 한다. 이에 대한 결론을 말한다면 우리가 취급하는 비용·편익분석은 경제분석(economic analysis)이지 재무분석(financial analysis)이 아니므로, 모든 이전지출은 비용·편익의 고려에서 제외되어야 한다는 것이다. 이전지출은 한 곳에서 다른 곳으로 이전하는 지출이므로 재무분석에서는 주체에 따라 비용도 되고 편익도 되지만, 경제분석에서는 국가재원에 아무런 영향을 발생시키지 않는다.

이전지출의 대표적인 예를 든다면 세금(tax), 정부보조금(subsidy) 그리고 은행이자지불(interest payment) 등이 있다. 세금을 정부에 낸다든가 이자를 은행에 지불하는 것은 소비자의 입장에서는 분명히 비용이다. 그러나 국가 전체로 보아서는 재원이 소비자에서 정부 및 은행으로 이전된 것에 불과하고 진정한 경제적 비용이 발생한 것은 아니다. 정부보조금지급의 경우도 마찬가지이다. 보조금을 지급받는 사람에게는 분명히 편익이 발생했으나 국가 전체로는 아무런 경제적 편익이 발생하지 않은 것이며, 경우에 따라서는 보조금지급으로 인해 자원배분에 왜곡현상이 발생하여 도리어 사회적 비용이 발생한 것으로 간주될 수 있는 것이다.

4.3.3 인플레이션

비용·편익분석에서 장래의 기간에 걸쳐 발생하는 비용과 편익을 측정할 때 인플레이션의 영향을 어떻게 처리하느냐에 대해서

간략히 언급할 필요가 있다. 결론적으로 말하여 우리는 장래에 발
생하는 비용과 편익을 기준연도의 불변가격(constant price)으로 측
정함으로써 인플레이션효과를 무시할 수 있다. 이렇게 하는 이유
는 장래의 인플레이션을 정확히 예측한다는 것이 불가능한 일이
며, 설사 장래에 예기치 못한 인플레이션이 발생한다고 하더라도
이의 영향이 비용과 편익 양쪽에 똑같이 미치게 될 것으로 간주하
여 결국 순현재가치(NPV)에는 아무런 변동이 없다고 보기 때문
이다. 모든 계산을 불변가격으로 함으로써 인플레이션에 의해 야
기되는 문제들을 피할 수 있는 것이다. 물론 단기간 사업의 경우
인플레이션을 정확히 예상할 수 있다면 불변가격이 아닌 경상가격
에 의해 비용과 편익을 측정함으로써 인플레이션효과를 반영하는
것도 무방할 것이다.

4.3.4 매몰비용

사업을 추진하는 데는 사업의 타당성평가를 하기 이전에 이
미 기존에 설치한 시설이라든가 자산을 활용해야 할 경우가 많다.
이처럼 사업평가 이전에 이미 발생된 비용을 매몰비용(sunk cost)
이라고 부르는데, 이 매몰비용은 비용·편익분석에서 어떻게 취급
되어야 하는가? 이에 대한 해답은 매몰비용의 경우 비용·편익분
석에서는 비용으로 취급되지 않으며, 전혀 고려할 필요가 없다는
것이다. 왜냐하면 과거에 이미 지출된 비용은 지금와서 어떻게 할
수 없는 것이며 신규사업을 하던 하지 않던 비용은 이미 매몰되
어 있는 상태이기 때문이다. 기존의 시설은 어떤 다른 사용용도가
없다고 간주되며, 따라서 아무런 기회비용을 발생시키지 않는다고
본다.

그러나 특수한 경우로서 매몰비용을 분석에 반영시키는 경우가 있다. 해당 투자사업이 일련의 대규모 투자사업들의 한 부분으로 간주되고 있는 경우가 바로 그런 예이다. 이 때에는 앞의 투자사업에 의해 생긴 초과시설을 사용하고 이에 의해 더 많은 이득이 발생한다는 것을 증명하기 위하여 앞의 투자사업에서 발생한 매몰비용을 비용으로 고려하게 되는 것이다.

4.3.5 감가상각과 감모상각

감가상각(depreciation)은 회계처리상 아주 중요한 비용항목이며, 감가상각을 얼마만큼 하느냐가 기업의 순이윤규모에 큰 영향을 끼친다. 감가상각이란 고정자산의 취득비용을 내용연수기간에 걸쳐 배분하여 비용으로 상각시켜 나가는 것으로 이렇게 고정자산을 매년 감가상각함으로써 장래의 고정자산 획득을 위한 내부자금을 미리 회수·확보하고자 하는 것이다.

그러나 비용·편익분석에서는 감가상각을 별도의 추가적인 비용으로 간주할 필요가 없다. 비용·편익분석에서는 고정자산의 취득비용이 발생할 경우 그 취득비용 전체를 비용으로 일시에 처리해 버리므로 고정자산의 취득비용을 내용연수기간에 걸쳐 배분하여 비용처리하는 감가상각을 분석에서 비용으로 다시 간주하면 그것은 비용의 이중계산이 돼 버리고 만다.

한편 특정한 추출산업(extractive industries)에 있어서는 감가상각에 더하여 소위 감모상각(depletion)이라는 것을 허용하고 있다. 감모상각이란 광산·유전과 같은 감모성 자연자원을 채굴하는 데 있어서 막대한 경비가 발생하므로 이를 고려하여 특별한 상각을 허용하는 것을 뜻한다. 자연자원은 한번 개발하여 사용하고 나면 재충당하기가 어렵다. 따라서 감모상각은 자연자원을 사용하는 기회비용의 성격을 가지고 있다고 이해될 수 있으며 따라서 경제적 비용으로 간주되어 비용·편익분석에서는 이를 비용으로 처리하고 있다.

4.3.6 예 비 비

투자사업의 타당성 여부를 검토하는 데 있어서 비용항목으로 예비비(contingencies)를 반드시 반영시켜야 한다. 사업을 진행시키는 과정에서 예기치 못한 일들이 무수하게 발생하게 될 것이므로 이런 문제들에 대한 사전예방조치로 예비비를 마련하는 것은 필수적이다. 그런데 예비비와 관련하여 조심할 사항이 있다. 예비비의 종류는 성질별로 크게 두 가지로 구분할 수 있는데, 하나는 사업의 물량(物量)계획이 당초 계획처럼 되지 못할 것을 감안하여 예비비를 마련하는 것으로 이것을 통상 물량적 예비비(physical contingencies)라고 부른다. 또 하나의 예비비는 장차 인플레이션이 발생할 것을 예상하여 물가고에 대한 대비책으로 예비비를 마련하는 것인데 이것을 통상 물가예비비(price contingencies)라고 부른다.

비용·편익분석에서 비용항목으로 취급되는 예비비는 오직 물량적 예비비뿐이다. 인플레이션에 대비한 물가예비비는 재무분석의 측면에서는 매우 중요한 비용항목이다. 그러나 우리가 앞에서 이미 지적하였듯이 경제분석인 비용·편익분석에서는 불변가격의 사용을 통해 인플레이션에 대한 고려를 무시하고 있다. 그러므로 물가예비비를 비용항목으로 비용·편익분석에서 새삼 고려할 필요가 없게 된다.

4.3.7 시   계

공공투자사업의 순현재가치를 측정하는 데 있어서 시계(視界)를 얼마로 하느냐가 매우 중요하다. 시계란 편익과 비용이 발생할 것으로 예상되는 기간(time horizon)을 의미하므로 원칙적으로 해당 투자사업의 수명(project life)과 일치한다. 사회간접자본에 대한 투자사업은 통상 그 수명이 50년은 되므로, 이 기간동안에 발생하는 모든 편익과 비용을 계산에 반영하여야 할 것이다.

그러나 실제로 시계는 해당 투자사업에 적용되는 할인율이 얼마인가에 크게 좌우된다. 왜냐하면 높은 할인율이 적용될 때 시계를 길게 잡아도 일정기간이 지난 이후에 발생하는 편익과 비용의 현재가치는 거의 무시해도 무방할 작은 규모가 될 것이기 때문이다. 이런 이유로 공공투자사업의 시계는 대체로 30년 정도에서 머무르게 된다.

두 가지 사업(또는 정책)을 비교하여 그 중 하나를 택해야 하는 경우, 이 때 사업의 시계가 서로 다르다면 어떻게 해야 하는가? 예컨대 하천의 홍수를 예방하기 위하여 두 가지 대안이 제시되었는데 하나는 흙·자갈로 제방을 쌓는 것이고 다른 하나는 시멘트·철근으로 방조벽을 쌓는 사업이라고 하자. 첫 번째 사업의 시계는 25년이고, 두 번째 사업의 시계는 50년이다. 이런 경우의 올바른 접근방법은 두 사업의 시계를 일치시키는 것이다. 이 때에도 두 가지 접근방법이 있다. 하나의 방법은 첫 번째 사업을 두 번 연속 시행한다고 간주하여 시계를 50년으로 확대시키는 것이다. 또 다른 접근방법은 두 번째 사업의 시계를 25년으로 축소하고 25년이 끝나는 시점에서의 사업의 잔존가치(residual value)를 계산하여 이를 편익에 반영토록 하는 것이다. 만약 사업(또는 정책) 자체가 연속적으로 반복할 수 없는 성격의 것이라면 첫 번째 접근방법은 의미가 없게 되므로 두 번째 접근방법을 택할 수밖에 없을 것이다.

4.4 경제적 편익의 사업별 형태

비용 · 편익분석에서는 편익의 개념이 비용의 개념보다 복잡하고 측정하기도 훨씬 어렵다. 제 2 장의 기초이론에서 우리는 사업에서 발생하는 경제적 편익을 사업의 산출물에 대하여 소비자가 지불할 의사(willingness to pay)가 있는 금액으로 측정할 수 있다고 규정하였다. 이와 같은 경제적 편익의 개념은 후생경제학적 시각에서 규명한 것이며, 소비자잉여(consumer surplus)라는 개념을 도입하여 이를 통해 편익을 측정하기도 하지만 이것을 실제의 분석에 적용하는 데는 사실 막연한 감이 없지 않다. 따라서 다음에는 몇 개의 주요사업들에 대한 경제적 편익의 형태를 좀더 구체적으로 설명해 보고자 한다.

우선 농업관련 사업(agricultural projects)에 있어서의 편익을 보자. 농업사업들의 경우 편익은 규명하기가 비교적 용이한데 농업생산물의 수확량이 바로 직접적인 편익이기 때문이다. 농작물 수확의 양적 증대뿐만 아니라 농작물의 질적 향상(가치의 증대)도 편익으로 고려된다. 그 외에도 농작물 제조과정의 변화, 판매장소 및 판매시기의 변화, 농작물 생산비용의 감소 등도 사업의 편익으로 간주될 수 있다.

공업관련 사업(industrial projects)들의 경우 이것이 제조업일 때에는 농업사업의 경우와 별차이가 없다. 새로운 신규제조사업에서 생산되는 산출물은 그 자체가 사업의 편익으로 취급된다. 또한 산업단지 조성과 같은 제조업을 지원하기 위한 사업의 경우에는 조성된 토지의 가치증대가 사업편익이 될 것이다.

그런데 공공투자사업이 사회간접자본인 교통관련사업(transportation projects)일 경우에는 편익의 형태가 좀 복잡해진다. 고속도로건설의 경우를 보자. 고속도로(highway)가 건설되었다고 하여 고속도로 그 자체가 사업편익이 될 수는 없다. 고속도로를 건설함으로써 고속도로가 없었을 때와 비교하여 사회후생의 차이가 무엇인가를 찾아 내야 한다. 따라서 고속도로건설사업의 편익은 교통시간의 절약, 수송비용의 절약, 사고감소에 의한 재산과 생명의 보호 등이 되는 것이다. 여기서 분명히 알 수 있듯이 경제적 편익을 정확히 측정하기 위해서는 고속도로에 의해 교통량이 얼마나 증대되느냐의 수요예측이 절대적으로 중요한 것이다. 그러나 이러한 수요예측은 오차가 생기기 쉽고 특히 지방도로 건설과 같은 지역사업에 있어서는 기존수요와 신규수요를 구별하기가 대단히 어렵다는 사실을 기억해야 할 것이다.

비슷한 어려움이 항만시설이나 비행장건설사업에서도 발생한다. 항만건설사업의 직접적 편익은 선박들이 항구를 드나들고 정박하는 데 소요되는 시간의 절약이다. 그러나 문제가 복잡해지는 것은 이러한 편익이 항만에만 해당되는 것이 아니라 배후지역의 여러 경제활동에 직접적 또는 간접적으로 영향을 준다는 사실이다. 더욱이 외국선박회사에게도 편익을 제공하게 되므로 자국(自國)에 떨어지는 편익이 얼마나 되는가를 파악하는 데 상당한 분석이 요청된다고 하지 않을 수 없다.

한편 전기, 가스, 상수도 등으로 대표되는 공익사업(public utility projects)들의 경우는 어떠한가? 이들 편익의 측정은 교통관련사업들보다 훨씬 더 어려운 문제를 야기시킨다. 상수도사업을 보자. 상수도사업의 편익은 공급된 수돗물의 가치인데 이를 수돗물가격으로 파악하는 것이 아니라 수돗물에 의해 야기된 사회후생의 향상으로 파악하여야 한다. 상수도공급은 주민들에게 필수적인 것이며 맑은 식수공급을 통해 질병을 예방하고 건강을 지킨다. 동시에 우물이나 강에서 물을 배달하는 번거로움과 시간을 절약할 수가 있다. 그러나 이러한 편익을 화폐단위로 측정한다는 것이 용이하지 않다. 결국 보건향상이라든가 시간절약에 대하여 적절한 평가가 이루어지지 않으면 안 된다.[7] 비슷한 경우를 전력사업에서도 발견할 수 있다. 전력사업의 편익이 전기 발전량과 전력요금으로 파악되어서는 정확한 평가를 할 수가 없다. 이보다는 동일한 전기 발전량을 공급하는 데 이용되는 대체사업(수력발전, 화력발전 및 태양열발전 등)들간의 소요비용을 비교하여 얼마만큼 비용을 절감할 수 있는냐가 해당 전력사업의 편익이 된다.

　　끝으로 교육, 인력관리, 보건, 빈곤퇴치사업 등과 같은 사회정책사업(social projects)들의 편익은 양적 개념이라기보다는 질적 개념이다. 많은 교육사업들은 기존의 교육기관에 의해 제공되는 교육의 질적 향상을 목표로 삼고 있는데, 실제의 교육의 질 향상이 해당 사업에 의해 어느 정도 달성되었는가를 별도로 분리하여 파악하기가 용이하지 않다. 교육의 질 향상의 측정지표로는 졸업 및 입학시험 점수, 취직률, 졸업 후 소득증대분 등이 이용되고 있다. 보건사업의 경우도 교육사업과 비슷한데 인구이동률, 사망률 등이

---

7) 사실 상수도사업은 식수공급이라는 것이 주민들에게 필수적인 것이므로 타당성 분석 자체가 불필요할지도 모른다. 이런 이유로 상수도사업의 비용・편익분석은 대개가 물값을 수익으로 보고 기존 수도요금으로 상수도사업의 수익성 여부를 판단한 후 이에 근거하여 수도요금체계를 새롭게 개선시키고자 하는 데 많이 이용되고 있다.

측정지표로 이용된다. 사회정책사업의 편익을 화폐단위로 직접 측정하기가 어려워 비용·편익분석대신 비용·효과분석(cost-effectiveness analysis)이 등장하게 되었는데 제11장에서 이에 관하여 고찰하기로 한다.

본 절의 주요 사업별 경제적 편익의 형태를 요약정리해 보면 다음과 같이 세 가지로 압축된다. 첫째, 농업사업 및 공업사업처럼 최종산출물의 형태가 확실하고 이것이 소비자들에게 최종소비재로서 사용될 경우 이것의 시장가치(잠재가격)가 사업편익이 된다. 둘째, 교통사업이나 공익사업처럼 산출물이 최종소비재의 성격보다는 중간재(intermediary goods)의 성격을 강하게 가질 경우 이 산출물에 의해 발생한 비용절감효과(cost-saving effects)가 사업의 편익이 된다. 셋째, 사회정책사업처럼 산출물이 질적 개념일 경우에는 비용·효과분석을 이용하여 편익측정문제를 해결한다.

4.5 경제분석과 재무분석간의 차이

우리는 앞 절(4. 3)에서 비용·편익항목들을 소개하면서 재무분석에서는 비용·편익이지만 경제분석에서는 비용·편익항목으로 고려될 수 없는 상황을 소개하였다.

경제분석(economic analysis)이란 공공사업의 비용과 편익을 국가 전체적(사회적) 입장에서 측정하고 이에 따라 경제적 수익률을 계산하여 타당성 여부를 결정하는 방법이다. 재무분석(financial analysis)이란 사회 전체의 입장이 아닌 개별사업 자체 내의 입장에서 실제의 금전적 비용과 편익(수입)을 추정하고 이에 따른 재무적 수익률을 계산하여 그 사업의 타당성을 순전히 재무적 측면에서 검토하는 방법이다. 재무분석에서는 실제의 투자예산액과 현금흐름(cash flow)을 중요시하게 된다.

비용과 편익을 계산하는 데 있어서 경제분석과 재무분석간의 차이를 요약 소개하면 [표 4-1]과 같다. 이 표에서 보는 바와 같이 경제분석은 국민경제적 입장에서 비용과 편익을 계산하므로 상품가격이나 환율·임금 등을 모두 잠재가격으로 계산하고 있다. 반면, 재무분석은 개별기업(공기업)의 입장에서 모든 것을 계산하므로 시장가격 혹은 공정가격을 그대로 적용한다. 한편 세금은 개별기업의 입장에서 분명히 비용으로 계산되어야 하지만, 경제분석에서는 세금이 사회에 다시 환원된다는 의미에서 민간과 정부간의 이전비용(transfer)에 불과하므로 진정한 사회적 비용이라 할 수 없기에 비용계산에 포함하지 않는다. 반대로 정부의 보조금은 기업입장에서는 수입이지만 사회적 입장에서는 비용이다. 왜냐하면

[표 4-1] 경제분석과 재무분석의 주요 차이

	경제분석	재무분석
(1) 상품가격	잠재가격	시장가격
(2) 환율	잠재환율	공정환율(시장환율)
(3) 임금	잠재임금	시장임금
(4) 세금	비용에서 제외	비용에 포함
(5) 정부보조금	수입에서 제외	수입에 포함
(6) 지불이자	비용에서 제외	비용에 포함
(7) 토지매입비	토지의 기회비용	실제지대(실제 구입가격)
(8) 할인율	자본의 기회비용	자본비용(시장이자율)
(9) 감가상각비*	제외	제외
(10) 예비비	물량적 예비비만 포함	물량·물가 예비비 모두 포함

주*: 사전적 사업타당성 분석에서는 감가상각비가 비용에서 제외된다. 그러나 사후적 사업수익률 계산에서 감가상각비는 당연히 비용항목이다.

만약 보조금이 없었다면 해당 투입물의 시장가격은 훨씬 높았을 터인데 보조금 때문에 가격이 낮게 잡혀 있다면 그 투입물의 진정한 가격은 보조금이 없을 경우의 가격일 것이기 때문이다. 개별기업의 입장에서는 이러한 사회적 측면을 고려할 필요는 없고 보조금을 수입으로 처리하면 될 것이다. 지불이자의 경우도 세금과 비슷한 개념으로 이해할 수 있다. 차입금에 대하여 지불하는 이자지불액은 개별기업에 대해서는 분명히 비용이다. 그러나 국민경제 전체의 입장에서 지불이자란 자본이 거두어들이는 총가득액의 일부이므로 이것이 어느 한 사람으로부터 다른 사람에게 지불되었다고 해서 사회 전체에 진정한 비용이 발생했다고는 볼 수 없는 일종의 이전지출이기 때문에 경제분석에서는 비용으로 취급되지 않는 것이다.[8]

경제분석과 재무분석은 양자 모두 투자의 수익성을 평가하는 과정이라는 점에서 그 형태와 절차는 비슷하지만 전자는 개별사업이 국민경제에 끼치는 효과를 측정하고 평가하는 것인 반면에, 후자는 개별기업에 귀속되는 계획사업의 수익을 측정하는 것이다. 다시 말하여 재무분석은 개별기업에 귀속되는 금전적 이윤을, 경제분석은 경제의 근본적인 목표달성을 위한 사회적 편익을 평가한다. 양 분석의 차이점을 다시 요약하면 다음과 같다.

첫째, 목표의 상이성이다. 기업의 목표는 이윤의 극대화로 간단히 표시될 수 있으나, 국민경제의 궁극적 목표는 생활수준의 향상, 즉 국민복지의 증대로 귀착될 수 있다. 따라서 경제분석에서는 물질적인 양적 증대만을 추구하지 않으며 비물질적인 질적 개선도

---

8) 경제분석과 재무분석의 상세한 비교 설명은 J. Price Gittinger, *Economic Analysis of Agricultural Projects*(World Bank Publication, 1972), Chapter 4 참조.

함께 추구한다고 볼 수 있다.

둘째, 비용·편익항목의 차이이다. 예를 들어 기업의 재무적 비용이 아닌 대기오염 등의 공해는 경제분석에서는 분명히 사회적 비용이다. 반대로 세금, 지불이자 등 이전비용은 재무분석에서 비용으로 포함되나 경제분석에서는 비용에서 제외된다.

셋째, 측정상의 차이이다. 재무분석은 존재하는 시장가격에 근거하여 비용과 편익을 측정하지만 경제분석은 진정한 가격, 즉 잠재가격에 근거하여 비용과 편익을 측정한다.

재무분석이 이처럼 개별사업주체의 입장에서 사업의 타당성을 검토하는 방법이기에 공공투자사업을 평가하는 데 반드시 이를 의무적으로 실시할 필요는 없다. 그러나 현대 국가에서 정부사업(특히 공기업 사업)을 추진할 때 수익성 측면을 무시할 수 없으므로 재무분석은 경우에 따라서 경제분석 못지않게 중요하게 인식되어지고 있다.

재무분석을 실시하는 기법으로 가장 널리 활용되는 것이 현금흐름 할인법(discounted cash flow method)이다. 현금흐름 할인법은 사업의 투자로부터 기대되는 모든 미래의 현금유입과 현금유출을 예측한 후 이를 적절한 할인율로 할인하여 순현재가치(financial NPV) 또는 내부수익률(financial IRR)을 계산하는 방법이다.

따라서 이 방법에서는 미래에 발생할 것으로 기대되는 현금흐름의 추정이 가장 중요한 구성요소의 하나가 된다. 현금유입과 현금유출은 발생주의 회계에서의 수입 및 지출과 동일한 개념이며 따라서 소비자의 지불의사, 간접적 영향, 무형적 가치는 여기에 포함되지 않는다. 현금흐름은 완전 경쟁적이거나 불완전 경쟁적이거나 이에 상관없이 실제의 시장환경에 따라 결정되어진다. 그리고 현금흐름 할인법에서 활용되는 할인율은 대체로 가중평균 자본비용(weighted average cost of capital: $WACC$)인데, 이는 말 그대로 사업주체의 자기자본, 부채, 법인세 등을 모두 고려하여 가중평균한 값으로 구해진다.

제 5 장 비용·편익의 측정

5.1 가치와 시장가격

앞 장에서 논의한 비용과 편익의 유형별 분류작업은 비용·편익분석에서 매우 중요한 단계이지만 이것들이 측정될 수 있을 때 비로소 실제분석이 가능해진다. 본 장에서는 측정문제에 대하여 논의하고자 하는데, 이에 앞서 비용과 편익을 측정하는 데 핵심적으로 사용되는 시장가격(market price)이 과연 사업의 가치를 어떻게 반영하고 있는가를 이론적인 시각에서 검토해 보자.

비용·편익분석에서는 다음의 세 가지 정리에 의해 사업의 효과에 대한 가치평가가 이루어진다.

정리 I : 한 사업의 사회적 가치는 사회구성원 개개인이 그 사업에 대해 느끼는 가치의 합에 의해 성립된다.

정리 II : 사회구성원 개개인이 사업에 대해 느끼는 가치는 그 사업에 대해 지불하고자 하는 의사(willingness to pay)와 일치한다.[1]

정리 III : 합리적인 개개인은 어느 특정상품에 대해 자신이 지불하고자 하는 의사가 그 상품의 시장가격과 일치할

---

1) 정리 II가 성립하기 위해서는 사회구성원 개개인이 사업에 대한 다양한 정보를 충분히 가지고 있음이 전제되어야 한다.

때까지 그 상품의 구입을 계속하려고 하며 이렇게 함
으로써 자신의 만족을 극대화하게 된다.

정리 Ⅰ 및 Ⅱ는 미시경제이론의 토대를 형성하는 데 공헌한
소위 공리주의자(utilitarian)들의 시각을 반영하고 있는 것인데 개
개인의 가치판단을 무엇보다도 가장 소중하게 생각하는 사고에 근
거하고 있다. 이는 의사결정과정에서 개인적 합리성을 강조하는
개체주의적 사고(individualistic view)라고 말할 수 있겠는데, 개인
보다는 사회 전체를 하나의 실체(entity)로 간주하는 유기체적 사
고(organic view)와는 구별된다.

특히 정리 Ⅱ는 소비자 주권(consumer sovereignty)을 강조하
고 있다. 소비자로서의 개인이야말로 자신의 후생상태라든가 경제
적 위치를 가장 잘 판단하고 있는 주체이며, 사업의 가치를 논할
때 소비자가 스스로 판단한 것이라면 그것이 가장 적절하게 평가
된 가치라는 것을 정리 Ⅱ는 암시하고 있다.

정리 Ⅲ에서는 개개인이 판단한 사업의 가치는 결국 사업 산
출물의 시장가격에 의해 평가되어짐을 보여 주는 것으로서 시장가
격이야말로 가치를 가장 잘 반영하는 매개체임을 강조하고 있다.

다음의 [그림 5-1]을 가지고 정리 Ⅲ을 다시 한번 설명해 보
자. [그림 5-1]에서 수요곡선은 우리에게 너무나 친근한 일반재화
의 개인수요곡선이다. 재화 X의 값이 P_1일 때 수요량은 Q_1이 되
며 재화 X의 시장가격이 P_2로 하락하면 수요량은 Q_2로 증가함을
알 수 있다. 합리적인 개인은 재화 X의 Q단위를 구입할 때 그 가
치가 구입비용보다 결코 낮아서는 안 된다는 것을 잘 이해하고 있
을 것이다. 또한 구입단위를 증가함으로써 재화의 한계가치가 점
차 하락한다는 사실도 잘 알고 있다. 최종적인 구입량은 재화의
한계단위의 가치가 한계단위의 비용과 일치하는 상황에서 결정된

그림 5-1   개인의 수요곡선

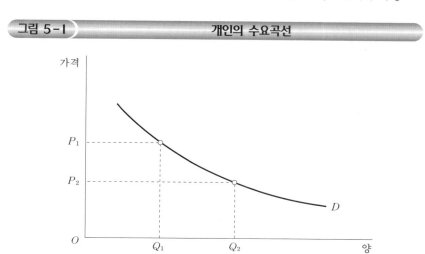

다. 이렇게 볼 때 구입량 Q_1에서 재화 X의 한계단위의 가치는 P_1이며, P_1에서 재화 X의 한계단위의 비용과 일치할 뿐만 아니라 소비자가 지불하려는 의사(willingness to pay)와도 일치한다. 구입량 Q_2에서도 설명의 논리는 동일하다. 시장가격 P_2가 재화 X의 마지막 단위(한계단위)의 가치를 반영하며 이 점이 또한 소비자가 지불하려는 의사를 대변하는 가격이다.

5.2   비용·편익분석의 공식체계

그러면 이제 비용·편익분석의 체계를 공식화해 보자. 어느한 사회에 N수만큼의 구성원이 있다고 하고 이 사회의 후생함수가 다음과 같다고 하자.

$$S=f(U_1,\ U_2,\ \cdots,\ U_j,\ \cdots,\ U_n)$$

여기서 S는 한 사회의 총후생 상태를 대변하며 U_j는 개인 j의 후생을 가리키고 있다. 정부가 공공사업을 통해 사회후생 상태를 S^0에서 S^1으로 증가시키려고 계획하고 있다고 하자. 공공사업에 대한 사회적 가치는 앞의 정리 I에 의해 사회 각 구성원의 가치의 합계와 같다. 즉,

$$V=\sum_{j=1}^{n} V_j,\ j=1,\ 2,\ \cdots,\ n$$

여기서 V는 공공사업의 사회적 가치이며, V_j는 개인 j가 공공사업에 대해 느끼는 가치, 다시 말하여 지불하고자 하는 의사를 가리키고 있다. 그러면 공공사업의 사회적 가치(V)는 어떻게 변화될 수 있는가?

사회적 가치(V)는 개인적 가치(V_j)가 변함으로써 변화될 것이며, 개인적 가치의 변화는 정리 III에 의해 규명할 수 있듯이 시장가격의 변화를 통해 이루어진다.

이제 공공사업의 효과가 재화 X의 생산을 증대시키고 재화 Y의 생산을 감소시키는 것이라고 하자. 각 재화의 시장가격 P_x와 P_y는 일정하다고 가정한다. 그러면 개인 j의 공공사업에 대한 가치는 다음과 같이 표시된다.

$$V_j=P_x \varDelta X_j - P_y \varDelta Y_j$$

여기서 $\varDelta X_j$와 $\varDelta Y_j$는 개인 j에 의한 X재와 Y재의 소비변화량이다. 이제 공공사업의 사회적 가치(V)를 다시 표현하면,

$$V=\sum_{j=1}^{n} V_j$$

$$=\sum_{j=1}^{n}(P_x \Delta X_j - P_y \Delta Y_j)$$
$$=P_x\sum_{j=1}^{n}\Delta X_j - P_y\sum_{j=1}^{n}\Delta Y_j$$
$$=P_x \Delta X - P_y \Delta Y$$

여기서 $\Delta X=\sum_{j=1}^{n}\Delta X_j$이고 $\Delta Y=\sum_{j=1}^{n}\Delta Y_j$로 표시한다. 위의 공식이 우리에게 제시해 주는 결론은 비용·편익분석이란 공공사업에 의해 발생한 재화의 물리적 총량변화(ΔX와 ΔY)와 이 재화들의 시장가격(P_x와 P_y)을 파악하는 것이라는 점이다. 비용·편익분석에서 시장가격은 통상 고정되어 있는 것으로 가정된다면 물리적 총량변화를 예측하는 것이 필수적인 것으로 간주된다.

5.3 잠재가격의 개념

시장가격이 사업에 대한 진정한 사회적 가치를 반영한다고 할 때에는 여기에 하나의 중요한 전제조건이 충족되어야 한다. 즉, 시장이 완전해야 한다는 점이다. 완전한 시장이란 통상 완전경쟁적 시장을 뜻하며,[2] 완전경쟁시장에서는 시장가격이 자원의 기회비용을 의미하고 있으므로 자원의 진정한 사회적 가치를 반영한다고 하겠다.

그러나 현실의 세계에서 완전한 시장이란 존재하기가 어렵다. 우리가 취급하고 있는 시장은 대부분 불완전하다. 이 때의 시장가격은 진정한 사회적 가치를 반영하지 못한다. 따라서 이러한 경우의 사회적 가치평가를 위해서는 시장가격을 완전경쟁적인 가격으

---

2) 완전경쟁시장의 개념과 조건 등에 대하여 많은 설명이 필요하나 여기서는 생략한다. 경제학원론 책을 통해 독자들이 스스로 공부하기 바란다.

로 조정해야 하는데, 이렇게 조정된 가격을 잠재가격(shadow price)이라고 한다. 완전경쟁시장에서는 물론 시장가격과 잠재가격이 서로 일치하게 된다. 잠재가격이란 왜곡된 시장에서 자원의 기회비용, 즉 진정한 사회적 가치를 반영하는 가격이라고 정의할 수 있겠다.

잠재가격을 도입하는 당위성은 간단하다. 현실사회에서 가치평가에 대한 의사결정은 이루어져야 하겠고 이 때 가치를 정확하게 평가할 매개체가 없다면(즉, 시장에서 형성되어진 시장가격이 왜곡되어 있다면) 가치의 내면을 밝히는 적절한 대체수단이 있어야 하겠는데 이 대체수단이 바로 잠재가격인 것이다. 동시에 잠재가격을 동원함으로써 직접적으로 측정하기 어려운 외부효과라든가 간접효과(예: 고용효과) 등을 어느 정도 가치평가에 반영할 수 있다는 이점도 있다.

불행하게도 잠재가격을 도출하는 데 어떤 특유의 절차라든가 방법 같은 것이 존재하지 않는다. 어쩔 수 없이 주관적인 판단이 잠재가격의 도출에 자주 요청되고 있는 실정이다. 시장가격이 왜곡되었더라도 시장이 형성되어 존재하고 있는 경우에는 잠재가격의 도출이 그래도 용이하다. 잠재가격의 추정이 정말로 어려운 경우는 평가할 시장이 존재하지 않고 그래서 시장가격도 존재하고 있지 않는 경우이다.

잠재가격을 도출하는 데는 항상 비용이 들기 마련이다. 간혹 잠재가격 산정을 위한 충분한 정보를 얻기 위하여 막대한 경비가 소요되는 경우도 있다. 그러므로 잠재가격을 추정하기에 앞서 이의 추정경비를 충분히 감안하여 과연 추정작업이 바람직한 것인가를 판단해야 할 것이다. 잠재가격을 도출하는 것은 경비를 감안해서라도 대체로 유익하다는 것이 일반적인 결론이다.

5.4 잠재가격 도출: 시장가격이 존재하며 사회적 가치를 반영하고 있는 경우

　특정재화의 시장가격이 존재하며 동시에 이 시장가격이 특정재화의 사회적 가치를 반영하고 있는 경우에는 별도의 잠재가격도출을 위한 조치를 취할 필요가 없다. 시장가격이 그대로 잠재가격으로 간주되기 때문이다. 이러한 상황은 상당히 이상적인 상황이라 하겠는데 이를 그림으로 다시 설명해 본다.

　[그림 5-2]는 완전경쟁시장에서의 기업입장에서 살펴본 수요곡선 및 공급곡선을 보여 주고 있다. 기업입장에서 본 자신의 생산물에 대한 수요곡선은 BC선으로 표시되는데, BC선이 수평선을 유지하는 이유는 완전경쟁하에서 해당 기업이 시장가격보다 높게 값을 책정한다면 자신의 생산물은 전혀 팔릴 수 없다는 사실에 근

그림 5-2　　　　　완전경쟁하의 기업입장에서의 수요 · 공급곡선

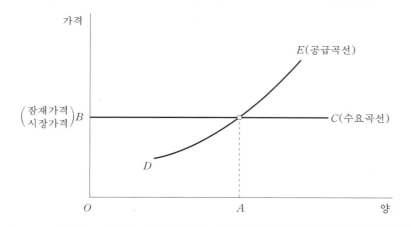

거하고 있다. 아무튼 BC선은 생산물의 수요곡선일 뿐만 아니라
평균수입곡선이면서 한계수입곡선이 된다. 동시에 BC선은 소비자
의 개인적 한계편익을 보여 줄 뿐만 아니라 사회적 한계편익
(marginal social benefit)을 또한 반영하고 있다.

한편, 완전경쟁시장에서의 기업의 공급곡선은 DE선으로 나타
난다. 이것이 공급곡선으로 간주되는 이유는 이 선이 바로 기업의
한계비용을 보여 주기 때문이다. DE선은 기업입장에서의 개인적
한계비용을 보여 줄 뿐만 아니라 사회적 한계비용(marginal social
cost)을 또한 반영하고 있다. 여기서의 시장은 완전경쟁시장이므로
외부효과 등과 같은 시장을 교란시키는 현상은 발생하고 있지 않다.

이러한 상황에서 해당 생산물의 적정 시장가격은 BC선과 DE
선이 교차하는 OB가 되며 적정 생산량(소비량)은 OA가 된다. 사
실상 가격 OB는 개인기업이 결정하기보다는 시장에서 자동적으로
형성된 것이므로 개인기업은 이 가격에 순응할 수밖에 없으며 단
지 생산량을 OA로 결정함으로써 극대이윤을 추구하게 된다. 가격
OB는 기업에게는 극대이윤을 가져다 주는 시장가격이며 소비자에
게는 극대효용을 가져다 주는 그래서 지불할 의사가 있는 시장가
격이 된다. 따라서 가격 OB는 시장가격이면서 잠재가격이라고 하
겠다.

5.5   잠재가격 도출: 시장가격이 존재하나 왜곡되어 있는 경우

앞(5.4)의 경우는 이상적인 경우로서 현실적으로는 시장가격이
존재하지만 이것이 왜곡되어 있어서 사회적 가치를 반영하고 있지

못하는 경우가 대부분이다. 이를 상품시장, 생산요소시장 및 기타의 경우로 구분하여 고찰해 본다.

5.5.1 불완전경쟁하의 상품시장

만약 어떤 재화(또는 원자재)가 독점시장에서 생산되고 이 때의 시장가격이 100만 원이라고 하자. 그러나 독점시장의 가격에는 독점이윤이 포함되기 마련이다. 완전경쟁적 시장에서 동일한 재화가 생산된다면 그 때의 시장가격이 90만 원 정도일 것이라고 추정될 때, 이 재화의 잠재가격은 100만 원이 아니고 90만 원인 것이다. 이를 그림으로 살펴보면 다음의 [그림 5-3]과 같다.

[그림 5-3]은 전형적인 독점시장에서의 독점기업의 균형상태를 보여 주고 있는데 AB선은 수요곡선 내지 평균수입($=AR$)곡선을 표시하며, AC선은 한계수입($=MR$)곡선을 그리고 DE곡선은

그림 5-3   **독점시장에서의 시장가격과 잠재가격**

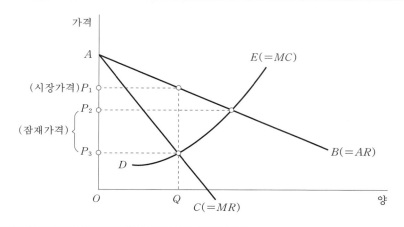

한계비용($=MC$)곡선을 나타내고 있다. 이런 상황에서의 시장가격
은 OP_1이 되고 생산량은 OQ가 되며 이 때 독점기업은 극대이윤
을 추구하게 된다.

　　그러나 시장가격 OP_1이 해당 재화의 잠재가격이 될 수는 없
다. 그 이유는 시장가격 OP_1이 생산량 OQ에서의 한계비용보다 훨
씬 높기 때문이다. 해당 재화의 잠재가격은 이 재화가 완전경쟁시
장에서 생산되고 그래서 가격과 한계비용이 일치되는 OP_2 부근이
될 것이라고 봄이 옳다. 물론 [그림 5-3]만 가지고서는 완전경쟁
적인 시장가격이 정확히 얼마일지 알 수 없다. 다만 OP_2 수준이라
고 상상할 수 있으며 따라서 잠재가격은 OQ에서의 한계비용
OP_3보다는 크면서 대체로 OP_2에서 OP_3 사이의 어떤 가격이 될
것으로 추정할 수 있다.

　　다음의 [그림 5-4]는 [그림 5-3]보다는 좀 복잡한 경우이다.
이제 독점기업이 한편으로 외부적 편익을 발생시키면서 또 한편으

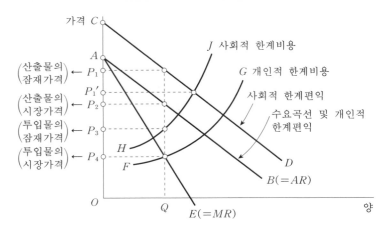

그림 5-4　　　　　　독점기업과 외부효과 발생

로는 외부적 비용도 발생시킨다고 하자. 다시 말해 독점기업이 외부효과를 야기시킴으로써 자원배분이 더욱 왜곡되어지는 상황이 일어날 수 있겠는데, 좋은 예로 독점적인 신문인쇄기업을 생각할 수 있겠다. 신문인쇄기업은 신문배부라는 외부경제적 효과를 창출하지만 또한 공기오염 등 외부불경제적 효과도 발생시킨다.

[그림 5-4]에서 AB선, AE선 및 FG선은 독점기업에서의 전형적인 수요곡선(평균수입곡선), 한계수입곡선 및 한계비용곡선을 각기 보여 주고 있다. 따라서 균형상태에서의 산출물의 시장가격은 OP_2이고 생산량은 OQ이며 여기서 독점기업은 이윤극대를 추구한다. OP_2가 산출물(output)의 시장가격이라면 이 산출물 생산에 투하된 투입물(input)의 시장가격은 $AE(=MR)$선과 $FG(=MC)$선이 교차하는 점인 OP_4가 될 것이다.

그런데 독점기업이 신문배포에서 오는 외부편익을 발생시키므로 수요곡선은 AB에서 CD로 이동하게 되고, 한편 공기오염에서 오는 외부비용 때문에 한계비용곡선은 FG에서 HJ로 이동하게 된다. 물론 외부효과는 시장에서 직접 표출되지 않기 때문에 CD선과 HJ선이 시장에서 형성되지는 않는다. 다만 사회적 한계편익과 사회적 한계비용을 가격에 반영시키기 위해서는 이와 같은 이동상황을 고려해야 하는 것이 중요하다. 이렇게 볼 때 사회적 가치를 반영하는 잠재가격은 산출물의 경우 OP_1 부근(엄격히 말해 OP_1'과 OP_3의 사이)이 될 것이며, 투입물의 경우 OP_3 부근이 될 것이다.

5.5.2 불완전한 생산요소시장

생산요소시장이라면 노동시장, 자본시장, 토지시장 등을 말한다. 생산요소시장이 경쟁적이고 그래서 완전고용상태에 놓여 있게

되면 이 때의 생산요소가격은 상품시장의 경우와 마찬가지로 잠재
가격과 일치한다. 그러나 현실은 생산요소시장이 완전고용상태에
항상 놓여 있도록 허용하지 않는다. 생산요소들이 완전고용상태에
있지 못하고 실업이나 유휴상태에 있을 때에는 이들의 기회비용이
완전고용상태일 때와 비교하여 낮을 수밖에 없다. 그 이유는 생산
요소가 다른 대체산업에 고용될 기회가 그리 많지 않기 때문이다.
따라서 불완전한 생산요소시장에서 생산요소의 잠재가격은 완전
한 생산요소시장에서의 시장가격보다 낮을 뿐만 아니라 불완전한
생산요소시장에서 실제로 형성되어 있는 시장가격(혹은 공정가격)
보다도 낮게 평가되어야 한다. 불완전한 생산요소시장에서의 실제
가격은 여러 가지 비경제적 요인(예: 최저임금제도, 담합, 투기 등)
때문에 진정한 기회비용보다 높게 책정되는 경우가 대부분이다.

(1) 노   동

노동시장이 완전고용상태라면 노동의 잠재가격인 잠재임금은
시장임금과 일치한다. 그러나 현실적으로 잠재실업이 존재하고 있
는 후진국에서는 잠재임금이 시장임금보다 낮은 것이 일반적이다.
잠재임금은 한 나라 안에서도 지역에 따라 차이가 생길 수 있으며
노동이 숙련노동(skilled labor)이냐 미숙련노동(unskilled labor)이
냐에 따라 다를 수 있다. 숙련노동의 잠재임금은 실제 시장임금에
어느 정도 접근한다고 가정할 수 있겠으나 미숙련노동의 잠재임금
은 실제 시장임금보다 훨씬 낮게 평가되어야 할 것이다. 극단적인
경우로서 후진국의 농촌 미숙련노동자의 잠재임금은 농한기에는
대체고용의 가능성이 전혀 없기 때문에 0이 될 수도 있다.

이처럼 비용·편익분석에서는 잠재임금을 사용하여 비용을 측
정하여야 하는데, 이렇게 함으로써 공공사업을 통해 지역간의 불

균형을 해소하는 데 도움이 된다. 즉, 예를 들어 X지역과 Y지역 중 어느 지역에서 공공사업을 진행할 것인가에 대해 결정을 내리고자 한다고 하자. 양 지역에서의 실제 시장임금(공정임금)은 동일하고 따라서 어느 지역에서 사업을 하든 정부의 실제 임금지불액은 동일하다고 가정한다. 그런데 X지역에서는 높은 실업이 존재하고 Y지역에서는 비교적 완전고용이 유지되고 있다면, X지역의 잠재임금은 Y지역의 그것보다 낮게 평가되어야 하므로 결국 X지역의 공공사업이 더 타당성이 있는 것으로 비용·편익분석은 판정하게 될 것이다. 즉, X지역의 공공사업은 실업자를 흡수하는 고용효과를 유발시키는 것이다. 이처럼 잠재임금을 적용함으로써 이러한 고용효과가 사업의 타당성평가에 자동적으로 반영되고 지역간의 불균형을 해소시키는 데 일역을 담당하게 되는 것이다. 이처럼 노동의 잠재가격을 측정하는 것은 공공사업분석에서 매우 중요한데, 이것은 인건비항목이 공공사업에서 가장 큰 비중을 차지하고 있기 때문이기도 하지만 또한 잠재임금의 적용을 통해 고용효과가 자연스럽게 분석에 반영되기 때문이다.

불완전한 시장에서의 노동의 잠재임금이 실존하는 시장임금보다 어느 정도 낮아야 하는가에 대해서는 어떤 명확한 기준을 세우기가 어렵다. 가치판단이 요구되기도 하며 정치적 이념에 따라 좌우되기도 한다. 예컨대 정부의 역할을 강조하는 진보주의자이냐 또는 작은 정부를 선호하는 보수주의자이냐에 따라 노동의 사회적 비용(기회비용)을 평가하는 것이 달라질 수 있다는 이야기다. 다음의 예로 이를 좀더 살펴보자.

[그림 5-5]는 노동의 수요곡선(D_L)과 공급곡선(S_L)을 보여 주고 있으며 노동시장이 경쟁적일 때 임금 W_1 수준에서 노동공급량 L_1이 결정된다. 그런데 정부가 최저임금제(minimum wage system)

그림 5-5　　　　　　　　　　　노동의 사회적 비용(기회비용)

를 도입하여 임금수준을 W_2에 고정시켰다고 하자. 최저임금제는 노동자의 소득향상에는 일조하겠지만 [그림 5-5]에서 보듯이 실업발생이 불가피해진다. 즉, 임금수준 W_2에서 일하려는 사람은 L_2만큼이나 되지만 노동에 대한 수요량은 L_3에 불과하여 (L_2-L_3)만큼의 실업자가 발생한다.

　　이런 상황에서 정부가 실업자를 일부 구제하기 위하여 공공사업(ΔG)을 추진한다고 하자. 노동의 수요곡선은 당연히 D_L에서 $D_L+\Delta G$로 이동하게 될 것이며 임금수준은 여전히 W_2에 있으므로 일자리가 L_3에서 L_4로 증가하게 될 것이다. 즉, (L_4-L_3)만큼의 고용효과가 발생한 것이다. 정부가 이 공공사업에 투하하게 될 인건비는 $W_2\times(L_4-L_3)$이다. 그러나 (L_4-L_3)만큼의 고용증대에 대한 노동의 사회적 비용(잠재임금)은 과연 얼마나 될 것인가? 이것이 우리의 관심사이다.

　　위 관심사의 가장 원만한 해답은 노동의 공급곡선(S_L)을 한계비용곡선으로 간주하고 노동공급이 L_3에서 L_4로 증가함에 따라 노동자가 기대(만족)하는 임금수준도 W_0에서 W_3로 인상된다는 점을 고려한다면 노동의 사회적 비용은 대체로 $1/2(W_3+W_0)$ 정도로 계산될 수 있다. 그러나 이것은 어디까지나 하나의 절충안에 불과하고 상황에 따라서는 여러 가지 다른 견해가 제기될 수 있다.

우선 공공사업의 확대를 지지하는 진보주의자들의 입장에서 보자. 이들은 공공사업에 의해 노동이 증가할 때 노동의 사회적 비용은 매우 낮게 평가되어야 한다고 주장한다. 실업자구제의 사회적 가치가 그만큼 크다는 견해이다. 사람에게 일자리를 제공한다는 것은 삶을 풍요롭게 할 뿐 아니라 사람의 인격 자체를 향상시킬 수 있다. 이렇게 볼 때 놀고 있는 사람에게 일자리를 줌으로써 노동의 사회적 비용은 0이라고 할 수도 있으며 [그림 5-5]에서의 W_0 수준을 넘어서는 안 된다고 주장할 수도 있다.

그러나 사실 노동의 사회적 비용(기회비용)이 0이든가 아주 낮은 경우는 그리 많지 않다. 예컨대 가정주부들은 직업이 없으면 가정에서 가사를 돌볼 수 있고, 청소년들은 직장이 없으면 학교에 나가 공부를 하면 된다. 나름대로의 기회비용이 상당한 것이다. 여기에 더하여 공공사업의 축소를 요구하는 보수주의자들의 입장에서 보면, 공공사업에 의해 민간사업이 위축되며 실업자를 구제하기 위하여 인플레이션의 위험을 무릅쓰게 된다면 노동의 사회적 비용이란 실로 막대하다고 이들은 주장한다. 또한 공공사업은 때에 따라 많은 숙련공을 필요로 하기 때문에 숙련공의 임금을 상승시키고 이것이 연쇄반응을 일으켜 전체임금을 상승시키게 된다고 염려한다. 이런 주장들을 고려할 때 노동의 사회적 비용은 [그림 5-5]에서 W_2 수준까지 올라갈 수 있으며 최소한 W_3보다는 크다고 보는 것이다.

어느 주장이 옳은가? 결론으로서 노동의 사회적 비용이 [그림 5-5]의 W_2보다 훨씬 낮고 최소한 $W_3 \sim W_0$의 범위에 놓여 있기 위해서는 다음과 같은 세 가지 조건이 반영되어야 한다.

첫째, 실업의 감소가 해당 공공사업에 의해 분명히 일어나야 한다. 다른 정책(예컨대 조세감면, 금융정책 등)과 더불어 일어난 것이 아니라야 한다.

둘째, 실업의 감소 때문에 인플레이션의 압력이 발생해서는 안 된다.

셋째, 실업의 감소로 인한 여러 가지 긍정적인 외부효과가 명백히 일어나야 한다.

(2) 자   본

다음으로 자본의 사회적 비용에 대해 살펴보자. 여기서 말하는 자본(capital)이란 금융적 측면의 자본이 아니라 물리적 측면의 자본을 의미하는 것으로 건물, 기계장비 등 시설물(자본재)을 가리킨다.[3]

자본의 사회적 비용은 이것이 공공사업에 사용된다고 하더라도 다른 대체사업에 사용될 기회가 전무하다면 기회비용이 없다고 보고 0이라고 간주할 수 있다. 그러나 자본재가 생산될 때 이미 비용이 발생했고 또한 자원이 소비재 대신에 자본재 생산에 사용됨으로써 야기된 소비기회의 희생 등을 고려한다면 자본의 사회적 비용은 당연히 0보다 훨씬 커야 한다. 물론 과거에 발생한 매몰비용(sunk cost)은 고려의 대상이 되지 않으며 오직 공공사업에 의

---

3) 금융적 측면의 자본에 관해서는 제8장의 할인율에서 논의되는데 할인율이 바로 이러한 자본의 잠재가격이 된다.

해 새롭게 야기되는 건설비용 및 미래의 유지관리비 등이 자본의
사회적 비용으로 취급된다.

(3) 토   지

토지의 잠재가격도 개념적으로 노동과 자본의 경우와 동일하
다. 토지가 유휴상태에 있고 다른 사업에 사용될 가능성이 전혀
없는 경우에는 토지가 공공사업에 이용된다고 하더라도 토지의 기
회비용이 없다고 보고 토지의 잠재가격을 0으로 간주할 수 있다.
또한 토지는 재사용이 얼마든지 가능하다는 측면에서 토지사용의
사회적 비용을 낮게 잡는 경우가 많다.

그러나 토지는 공급이 제한되어 있다는 점을 고려할 때 토지
의 사회적 비용을 경시하는 것은 옳지 못하다. 토지의 잠재가격을
도출하는 데 있어서 몇 가지 유형을 소개하면 다음과 같다.

첫째, 농업 및 산림토지의 경우 이들의 잠재가격은 농업토지
에서 기대되는 농작물수확의 가치 또는 산림에서 얻을 수 있는 편
익 등으로 계산된다. 이런 것들이 토지가 공공사업에 사용됨으로
써 포기하지 않으면 안 되는 기회비용이기 때문이다.

둘째, 시장에서 실제 거래되는 일반토지의 경우 토지의 시장
가격이 투기 및 각종 규제 등으로 왜곡되어 있을 때에는 시장가격
을 그대로 사용할 수 없으므로 이 때에는 해당 토지에서 정상적으
로 기대되는 지대(rent)를 토지의 사회적 비용으로 간주한다.

셋째, 공공사업초기에 한 번의 토지구매로 토지와 관련된 문
제를 끝낼 경우, 최초의 토지구매가격을 토지의 잠재가격으로 간
주할 수 있다.[4] 물론 이 때에는 토지거래가 어느 정도의 경쟁적

---

4) J. Price Gittinger, *Economic Analysis of Agricultural Projects*(World Bank, 1972), pp. 17~18.

분위기 속에서 이루어진다는 것이 전제되어야 할 것이다.

넷째, 특수한 경우로서 토지사용을 위해 발생된 여러 비용들이 토지의 잠재가격이 될 수 있다. 예컨대 저수지를 만들기 위해 주민들을 이전시켜야 한다면 이전경비가 저수지건설을 위한 토지의 사회적 비용이 된다. 그러나 이 때 주민들의 이전과정에서 다른 외부적 편익이 발생한다면 이 편익의 가치를 이전경비에서 공제해야 할 것이다. 만약, 편익의 가치가 이전경비와 비등하다면 토지의 잠재가격은 0이 된다.

5.5.3 기타의 특수상황

(1) 수확체증(비용체감) 기업

완전경쟁시장에서는 상품의 시장가격이 상품생산의 한계비용과 같아지고 따라서 이 때의 시장가격은 소비자가 지불할 의사가 있는 가격이며 또한 사회적 기회비용을 반영하고 있는 가격이라는 것을 우리는 이제 잘 알고 있다. 그런데 만약 어느 기업이 비용을 절감할 수 있는 능력을 갖게 되고 그래서 시장에서 다른 기업들과의 경쟁에서 계속 이겨 독점적 위치에 있게 된다고 할 때 이 기업은 과연 독점이윤을 오랫동안 마음껏 즐길 수 있을까? 아이러니컬하게도 이러한 평균비용이 계속 하락하는 기업은 자칫 손실을 감수해야 할 경우가 발생한다. 이를 [그림 5-6]을 통해 살펴보자.

[그림 5-6]에서 AC선은 평균비용곡선, MC선은 한계비용곡선, D선은 기업(독점)의 제품에 대한 수요곡선을 표시하고 있다. AC선이 계속 체감하기 때문에 MC선도 AC선의 아랫부분에서 계속 체감하게 된다. 만약 이 기업이 사회후생의 극대를 꾀하기 위해 가격이 한계비용과 일치하는 수준까지 생산량을 증대시킨다고

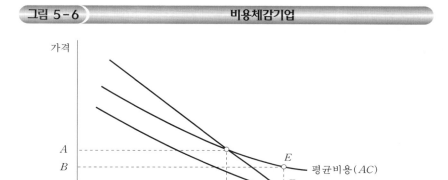

그림 5-6   비용체감기업

할 때 그 때의 생산량은 OG이며 가격은 OC가 된다. 그러나 이 때에는 그림에서 확인할 수 있듯이 단위당 손실이 EF만큼 발생하여 총손실규모가 사각형 $BEFC$의 면적만큼이 된다.

비용체감현상이 실제 일어날 수 있는 기업은 대규모 시설투자를 하여 생산비 절감효과가 크게 일어나게 하는 기업으로서 전기, 가스, 전화 등 대규모 공익기업(public utility company)이 좋은 예가 된다. 그런데 공익기업이라고 하여 손해를 감수해서라도 가격을 한계비용(MC)과 일치시키라고 요구하기는 어렵다. 정부도 어쩔수 없이 평균비용(AC)과 일치하는 가격수준에 동의하지 않을 수 없을 것이며 이럴 경우 기업제품의 시장가격은 OA가 될 것이다. 여기서 기업은 이윤도 손실도 없는 상태에 놓이게 되며 초과이윤이 아닌 정상이윤(normal profit) 정도를 기대할 뿐이다.

이상의 분석을 비용·편익분석에 적용시켜 볼 때 공익사업의 산출물은 대부분 공공투자사업의 주요 투입물로 사용되며 따라서

공공투자사업의 주요 비용항목으로 간주된다. 이제 전기요금이나
가스요금에 대한 잠재가격을 계산한다고 할 때 이 요금수준이 과
연 한계비용과 얼마나 근접해 있나를 따져 봐야 한다. 현실의 공
공요금수준이 한계비용보다 높게 책정되어 있다면 잠재가격은 현
재의 요금보다 낮게 평가되어야 할 것이다.[5]

(2) 가격통제

아마도 시장가격이 왜곡되어 사회적 가치를 반영시키지 못하
는 가장 대표적인 경우가 정부에 의한 가격통제(price control)가
이루어지고 있는 때일 것이다. 정부는 여러 가지 정책적 이유로 가
격의 상한선 또는 하한선을 정하여 통제하게 되는데 우리는 이미
앞(5.5.2)에서 최저임금제를 예로 거론한 바 있다([그림 5-5] 참조).

[그림 5-7]은 가격통제로 인하여 발생하는 초과수요 또는 초
과공급현상을 보여 주고 있다. 예컨대 균형시장가격이 D선과 S선
이 교차하는 점에서 결정된 P_E임에도 불구하고 정부가 가격상한
선을 P_S로 정한다면 (Q_S-Q_D)만큼의 초과수요가 발생하고 반대로
정부가 가격하한선을 P_F로 정한다면 (Q_S-Q_D)만큼의 초과공급이
발생한다.

초과공급 상황을 예로 하여 좀더 설명해 보자. 정부가 재화
X의 가격을 P_F로 정함으로써 (Q_S-Q_D)만큼 초과공급이 발생할
때, 만약 정부가 이를 해소하려고 시장에서 재화 X를 직접 구입
한다고 하자. 수요곡선은 D선에서 $D+\Delta G$선으로 이동할 것이며 정

---

5) 독자들은 공익사업 산출물의 잠재가격도출과 공익사업의 경제적 타당성분석에서
의 편익계산을 혼동하지 말기 바란다. 앞 장(제 4 장)에서 밝혔듯이 공익사업의
산출물가치는 공익사업의 타당성분석에서 고려되는 사회적 편익이 아니다. 예를
들어 발전소건설사업의 산출물은 전기(electricity)이지만 전기값이 발전소사업
의 타당성분석에서 사회적 편익으로 취급되지는 않는다.

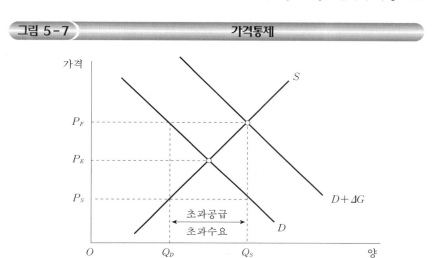

그림 5-7   가격통제

부의 지출액은 $P_F \cdot (Q_S - Q_D)$가 될 것이다. 그러면 정부가 재화 X를 구입함으로써 발생한 진정한 사회적 비용은 얼마인가? 이것은 재화 X의 잠재가격이 얼마인가를 파악하는 것과 같은 얘기가 된다. 정부가 만약 구입한 재화 X를 모두 소비자에게 환원하여 소비자들이 사용토록 한다면 이 때 재화 X의 진정한 사회적 비용은 발생하지 않는다. 소비자들에게 혜택이 전적으로 돌아갔기 때문이다. 따라서 재화 X의 한계단위에 대한 사회적 가치는 그만큼 높게 평가된다. 그러나 반대로 정부가 구입한 재화 X를 모두 정부 스스로 소비해 버린다면 소비자들에게의 혜택은 없게 되고 재화 X를 구입하는 데 발생한 사회적 비용이 높게 되며 따라서 재화 X의 사회적 가치도 그만큼 떨어지게 될 것이다. 결국 정부가 재화 X를 어떻게 활용하느냐에 따라 사회적 비용을 반영하는 재화 X의 잠재가격은 P_F에서 0 사이의 범주 내에 놓이게 된다.

(3) 외   환

후진국에서 외환의 가격(환율)을 논할 때는 바로 앞에서의 가격통제의 경우와 거의 일치하는 논리를 전개할 수 있다. 후진국에서는 국제수지의 보호 등 정책적 목적으로 환율을 외환시장에서 자율적으로 결정되도록 맡기기보다는 정부가 인위적으로 통제하여 대개 적정 시장환율보다 낮은 수준의 공정환율(official exchange rate)을 유지하려 한다.[6]

공정환율을 낮게 유지한다는 의미는 자국화폐의 가치를 높게 평가한다는 뜻이며, 이는 수출에는 불리하게 작용하지만 수입비용을 줄일 수 있으므로 수입에 크게 의존하고 있는 후진국에서 흔히 볼 수 있는 현상이다. 공정환율을 적정 시장환율보다 낮게 유지함으로써 [그림 5-7]에서의 경우처럼 만성적인 외환의 초과수요가 발생하게 된다.

많은 국가에서는 국제수지의 향상을 위해 정부가 수입관세 등을 부과하여 수입을 억제하고 수출보조금 등의 혜택으로 수출을 장려하고 있다. 공정환율은 이와 같은 정부의 인위적 정책을 집행하는 과정에서 결정된 환율이다. 따라서 이러한 공정환율은 외환의 실질가치를 평가하는 데 좋은 척도가 될 수 없다. 후진국에서 공정환율에 따라 교역재의 가치를 계산할 경우 공공사업을 수행하는 데 든 진정한 외환비용(수입액)이라든가 혹은 사업의 효과로서 얻어지는 진정한 외환이득(수출액)을 과소평가하게 된다. 따라서 비용·편익분석에서 외국에서 수입하는 투입물이라든가 외국으로

---

6) 환율이란 외국화폐 1단위를 자국화폐단위로 평가한 비율을 말한다. 따라서 공정환율이 적정 시장환율보다 낮다는 말은 예컨대 적정 시장환율이 $1=1,000원인데 공정환율은 $1=800원으로 유지시키는 것을 의미한다.

수출하는 산출물의 진정한 평가는 수입관세 혹은 수출보조금 같은 장벽을 제거시킨 잠재환율(shadow exchange rate)로 계산되어야 한다. 잠재환율은 외환에 대한 진정한 기회비용을 나타내고 있기 때문이다. 일반적으로 후진국에서는 잠재환율이 공정환율보다 높다고 하겠다. 여기서 한 가지 유념할 것은 잠재환율이란 외환의 진정한 가치를 반영하는 수치일 뿐이지 국제수지를 균형시키는 균형환율을 의미하는 것은 아니라는 점이다.

외환의 진정한 가치를 보여 주는 잠재환율을 정확하게 계산하기는 쉽지 않다. 여러 가지 접근방법을 생각할 수 있겠으나 가장 간단한 접근방법으로 전환계수(conversion factor)를 알아내서 이를 공정환율에 곱해 주는 것이다. 즉,

$$SER = OER \times CF$$

인데, 여기서 CF는 다음의 식을 통해 계산된다.[7]

$$CF = \left[\frac{M(1+tm) + X(1+sx)}{M+X} \right]$$

위 식들의 부호는 각기 다음을 의미한다.

SER＝잠재환율, OER＝공정환율, CF＝전환계수,
M＝수입액, X＝수출액,
tm＝수입관세율(가중평균), sx＝수출보조율(가중평균)

---

7) Bela Balassa, "Estimating the Shadow Price of Foreign Exchange in Project Appraisal," *Oxford Economic Paper*(July 1974). 전환계수에 대해서는 제 7 장에서 상세히 언급된다.

5.6   잠재가격 도출: 시장가격 자체가 존재하지 않는 경우

지금까지는 시장가격이 존재하고 있는 경우를 대상으로 논의해 왔으나 시장가격 자체가 존재하지 않는 경우도 허다하다. 이 경우의 재화를 비시장재화(non-market goods)라고 칭한다. 대표적인 예로 시간, 생명, 환경 그리고 공공재 등의 가치평가가 이에해당된다.

5.6.1   시간의 가치

우리는 앞에서 도로사업의 예를 들면서 도로사업의 중요한 편익으로는 시간의 절약이라든가 인명피해의 감소 등을 들었다. 그러면 이러한 시간의 가치라든가 생명의 가치는 어떻게 측정될 수 있는 것일까?

우선 절약된 시간의 가치측정을 살펴보자. 절약된 시간이 생산과정에 이용될 수 있는 그런 경쟁적 경제구조 아래서는 여행시간 절약분의 가치는 이로 인해 생긴 생산량의 증가분이라고 하겠고 달리 표현하면 시간당 임금수준에 해당한다고 하겠다.[8] 그런데 여기서 문제시되는 것은 여행시간의 절약분이 모두 생산에 투하되기보다는 때에 따라서 여가시간을 더 즐기려고 할지도 모른다는 것이다. 이렇게 되면 여가시간의 증가분에 대한 가치를 측정해야하는데 이것을 시간당 임금수준으로 봐도 되느냐 하는 문제가 생긴다. 여가시간의 가치는 일하는 시간의 가치보다 낮게 평가되는 것이 일반적인 견해인 만큼 여가시간의 가치는 시간당 임금수준보

---

8) 시간당 임금수준은 [연간 총가처분소득/총노동시간]으로 계산될 수 있다.

다 낮다. 그리고 여행시간이 줄어들었으므로 여행중에 느끼는 즐
거운 기분도 약간 감소되었을 것이므로 이러한 모든 면을 함께 고
려해 볼 때, 여행시간의 절약분의 가치는 임금률보다 낮게 평가되
어야 한다고 결론지을 수 있다.[9]

시간의 가치를 측정하는 실증적인 방법 중의 하나로서 두 개
의 상이한 교통수단(예로서 개인승용차와 대중버스)에 들어간 비용
의 차이를 관찰함으로써 그 답을 구하는 방법이 있다. 첫 번째의
교통수단 A는 보다 빠른 교통수단이라고 하고 A에 들어가는 여
행당 비용함수를 $C_A = a_A + bT_A + m_A$라고 하자. 두 번째의 교통수단
을 B라고 하고 B에 들어갈 비용함수를 $C_B = a_B + bT_B + m_B$라고 하
자. a는 여행중 느끼는 즐거움(또는 불쾌감), T는 여행시간, b는
여행시간의 가치, 그리고 m은 기타의 여러 가지 여행비용을 가리
킨다. 이제 두 개의 상이한 교통수단의 비용차이(cost-differential)
를 구하면 $\Delta C = (a_A - a_B) + b\Delta T + \Delta m$이 된다. 더욱이 B수단보다
A수단을 택하는 확률을 P_A라고 할 때 그 상대적 확률비율은 위
의 비용차이함수로서 표시될 수 있다. 즉,

$$\frac{P_A}{1-P_A} = f(\Delta C) = f(a + b\Delta T + \Delta m)$$

이제 P_A, ΔT, Δm이 모두 측정가능한 변수인만큼 위 방정식
을 회귀분석(regression analysis)시킴으로써 시간의 가치인 b값을
구할 수 있다.

---

9) 예컨대 절약된 여행 1시간의 가치는 시간당 임금수준의 3분지 1이며, 또한 여행
자가 어린이일 경우에는 성인의 4분지 1만 반영토록 하게 하는 것이다.

5.6.2 생명의 가치

다음으로 생명의 가치에 대해서 살펴보자. 생명의 가치는 여러 가지 접근방법에 의해 측정될 수 있겠는데 가장 대표적인 접근방법이라면 사망이 발생하지 않았을 때 그 생명이 일생 동안 벌어들일 수 있는 장래기대소득의 현재가치를 계산하는 것이다. 이럴 경우는 해당되는 사람의 나이, 능력, 교육 정도 등이 중요 고려변수가 된다. 그러나 현실적으로 장래의 기대소득에 관한 자료가 불충분하므로 간접적인 접근방법을 택하는 경우가 흔하다. 예컨대 사망과 같은 위험을 회피하기 위하여 사람들이 일생 동안 지불할 의사가 있는 최대지불액이라든가 혹은 반대로 위험부담을 무릅쓰고라도 어떤 위험한 일을 택할 때 그 대가로 수령할 의사가 있는 최소수령액을 계산하는 것이다. 생명보험에 가입한다고 하고 평생 동안 지불하려고 하는 총보험료가 전자의 경우에 해당될 것이고, 후자의 예로는 위험도가 높은 직업과 그렇지 않은 직업간의 임금격차(wage-differential)를 위험에 대한 보상이라고 보고 평생 동안 받을 수 있는 이러한 임금격차분의 합계를 따져보는 것이다. 물론 위험에 대한 보상으로서의 임금격차를 실제로 파악하기란 그리 용이한 일이 아니다. 그러나 적절한 통계처리를 통해 그 크기를 어느 정도 유추해 낼 수 있다고 하겠다.

생명의 가치를 만약 죽음이라는 위험의 기회비용으로 본다면 다음과 같은 방법으로 그 가치를 측정하게 된다. 어떤 사업에 n만큼의 고용자가 있다고 하고, 그 중 m만큼의 사망자가 발생할 가능성이 있다고 하자. 이 때의 고용자 개개인에게는 m/n만큼의 죽을 확률이 존재하는 것이다. 한편 위험에 대한 보상으로서 추가적으로 더 받는 임금격차액이 Z원이라고 하면 모든 사람에게서의

죽음에 대한 총기회비용은 $Z \cdot n$원이 될 것이다. 그러므로 죽음 1
건당 기회비용은 $Z \cdot n/m$원이 될 터인데, 이것이 바로 Z원을 죽
음의 확률인 m/n으로 나눈 값이다.[10] 예를 들어 어느 사업에 죽
음이라는 위험이 발생할 확률이 0.001이라고 하고 위험도에 대한
임금격차액이 10만 원이라고 하자. 이 때 그 사람의 생명의 가치
는 10만 원/0.001으로 계산된 1억 원이라고 하겠다.

5.6.3 환경의 가치

환경변화(예컨대 환경파괴 또는 공기오염 등)의 가치를 어떻게
측정하느냐는 항상 어려운 과제로 취급되어 왔다. 여러 가지 방법
들이 고안되었는데 이 문제는 매우 중요한 연구대상이기에 다음의
제 6 장에서 별도로 설명하고자 한다.

환경과 같은 비시장재화의 가치를 측정하는 방법들을 다음 장
에서 설명하기전에 여기서 한 가지 유의해야 할 점은 환경평가가
자칫 이중계산 또는 과대계산의 잘못을 범할 수 있다는 것이다.
우리는 제 4 장 비용과 편익의 유형별 분류에서 논의한 금전적 비
용과 편익(4.1.1.)의 개념을 다시 한번 상기할 필요가 있다. 금전적
비용과 편익은 어디까지나 화폐적 현상이지 실질적인 것이 아님을
강조한 바 있다. 예를 다시 들어 고속도로가 건설됨으로써 주변의
환경이 개선되고 그래서 땅값도 올라가고 여러 가지 상업도 잘 되
어 소득효과가 크다고 하자. 이와 같은 환경변화에 의해 발생한
외부효과가 실질적인 효과로 간주되기 위해서는 이들에 의해 다른

---

10) R. Thaler & S. Rosen, "The Value of Saving A Life," in Conference on *In-come and Wealth, Household Production, and Consumption*(New York: NBER, 1975).

곳에서 부정적인 효과가 조금도 발생되지 않는 순수한 효과라야
한다. 또한 환경 이외의 다른 변수에 의한 효과는 제외되어야 한
다. 그러나 현실적으로는 한쪽의 이득은 다른쪽의 손실을 동반하
는 경우가 허다하다. 이럴 경우에는 고속도로 주변의 환경개선에
따른 소득증대효과도 하나의 이전소득현상에 불과하며 국민경제
전체로 보아서는 아무런 득이 없는 제로섬(zero-sum)에 해당되는
것이다.

5.6.4 공공재의 가치

　국방, 경찰 및 소방, 등대, 공원과 같은 공공재의 진정한 가치
는 어떻게 측정될 수 있는가? 공공재를 위한 시장이란 존재하지
않으며 따라서 시장가격도 존재할 수가 없다. 공공재가 민간재처
럼 시장에서 거래될 수 없는 이유를 우리는 앞의 제2장에서 공공
재의 성질(2.1.1)을 논하면서 설명하였다. 즉, 공공재가 갖고 있는
비경합적 소비의 특성 때문에 소비자 스스로가 자신의 선호를 자
발적으로 표현하지 않으므로 시장에서 수요가 형성되지 못하고 따
라서 민간기업이 이를 취급할 수 없음을 규명하였다. 결국 정부가
관여할 수밖에 없고 세금으로 이들을 공급하게 되므로 조세(tax)
가 일종의 공공재가격의 의미를 갖고 있다고 설명하였다([그림 2-
1] 참조).
　그러나 실제로 공원의 입장료의 경우처럼 공공단체가 공공서
비스에 대해 가격을 부과해야 할 경우가 발생하며, 비용·편익분
석에서도 공공재에 대한 수요곡선을 도출하여 소비자잉여 몫을 계
산하고 이를 해당 공공재의 사회적 가치로 평가해야 하는 상황에
이르기도 한다. 이럴 경우의 해결방법은 무엇인가? 불행하게도 이

에 대한 완벽한 해답은 없고 앞의 환경의 경우처럼 여러 가지 간접적 방법을 동원할 수밖에 없다.

첫 번째 방법은 설문조사(surveys)를 통해 납세자들의 선호를 파악하는 것이다. 그러나 여론조사에 의한 선호파악은 자칫 과소평가 또는 과대평가의 위험이 있음을 항상 기억해야 할 것이다.

두 번째 방법은 실제의 실험(experiments)을 통해 납세자들의 선호를 파악하는 것이다. 특정지역의 주민들을 일정기간 동안 관찰함으로써 그들의 관찰된 행태(observed behavior)를 통하여 공공재에 대한 나름대로의 수요패턴을 확인하는 방법이다. 이 방법은 상당한 비용을 감수해야 한다.

세 번째 방법은 공공재와 유사한 민간재가 있다면 이 민간재의 시장수요를 파악하여 이를 해당 공공재에 적용시키는 방법이다.

마지막으로 네 번째 방법은 공공재 선호에 관하여 국민투표(public referenda)를 행하는 것으로 어떤 공공재를 어느 정도 공급하고 어떤 방법으로 재원을 조달하느냐를 국민합의에 의해 결정하는 것이다. 가장 민주적인 방법이라 하겠으나 이것 역시 상당한 비용과 시간이 소요될 것이다. 그리고 공공선택이론에서도 지적하고 있듯이 과반수(majority)의 지지에 의해 채택된 선택이 항상 효율적이라는 보장이 없음을 기억해야 할 것이다.[11]

---

11) 공공선택이론(Theory of Public Choice)에서는 다수결(과반수) 투표제도가 공공재를 과도하게 공급시키고 따라서 예산을 팽창하게 하는 하나의 요소임을 증명하고 있다. 김동건, 「현대재정학」, 2000, 제5장 참조.

제 6 장 　비시장재화의 가치측정

환경과 같은 비시장재화(non-market goods)의 가치를 측정하는데 대체로 다음과 같은 네 가지 방법이 활용된다. 첫째로 재산가치 접근법, 둘째로 여행비용 접근법, 셋째로 조건부가치 측정법이 있으며, 넷째로 사회적 실험을 시도하는 것 등이다.

6.1 　재산가치 접근법

환경과 같은 비시장재화의 가치를 측정하는데 활용되는 첫 번째 방법인 재산가치 접근법(property value approach)은 재산의 가치(가격)가 환경변화와 같은 비시장적 효과에 대한 사람들의 평가에 크게 좌우된다는 믿음에서 출발하고 있다. 재산의 가치는 재산을 사용함으로써 기대되는 미래 순편익의 현재가치를 뜻하므로 재산 소유자가 어떤 비시장적 효과로 인하여 혜택(또는 손해)을 받았다면 그 혜택은 당연히 재산의 판매가격에 반영된다는 논리이다.

환경과 같은 비시장재화에 대한 개인들의 지불의사를 재산의 가치변동을 통해 확인하려는 시도는 대체로 속성가격함수(hedonic price function)를 구축함으로써 이루어진다. 따라서 재산가치접근법을 속성가격 접근법(hedonic pricing approach)이라고도 한다. 속성가격함수가 어떻게 구축되며 이 때 유의해야 할 사항들이 무엇인가를 살펴보자.

6.1.1 속성가격함수

속성가격함수란 주택과 같은 특정재산의 가격과 이 가격의 변동에 영향을 줄 것이라고 판단되는 여러 변수들간의 상관관계를 보여주는 함수를 의미한다. 예컨대 주택가격에 영향을 주는 변수로서 주택건물의 크기, 침실 수, 전철역과의 거리, 주변지역의 범죄발생률, 주변지역의 공기오염도 등을 들 수 있다. 따라서 주택가격의 속성가격함수는 다음과 같이 구축된다.

주택가격＝f(건물건평, 침실 수, 전철역과의 거리, 범죄발생률,
환경변수 등)

전형적인 속성가격함수는 다음과 같은 선형로그 함수의 형태를 갖는다. 즉,

$$\ln p = a_0 + a_1 \ln c_1 + a_2 \ln c_2 + \cdots + a_n \ln c_n \tag{6.1}$$

여기서 ln은 자연로그, p는 주택과 같은 재산의 가치(또는 가격), 그리고 c_i는 재산가치에 영향을 주는 여러 가지 변수들을 가리킨다. a_i는 c_i에 대한 회귀계수인데, 함수가 선형로그 형태이므로 c_i의 퍼센테이지(%) 변화에 대한 p의 퍼센테이지(%) 변화를 의미한다. 다시 말하여

$$a_i = \frac{\% \Delta p}{\% \Delta c_i}, \text{ 여기서 } i = 1, 2, \cdots, n$$

이다. 위 식 (6.1)의 직접적인 예로써 다음과 같은 식을 도출할 수

있을 것이다.

$$\ln p = a_0 + a_1 \ln(건물\ 건평) + a_2 \ln(침실\ 수) + a_3 \ln(전철역과의\ 거리)$$
$$+ a_4 \ln(범죄\ 발생률) + a_5 \ln(EA) \tag{6.2}$$

여기서 EA가 바로 우리의 관심대상인 환경변수(예컨대, 공기정화, 소음공해 등)인데, 회귀계수 a_5를 측정함으로써 환경변수의 변화를 통해 재산가치가 얼마만큼 변했는가를 알 수 있다(다른 변수들은 일정하다고 가정함). 그러나 a_5를 도출하였다고 하여 모든 작업이 완료되는 것이 아니다. 환경변수에 대한 소비자들의 지불의사액을 밝히기 위해서는 환경변수의 수요가격을 도출하여야 한다. 환경변수의 수요가격을 통상 속성가격(hedonic price)이라고 부르는데, 이는 다음과 같은 식을 통해 도출된다.

$$h = a_5(p/EA) \tag{6.3}$$

여기서 h가 환경변수 EA의 속성가격이며, 수학적으로 말하여 h는 EA에 대한 속성가격함수의 기울기에 해당된다. a_5가 일단 식 (6.2)를 통해 측정되었다고 할 때 다양한 규모의 EA에 대해 다양한 규모의 p가 존재하기 때문에 식 (6.3)은 환경변수 EA와 속성가격 h간의 함수관계를 구축할 수 있게 한다.

예를 들어 살펴보자. 만약 a_5가 0.05로 측정되었다고 하고, 어느 특정지역의 대표적 주택가격이 150,000달러라고 하자. 그리고 이 지역의 공기정화지수인 일년 동안의 평균시계가 10마일이라고 하자. 이와 같은 수치들을 식 (6.3)에 대입해 보면 공기정화 1단위에 대한 속성가격(h)은 0.05($\$150,000/10$) = $\$750$로 계산된다. 다시 말하여 공기정화지수(시계)가 연평균 1마일 증가한다면 그 지역의 대표적 주택가격이 750달러 증가할 것으로 예상된다는 것이다.

또 다른 지역의 대표적 주택가격을 살펴보니 시장가격이 180,000달러이고, 공기정화지수(시계)가 연평균 15마일이었다. 그러면 이 때의 공기정화지수 1단위에 대한 속성가격(h)은 0.05($ 180,000/15) = $ 600로 된다. 즉, 공기정화지수 1단위의 증가는 주택가격 600달

그림 6-1   속성가격함수와 환경수요곡선

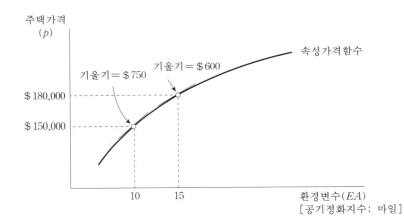

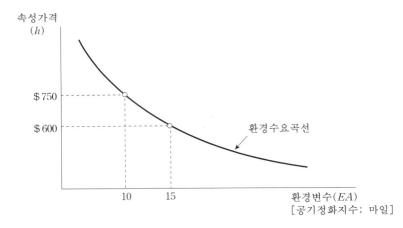

러의 증가와 연관되어 있다고 하겠다.

　이제 우리는 EA와 h간의 함수관계를 정립할 수 있게 되었다. 두 지역의 대표적 주택가격을 비교해 봄으로써 공기정화지수(EA)가 10마일에서 15마일로 증가할 때 속성가격(h)은 750달러에서 600달러로 하락하는 것을 발견하게 된다. 식 (6.3)이 바로 이와 같은 환경변수와 이에 대한 속성가격간의 역(inverse)의 관계를 보여 주고 있다. 우리는 이 속성가격(h)을 환경변수(EA)의 변화에 대한 소비자들의 지불용의액으로 간주할 수 있게 되며, 이를 통해 환경변수의 소비자 편익을 계산하게 된다.

　이상의 설명을 그림으로 표시하면 앞의 [그림 6-1]과 같다.

6.1.2 몇 가지 유의 사항

　재산가치 접근법을 활용할 때 몇 가지 유념해야 할 사항들은 다음과 같다.

　첫째, 지금까지의 설명은 식 (6.3)의 속성가격 h가 소비자들의 지불용의액이며, 이를 통해 공기정화사업의 편익을 측정할 수 있다는 것인데, 과연 이 방법이 소비자 수요이론(theory of consumer demand)상 정확한 것인가에 대한 논의이다.[1] 식 (6.3)은 식 (6.2)에서 도출된 것인데 식 (6.2)의 회귀방정식은 주택에 대한 수요함수와는 거리가 멀다. 따라서 소비자의 지불용의액을 보다 정확히 도출하기 위해서는 속성가격 h를 주택에 대한 소비자 수요를 반영시키는 함수로 재편성할 필요가 있다는 것이다. 예컨대 식 (6.4)와 같은 회귀방정식을 다시 설정할 것을 제안하고 있다.

---

1) A. Myrick Freeman Ⅲ, *The Measurement of Environmental and Resource Values: Theory and Methods*(Washington, D.C.; Resources for Future, 1993).

$$\ln h = b_0 + b_1 \ln(EA) + b_2 \ln(\text{거주자 소득}) + b_3 \ln(\text{거주자 수}) \ (6.4)$$

식 (6.4)와 같은 선형로그 방정식을 설정하고 통계분석을 통해 회귀계수 b_i들을 측정한 후 이에 근거하여 각 변수(특히 EA)들이 h에 끼치는 영향을 예측하는 것이 더 정확하다는 논리이다. 일리가 있는 주장이라고 하겠다. 그러나 식 (6.3)의 h를 그대로 사용해도 큰 오류가 생길 것이라고는 생각되지 않는다.[2]

둘째, 앞 장에서도 언급하였지만, 재산가치 변화를 분석하는 과정에서 금전적(pecuniary)인 요소들을 어떻게 잘 배제시키느냐의 문제이다. 환경과 같은 비시장적 효과의 영향력을 검토할 때, 이 때 주변의 토지개발과 같은 시장적 효과들이 발생하여 주택가격이 상승한다면 이 부분은 제거시켜야 할 것이다.

셋째, 소비자들의 지불용의액을 파악하고자 할 때 소비자들의 범위를 어디까지 잡아야 하는가에 대한 논의이다. 우리는 지금까지 소비자의 범위를 주택을 소유하고 있거나 소유하려고 하는 사람들에 국한시켰는데, 이것이 과연 옳은가 라는 질문이 생기게 된다. 예를 들어 호수를 깨끗하게 하는 사업의 경우 소비자의 범위를 주택소유자에만 국한시킬 수 없고 그 호수를 방문하여 즐기려는 비거주자도 소비자의 범위에 포함시켜야 한다는 주장이 있을 수 있다. 우리가 제 4 장(4.2.2)에서 소개한 비사용가치(non-use value)의 개념까지로 범위를 넓힌다면 문제는 더욱 복잡해진다. 보편적인 해결방안이라면 비사용가치까지 포함시킬 필요는 없겠으나, 사용가치(use value)의 개념을 중시하여 소비자의 범위를 지역의 거주자뿐만 아니라 빈번하게 방문하는 비거주자의 일부까지 확

---

2) Diana Fuguitt and Shanton J. Wilcox, *Cost-Benefit Analysis for Public Sector Decision Makers*(Westport, Connecticut: Quorem Books, 1999), Ch. 20 참조.

대시킬 필요는 있을 것이다. 방문자들의 지불의사를 어떻게 확인하는가는 다음 절에서 설명된다.

6.2 여행비용 접근법

자원이 어느 특정지역에 위치해 있고 이의 가치가 시장메커니즘에 의해 적절히 평가되기 어려운 경우 활용되는 방법이 여행비용 접근법(travel cost approach)이다. 특정지역이란 호수, 산림, 계곡, 유원지 등 사람들이 그곳의 자원을 이용하기 위하여 방문하는 지역을 뜻한다. 또한 쓰레기, 폐유 등 폐기물을 버리기 위하여 마련된 지역도 여기에 해당된다.

여행비용 접근법은 특정지역 방문자들의 방문행위가 자발적으로 일어난다는 전제하에 방문자들이 지불해야 하는 여행비용이 그 지역의 자원에 대한 이들의 지불용의액이라고 볼 수 있다는 점에 착안하고 있다. 그리고 여행비용이 얼마인가가 방문 횟수에 영향을 미치게 될 것이며, 여행비용과 방문 횟수는 역(inverse)의 관계를 갖고 있다고 믿고 있다. 따라서 방문 횟수 1건당 여행비용이 크면 클수록 방문횟수는 줄어들 것이므로, 여행비용을 일종의 방문가격으로 보고 방문 횟수를 방문 수요량으로 간주함으로써 그 특정지역에 대한 수요곡선 도출이 가능하며 나아가서 소비자잉여를 계산할 수 있게 된다.

[그림 6-2]의 수요곡선 AC는 어느 특정지역의 방문 횟수(또는 방문자 수)와 단위당 가격과의 관계를 보여 주고 있다. 방문 횟수(또는 방문자 수)가 OQ_1일 때 방문 1단위당 가격은 P_1이다. 이 가격을 입장료와 같은 여행비용의 개념으로 본다면 단위당 여행비

| 그림 6-2 | 특정지역 방문의 수요곡선 |

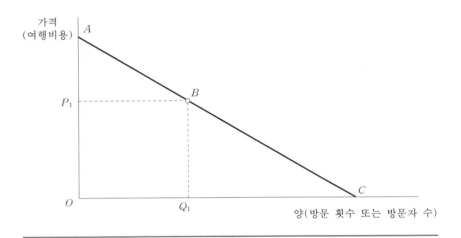

용이 바로 소비자가 방문 1단위당 지불하려는 용의액이 된다. 따라서 방문 횟수(또는 방문자 수)가 OQ_1일 때의 소비자가 그 지역의 자원에 대해 지불할 의사가 있는 금액의 총액은 면적 $OABQ_1$이된다. 이 면적이 특정지역을 방문함으로써 발생하는 소비자 총편익이며 나아가서 그 지역의 가치를 대변하는 금액이라고 하겠다.

6.2.1 여행비용의 개념과 범위

방문자의 여행비용은 대체로 4가지 요소로 구성되어진다. 첫째가 특정지역을 방문하는 왕복 교통비이다. 자동차로 갈 경우 연료비, 주차료, 통행료 등이 이에 해당되며, 비행기, 열차, 버스 등으로 이동할 때에는 왕복 운임요금이 계산되어진다. 그리고 방문자의 숙박비, 식대, 기타 여행과 관련한 잡비가 포함될 것이다.

두 번째 요소가 방문지에서 지불하게 되는 입장료 또는 사용자 부담금이다. 일반적으로 이러한 요금은 시장을 통해 형성되어지는 요금보다 낮게 책정될 가능성이 있는데 이 때는 소비자 지불용의액이 입장료에 충분히 반영되지 못하고 있음을 기억해야 할 것이다.

세 번째 요소가 특정지역을 방문하는 데 소요된 여행시간 비용이다. 여행시간 비용을 계산하는 방법은 제5장(5.6.1)에서 설명한 시간가치의 측정과 동일하다. 다시 말하여 여행시간의 기회비용을 측정하기 위하여 다른 대체 사업에 이 시간을 투하하였을 때 기대되는 소득을 계산하게 되는데, 통상 시간당 임금수준이 이에 해당된다.

네 번째 요소가 특정지역에서 머무르는 체류시간 비용이다. 체류시간 비용을 계산하는 방법은 위의 여행시간 비용의 경우와 동일하다. 다만 경우에 따라서는 체류시간 비용을 여행비용의 범위에 포함시키지 말아야 한다는 주장이 있을 수 있다. 왜냐하면 방문자가 특정지역에 머무를 때 그곳의 환경을 즐기면서 다른 활동(예: 독서, 낚시 등)을 행했다면 체류시간의 기회비용은 발생하지 않았다고 볼 수 있기 때문이다. 그러나 일반적으로는 체류시간을 여행비용의 일부분으로 간주하고 있다.

이상의 설명을 정리하면 다음과 같다.

총여행비용(방문단위당)＝교통비(왕복)＋입장료(사용자부담금)
＋여행시간(왕복)의 기회비용＋체류시간의 기회비용

6.2.2   특정지역 방문에 대한 수요곡선 도출

특정지역(예: 호수, 산림, 계곡, 유원지 등) 방문에 대한 수요곡선 도출과정을 구체적인 자료(data)를 통해 살펴봄으로써 지역환경의 가치가 어떻게 측정될 수 있는가를 확인해 보자. [표 6-1]과 [표 6-2]에 어느 특정지역에 대한 구체적인 자료가 소개되어 있는데, 특정지역을 4개 구역으로 구분한 후 각 구역별로 거리, 여행시간, 방문자 수, 지역인구 수 및 각 구역별 여행비용 등이 소개되어 있다.

[표 6-1]에서 보듯이 특정지역을 거리에 따라 4개 구역으로 나누었다. 왕복거리 기준으로 50마일, 100마일, 150마일 및 200마일로 구분하여 각 구역별 여행시간과 지역인구 1,000명당 방문자 수를 계산하였다. 여행시간은 자동차로 1시간당 50마일 갈 수 있다는 것에 근거하였고, 구역별 지역인구와 방문자 수는 2003년도 통계자료(census data)에 의해 산출되었는데 이에 따라 인구 1,000명당 방문자 수(방문율)가 각각 200명, 150명, 100명, 그리고 50명이었다. 아무래도 거리가 멀수록 그 구역의 방문율이 떨어짐을 발

[표 6-1]   구역별 거리, 여행시간 및 방문율(2003년)

구 역	거 리 (마일)	여행시간 (시간)	방문자 수	지역인구 수 (1,000명)	인구 1,000명당 방문자 수
I	50	1	140,000	700	200
II	100	2	90,000	600	150
III	150	3	45,000	450	100
IV	200	4	25,000	500	50
합 계			300,000	2,250	

주: 방문율이란 방문자 수/지역인구 수의 비율을 의미하며, 통상 지역인구 1,000명당 방문자 수로 계산된다.

[표 6-2] 구역별 방문 단위당 여행비용(2003년)   (단위: 달러, 명)

구역	차량 1단위당					방문자 1인당 총여행비용	인구 1,000명당 방문자 수
	차량 운송비용	입장료	여행시간 비용	체류시간 비용	총여행 비용		
I	4.65	8	6.1308	36.7848	55.5656	13.8914	200
II	9.30	8	12.2616	36.7848	66.3464	16.5866	150
III	13.95	8	18.3924	36.7848	77.1272	19.2818	100
IV	18.60	8	24.5232	36.7848	87.9080	21.9770	50

견하게 된다. 2003년에 이 지역을 방문한 방문자 총수는 300,000명에 달하였다.

　[표 6-2]에서는 구역별 차량 1단위당 또는 방문자 1인당 총여행비용이 2003년도 기준으로 계산되어 있는데, 각각에 대하여 좀더 설명할 필요가 있다. 차량운송 비용은 차량을 왕복운행하는데 소요되는 연료비, 통행료 등에 의해 계산되었으며, 차량 1대당 운송비용이 1마일당 9.3센트(cent) 소요되었다. 입장료는 차량 1대에 4명(어른 2명, 어린이 2명)이 탑승하는 것으로 간주하여 8달러(어른 3달러, 어린이 1달러)로 계산되었다. 여행시간 비용은 1시간 연평균 임금수준(7.358달러)의 33.33%가 어른에게 적용되었고 어린이는 어른의 25%가 적용되었다. 따라서 차량 1대당 여행 1시간 비용은 6.1308달러(2.4523달러×어른 2명 및 0.6131달러×어린이 2명)로 계산되었다. 마지막으로 체류시간 비용은 각 구역 공통으로 방문자가 평균 6시간 정도 체류한다고 보고 1시간 여행시간 비용인 6.1308달러를 이에 적용하였다.

　이렇게 하여 각 구역별 차량 1대당 총여행비용이 계산되어 지는데, 차량 1대에 4명이 탑승하는 것으로 간주하였으므로 차량 1대당 총여행 비용을 4로 나누면 방문자 1인당 총여행비용이 계산

된다. 이 수치가 [표 6-2]의 마지막 두 번째 칼럼에 나타나 있는
데 구역별로 각각 13.8914달러, 16.5866달러, 19.2818달러 그리고
21.9770달러이다. 거리가 멀수록 방문자 1인당 총여행비용이 당연
히 증가하고 있음을 알 수 있다. 그러면 이제 방문자 1인당 총여
행비용을 방문율(인구 1,000명당 방문자 수)과 비교해 보면 그 관계
가 역(inverse)의 관계임이 발견된다. 1인당 총여행비용이 증가할
수록 방문율은 하락하고 있는 것이다. 이 관계를 [표 6-1]의 자료
를 가지고 1차 방정식화하면 다음의 식 (6.5)와 같다.

$$V = 457.7063 - 18.551C \tag{6.5}$$

여기서 V는 방문율을 뜻하고, C는 방문자 1인당 총여행비용
을 가리킨다. 식 (6.5)가 의미하고 있는 것은 만약 총여행비용이 1
달러 증가하면 방문율은 각 구역에서 1,000명당 18.551명씩 떨어진
다는 것이다. 이와 같은 정보는 수요곡선 도출에 대단히 중요한
정보이다. 특정지역에 대한 수요곡선은 특정지역에서의 가격변화
가 특정지역을 방문하려는 방문자 수에 얼마만큼 영향을 미치는가
를 보여 주는 곡선이다. 특정지역의 입장료를 가격의 대표적 개념

[표 6-3] 입장료 1달러 인상효과($P = \$2$에서 $P = \$3$로 인상)

구 역	방문자 1인당 총 여행 비용(달러)	인구 1,000명당 방문자 수	지역인구 수 (1,000명)	방문자 수
Ⅰ	14.8914	181.4485	700	127,014.0
Ⅱ	17.5866	131.4485	600	78,869.1
Ⅲ	20.2818	81.4485	450	36,651.8
Ⅳ	22.9770	31.4485	500	15,724.2
합 계			2,250	258,259.1

[표 6-4]　특정지역에 대한 방문 수요 스케줄

가격(달러)	총방문자 수(명)
2	300,000
3	258,259
4	216,518
5	177,605
6	145,140
7	112,674
8	85,298
9	61,181
10	37,064
11	23,126
12	10,140
13	0

그림 6-3　　　　특정지역 방문의 수요곡선

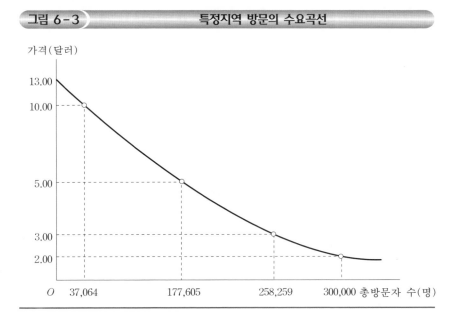

으로 삼고 입장료 1달러가 증가하면 방문자 수가 얼마만큼 감소할 것인가를 파악하면 이 지역의 수요곡선을 도출할 수 있다. 우리의 예에서는 평균 입장료가 1인당 2달러(어른 1인당 3달러, 어린이 1인당 1달러)이며, 이 때의 총방문자 수는 300,000명이다. 그러면 입장료를 1달러 인상하면(2달러에서 3달러로 인상), 이 때 방문자 수가 얼마만큼 감소할 것인가를 각 구역별로 계산해 보자. 계산결과가 [표 6-3]에 나와 있다.

　　[표 6-3]에서 보듯이 입장료를 1달러 인상함으로써 예상되는 효과는 식 (6.5)에 의하여 각 구역별 방문율 변화를 따져봄으로써 도출되었는데, 방문자 수가 인상 전의 300,000명에서 인상 후 258,259.1명으로 감소하였다. 동일한 방식으로 입장료가 2달러 인상(2달러에서 4달러로 인상)되었을 시의 방문자 수, 입장료가 3달러 인상(2달러에서 5달러로 인상)되었을 시의 방문자 수를 차례로 계산할 수 있게 된다. 이제 그 계산결과가 [표 6-4]에 총체적으로 나타나 있으며, [표 6-4]에 의해 [그림 6-3]과 같은 특정지역에 대한 수요곡선이 최종적으로 도출된다.

6.2.3 몇 가지 유의사항

여행비용 접근법 사례에 대하여 몇 가지 유의사항이 있다.

　　첫째, 위의 사례에서는 소비자의 지불의사를 측정하는 데 있어서 전지역 구역(Ⅰ, Ⅱ, Ⅲ, Ⅳ)에 동일한 단가를 적용하고 있다. 이것은 지역을 세분화시켜 각각 위 지역에 별도의 WTP를 측정한다는 것이 매우 어려운 일이고 이에 대한 충분한 정보를 획득하기 어렵기 때문이다. 이러한 문제는 재산가치접근법과 나중에 언급되는 조건부가치측정법(CVM)에서도 동일하게 적용된다.

둘째, 첫번째 문제와 연관하여 비용 측면에서도 비슷한 문제가 발생한다. 즉, 위의 사례에서는 전지역에 걸쳐 시간당 비용이라던가 차량 km당 운송비용 등이 동일한 것으로 측정하고 있다. 이것 역시 구역별로 비용단가가 다를 수 있음을 인정하여야 한다. 특수한 상황에 있는 특수지역의 경우 인근지역과 분명히 다른 비용단가가 발생할 것이다.

셋째, 또 다른 문제로는 여가를 즐기기 위한 여행에는 다양한 종류의 장비가 필요하게 된다. 예컨대 텐트, 스립핑 백(sleeping bags), 보트, 특수차량 등이다. 이러한 장비들을 사용하는 데 드는 한계비용(marginal cost)은 당연히 총가격에 반영되어야 한다. 그러나 자본재의 한계비용을 측정하기가 어려우므로 통상 모든 방문자들에게 한계비용이 고정되어 있다고 간주하여 이를 무시하는 경우가 있다.

넷째, 여행의 목적이 휴가지역을 방문하여 여가를 갖는 것에만 국한되는 것이 아니고 휴가는 여행목적의 일부분이며 여행을 통해 다른 일도 하고자 한다면 그 여행은 다목적여행이 된다. 이럴 경우 위의 사례에서 이에 상응한 조정이 이루어져야 할 것이다. 제일 간편한 조정은 다목적 여행자를 분석에서 제외시키는 것이다.

마지막으로 누락변수문제(omitted variable problem)가 있다. 만약 대체방문지역의 가격이 구역에 따라 다르다든가 여가를 위한 취향이 구역에 따라 다르다면 누락변수들에 대한 적절한 고려가 있지 않는한 측정계수에 오차(error)가 발생한다.

6.2.4   여행비용 접근법이 부적합한 경우

지금까지의 논의는 어느 특정지역의 방문이 자발적으로 이루어지고 이와 관련된 정보(자료)들이 충분히 존재하고 있는 경우를 대상으로 하였다. 그런데 만약 방문자체가 불가능하고 따라서 그 지역에 대한 아무런 정보가 없을 경우에는 어떻게 대처해야 하는가? 좋은 예가 댐 건설로 인하여 산림이 물에 잠기고 야생동물의 서식지가 파괴되어 이의 사회적 비용을 계산하려고 하는데 이 지역은 아무도 방문해 본 적이 없는 지역인 경우일 것이다. 이에 대한 뚜렷한 해답은 없다. 다만 물에 잠긴 지역과 유사한 지역(흔히 이를 "비교지역"이라고 부른다)을 선정하여 이 지역을 방문하는 사람들의 수요곡선을 도출해 보는 것이 최선의 방책일 것이다.

또 다른 예로서 낙동강 수질을 향상시키는 사업의 편익을 생각해 보자. 낙동강 지역은 당연히 방문이 가능한 지역이다. 그러나 이런 경우는 낙동강 지역을 방문하는 사람들의 여행비용을 계산하는 접근방법보다는 낙동강의 수질상태가 좋아짐으로써 낙동강 지역에 살고 있는 사람들이 낙동강 수질오염 때문에 지불하지 않으면 안 되는 각종 비용(생수구입비, 병원치료비 등)들이 얼마만큼 감소하는가를 파악하여 이를 사업의 편익으로 간주하는 방법이 더 보편적으로 사용된다. 이러한 접근법은 자신에게 불리하거나 위험한 상황에서 자신의 위험을 회피하기 위한 비용을 통해 자신을 보호하는 행태를 중시한다는 뜻에서 회피행태 접근법(averting behavior approach)이라고 부른다. 이 접근법을 택할 경우 낙동강 주변에 살고 있는 사람들의 범위를 어디까지 할 것인지를 결정하고 이들로부터 낙동강 수질오염 때문에 그동안 지불된 비용들의 종류와 정도를 파악하는 등 구체적인 정보를 얻기 위한 다양한 방법(설문조사 등)들이 강구되어야 할 것이다.

회피행위의 간단한 예로서는 대기오염, 수질오염, 소음공해 등에 대하여 이사를 간다든가 공기정화기, 정수기를 구입한다든가 혹은 방음벽 등을 설치하는 행위인데, 환경개선을 통해 이러한 비용이 절감했다면 이 절감비용이 환경개선의 가치인 것이다.

6.3 조건부가치 측정법

앞에서 소개한 재산가치 접근법이나 여행비용 접근법은 해당 사업과 직접적 또는 간접적으로 연관되어 있는 대리시장(surrogate market)에서의 소비자 행태를 관찰하고 여기서 도출된 자료를 가지고 소비자의 지불용의액을 측정하고 있기에 이런 방법들은 소비자들의 실제적 행태(actual behavior)를 통해 표출된 선호에 근거하여 환경과 같은 비시장적 효과를 측정하는 방법들이다. 이에 비하여 조건부가치 측정법(contingent valuation method: CVM)은 시장이 실제로 존재하고 있는 것처럼 가상적인 시장(hypothetical market)을 설정하고 가상적인 시장상황을 시뮬레이트(simulate)하여 관련 소비자들이 이 상황에서 어떻게 그들의 선호를 나타내는가를 설문조사방법을 통해 분석하여 환경과 같은 비시장적 효과를 파악하고자 하는 방법이다. 따라서 조건부가치 측정법은 소비자들의 실제적인 행태가 아닌 가상적인 행태(hypothetical behavior)에 근거하여 소비자 지불용의액을 측정하고 있다.

6.3.1 유효성 및 신뢰성에 관한 논쟁

조건부가치 측정법(CVM)이 학계에서 본격적으로 관심의 대상
이 되기 시작한 것은 시기적으로 대략 1970년대부터라고 하겠는
데, 1980년대에 들어와서 미국에서는 정부 및 기업에서도 이 방법
에 적극적인 관심을 갖게 되었다. 그러자 과연 이 방법이 유효하
며 신빙성이 있는 방법인가에 대한 논쟁이 일게 되었다. 전통적인
경제이론 시각에서 얘기한다면 소비자들의 진정한 선호는 소비자
들이 이를 시장(실제시장이든 혹은 대리시장이든)에서 실제적인 행태
를 통해 표출할 때 한하여 그 의미가 있는 것이다. 가상적인 시장
에서 가상적인 행태를 통해 형성된 소비자 선호는 유효하지도 않
고 신뢰성도 없다는 주장이 경제학자들 가운데서 제기될 수 있다.
여기서 유효성이란 가상적인 설문조사가 과연 설문응답자의 진실
된 의사를 정확히 표출할 수 있는가의 타당성에 대한 검토이며,
신뢰성이란 계속 반복해서 동일한 설문조사를 했을 때 여전히 동
일한 일관성 있는 결과를 얻을 수 있는가에 대한 검토이다.

이러한 논쟁은 어떤 시각에서 바라보느냐에 따라 완전히 상반
된 의견이 제기되므로 단일의 결론을 도출하기가 어렵다. 다만
1993년 미국정부 산하의 한 해양환경관련기관(The National
Oceanic and Atmospheric Administration)에서 마련한 전문가 패널
보고서에 의하면 조건부가치 측정법의 채택여부는 논리적 문제이
기 보다는 기술적인 문제이므로 정교한 설문조사 방법을 택한다면
매우 유효하고 신빙성 있는 접근방법이 될 수 있다고 결론짓고 있
다.[3] 이 보고서는 1989년에 미국 정유회사 엑손(EXXON)의 대형

---

3) Paul R. Portney, "The Contingent Valuation Debate: Why Economists
   Should Care," *Journal of Economic Perspectives*(Fall, 1994), pp. 3~17.

유조선이 알라스카 해변에 석유를 대량 유출시킨 사고가 발생했
고, 이의 환경피해 보상을 해당 석유회사에 부과시키도록 하는 법
(the Oil Pollution Act of 1990)이 1990년 미의회에서 통과된 것을
계기로 마련된 것이었다.

따라서 조건부가치 측정법은 얼마만큼 설문을 정교하게 설계
(design)하고 과학적으로 이를 조사·분석하느냐에 따라 그 유효
성과 신뢰성이 인정되는 기법이라고 하겠으며, 비사용가치(non-
use value)를 측정코자 할 때 이 방법 이외에 더 나은 방법은 없다
고 하겠다.

6.3.2 조건부가치 측정법의 기법

조건부가치 측정법(CVM)은 존재가치와 같은 무형의 가치를
측정하고 평가하는데 유용성이 있음이 보편적으로 인정된 거의 유
일한 기법이라는 측면에서 각별한 관심의 초점이 되고 있다.
CVM은 대체로 다음과 같은 절차를 밟는다. 첫째, 모집단(popula-
tion)에서 일정응답자 수를 선정(sampling)하여 특정재화에 대한
그들의 의사를 서베이(survey)한다. 둘째, 그들의 응답을 통하여
그들이 특정재화에 대해 지불할 의사액(WTP)이 얼마인지에 관한
정보를 입수한다. 셋째, 측정된 WTP를 전체 모집단에 적용시켜
특정재화의 전체가치를 추정한다.

대체로 다음과 같은 5가지 CVM기법이 있는데 각각에 대해
간략히 소개한다.

(1) **개방형 지불의사 질문법**(open-ended willingness-to-pay method)
이 방법은 응답자들에게 특정재화에 대해 지불할 의사가 최대

로 얼마인지를 직접적으로 물어보는 방식이다. 예컨대, "당신은 특정지역의 자연보호를 위해 소득세를 얼마나 더 낼 의사가 있습니까?"라고 물어보는 것이다. 이 방법은 어떤 기준을 먼저 제시하고 그 다음에 질문은 하지 않는 한 비현실적인 응답을 얻을 가능성이 크다. 그러나 기준을 제시한다는 것 자체가 나중에 설명할 출발점편의(starting point bias)를 야기할 소지가 있다. 따라서 개방형 지불의사 질문법은 출발점 편의의 문제가 없다는 점에서 다른 CVM 기법과 병행하여 사용하면서 출발점 편의의 발생가능성을 점검하는 역할로 많이 사용되고 있다.

(2) 폐쇄형 반복경매법(closed-ended iterative bidding method)

이 방법은 응답자들에게 특정 재화에 대한 구체적인 지불의사액을 제시하고 이러한 질문을 반복적으로 실시하는 방법이다. 만약 제시된 지불의사액에 긍정적인 답변이 나오면 제시된 금액을 조금씩 인상시켜 응답자가 부정적인 답변이 나올 때까지 계속하도록 한다. 반대로 최초 제시된 금액에 부정적인 답변이 나오면 금액을 조금씩 하락시켜 긍정적인 WTP가 나오도록 유도하는 방식이다. 이 방법은 상당히 보편적으로 사용되고 있으나, 여기서는 최초 제시된 금액에 응답자가 민감하게 반응하게 된다는 출발점 편의 문제가 발생한다.

(3) 순위선정법(contingent ranking method)

이 방법은 응답자들에게 특정재화의 수량과 지불액의 여러 조합들을 제시하고 이에 대하여 순위(ranking)를 매겨보라고 요구하는 방법이다. 예컨대, 수질상태와 조세부담액과의 다양한 조합(즉, 적은 조세부담액에서의 낮은 수질상태와 높은 조세부담액에서의 양호한 수질상태)들을 보여주고 이 조합들을 선호도에 따라 가장 선호하는 조합부터 가장 싫어하는 조합까지 순위를 선정토록 하는 것이다. 이렇게 선정된 순위들은 통계적으로 취합되어 응답자들의 WTP를 측정하는데 이용된다. 앞의 폐쇄형 반복경매법이 기수적 (cardinal) 평가를 요구하는 방법이라면, 순위선정법은 서수적 (ordinal) 순위결정을 채택하고 있는 방법이라 하겠다.

(4) 지불카드법(payment card method)

이 방법은 응답자들에게 특정 재화와 비교가 될 수 있는 어떤 재화의 가치 또는 (응답자와 비슷한 수준에 있는 사람들의)WTP를 알려주고 그리고 나서 특정재화에 대한 그들의 WTP를 개방형 질문형으로 물어보는 방법이다. 예컨대, 야생동물보호사업에 대한 WTP를 물어보는데 비슷한 소득계층에 있는 사람들의 국립공원 혹은 교육에 대한 WTP가 얼마이다라고 먼저 알려주고 나서 그들의 야생동물보호사업에 대한 WTP를 물어보는 것이다. 또 다른 방법으로는 특정재화의 가치범주에 들어가는 금액들을 나열하고 그 가운데서 응답자가 지불할 의사가 있는 최대치를 선택하도록 하는 것이다. 예컨대, 특정재화의 가치를 0원, 100원, 200원, 500원, 750원, 1000원, 2000원, 3000원, 5000원 등등으로 나열하고 이 중 최대지불의사액을 선택하도록 하는 것이다. 이 두 가지 방법 모두가 사전에 어떤 정보를 "카드"로 내놓고 나서 그들의 WTP를 물어본다는 의미에서 지불카드법이라고 칭하게 되었다. 이 방법은 출발점 편의를 최대한 극복하면서 응답자의 WTP를 측정하고자 하는데 그 의미가 있다.

(5) 양분선택형 질문법(dichotomous-choice method)

이 방법은 응답자들에게 특정재화에 대해 특정금액에서의 지불의사 여부를 "예/아니오"로 물어보는 방법이다. 응답자들에게 제시된 특정금액의 크기는 분석범위 내에서 다양하게 설정됨으로써 다양한 결과를 도출할 수 있게 한다. 이렇게 도출된 결과는 통계적으로 취합하여 WTP를 측정하는데 이용된다. 양분선택형 질문법은 응답이 비교적 쉽고 실제 시장상황을 모방한다는 측면에서 가장 널리 사용되고 있는 방법이므로 이 방법에 대하여 좀 더 살펴보기로 한다.

다음의 [그림 6-4]는 양분선택형 응답의 확률분포를 보여주고 있는 막대그래프(히스토그램)이다. 횡축은 응답자들에게 물어본 특정재화에 대한 지불의사액을 달러($)로 표시하고 있다. 구체적으로 최저 $0에서 최대 $100까지 $5간격으로 표시하고 있다. 종축은 물어본 지불의사액에 대한 응답자들의 "예"라고 응답하는 확률을 표시하고 있다.

따라서 특정재화의 값이 $0일 때 이를 구입할 용의가 있는가라는 질문에 응답자들 모두가 "예"라고 응답하고 있으며(즉, 확률이 1.00), 만약 특정재화의 값이 $30일 때 이를 구입할 용의가 있다고 밝히는 응답자 수가 응답자들의 75%가 되고 있음(즉, 확률이 0.75)을 그림을 통해 알 수 있다. 물어보는 지불용의액(지불의사액)이 클수록 "예"라고 긍정적으로 답변하는 확률은 작아진다. 여기서의 응답자들이란 표본추출(sampling)을 통해 무작위(random)로 선정된 사람들이며, 해당 그룹의 응답자들에게 동일한 질문을 하고 이에 근거하여 확률분포를 도출한 것이다.

[그림 6-4]의 곡선은 막대그래프(히스토그램)에 맞추어 그려진

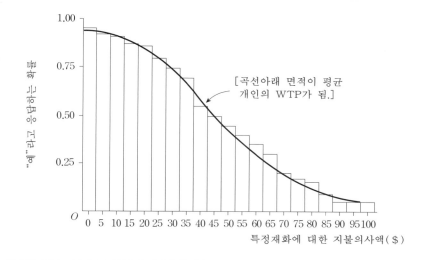

그림 6-4 양분선택형 응답의 막대그래프(히스토그램)

곡선으로서, 무작위하게 선정된 응답자의 의사가 반영된 일종의 수요곡선이라 하겠다. 경제이론에서의 정상적 수요곡선은 제시된 가격과 이에 대한 수요자의 구매의사량과의 관계를 보여주는 것인 반면에 [그림 6-4]의 수요곡선은 제시된 가격과 이에 대한 수요자의 지불용의 확률과의 관계를 보여주고 있다. 정상적 수요곡선의 경우와 마찬가지로 [그림 6-4]의 수요곡선 아래면적은 개인수요자의 지불용의액을 추정하는 토대가 된다.

막대그래프(히스토그램)에서 막대기의 간격이 동일하게 주어져 있는 한, 평균적인 개인의 지불의사액은 다음과 같은 공식을 통해 대략적으로 추정된다.

$$WTP = v \sum_{k=0}^{n} [가격\ kv에서의\ 긍정적\ 응답확률]$$

여기서 v는 가격들 간의 차이(즉, 개별 막대기의 폭)를 뜻하며, n은 제시된 가격의 수(즉, 개별막대기의 수)를 뜻한다. 앞의 그림에서는 v는 5달러, n은 21개가 된다. 곡선 아래의 면적(즉, 막대기들의 전체면적)이 표본에서 도출된 평균응답자의 대략적 WTP라면 이는 막대기 높이의 합과 막대기 폭을 단순히 곱해줌으로써 쉽게 구할 수 있게 된다.

개인의 긍정적 응답확률을 보다 정확하게 도출하기 위하여 여러 가지 구체적 정황에서의 보다 정교한 통계모형을 활용할 필요가 있을 것이다. 모집단에서 표본을 추출할 때 다양한 그룹으로 나누어 표본을 추출하고, 각각의 표본에서 개인 응답자의 평균적 WTP를 측정한 후 이를 해당그룹의 총 WTP(개인의 평균적 WTP× 총인원수)로 환산하고 최종적으로 모든 그룹의 총 WTP를 합산하여 모집단 전체의 WTP를 산정하는 접근방식을 택하는 것이 일반적이다. 이렇게 볼 때 그룹의 수가 많을수록, 그리고 표본의 크기 (size)가 클수록 보다 더 정확한 WTP규모를 산정할 수 있게 된다.

6.3.3 조건부가치 측정법의 주요 논쟁

(1) 지불수단(payment vehicle)

CVM응답자들이 자신의 지불의사를 표출할 때 어떤 지불수단으로 지불하려고 하는가에 따라 선호에 상당한 영향을 받게 된다는 것이 실증분석을 통해 밝혀지고 있다. 지불수단이란 조세로 지불하느냐, 기부금 형태로 하느냐, 공공요금의 인상인가, 혹은 관련 재화의 가격인상인가 등을 의미한다. 지불수단이 어떤 것인가에 따라 개인의 WTP가 달라질 수 있다면 설문조사에서 지불수단을 정확히 설명하고 응답자의 이해를 구하는 노력이 필요하다.

지불수단이 CVM결과에 영향을 준다고 하여 학계에서는 한동안 이 문제가 나중에 설명할 편의(bias)의 일종으로 파악해야 한다는 주장이 있었으나, 애로우(Kenneth Arrow) 등 여러 학자들에 의해 편의로 볼 필요가 없다고 결론을 내린 바 있다. 한편 지불수단이 가끔 가치측정에 저항(protest)하는 행태를 유발시키는데, 이러한 상황을 이상치(outlier)라고 한다. 이상치는 CVM연구에서 흔히 발견되는데, 연구결과의 신뢰성을 높이기 위해서 이상치는 적절한 기준과 절차에 의해서 반드시 제거시켜야 한다.

(2) 지불용의액(WTP) 대 수취용의액(WTA)

설문 조사시 응답자에게 지불용의액을 물어보는 것과 수취용의액을 물어보는 것 사이에 상당한 격차가 있음이 발견된다. 실증연구결과, 수취용의액(WTA)이 지불용의액(WTP)보다 적게는 몇십%, 많게는 몇 배 큰 것으로 알려져 있다. 보편적으로 수취용의액이 평가대상의 가치를 반영하는데 보다 적절한 개념이라고 할수 있겠으나, 실험경제학의 공헌에 힘입어 실험을 반복적으로 행함에 따라 인간이 해당 대상의 성격과 자신의 선호를 보다 더 잘 이해하게 되면서 WTP와 WTA간의 차이가 소멸하는 것이 발견되기도 한다. 그러나 CVM의 경우 반복적인 실험(조사)이 불가능하며 또 공공재의 가치추정에 WTP가 더 적합하다는 주장에 많은 학자들이 동의하고 있기에, CVM의 설문조사에서는 WTP를 채택하는 것이 더 타당하다고 하겠다.

(3) CVM의 편의(bias)

CVM에 의한 측정치가 실제의 가치와 차이가 발생하는 것을 편의라 한다. 올바른 서베이 설계와 정밀한 조사・분석을 통해 편

의문제는 극복될 수 있으나, CVM의 본질적 속성 때문에 이 문제
가 쉽게 해소되지 못하는 어려움이 있다. 다음과 같은 몇 가지 주
요 편의 개념을 소개한다.

① 일반적 서베이 편의(general survey biases)

서베이를 행할 때에 등장하는 일반적 편의로는 표본추출 편의
(sampling bias), 무응답 편의(nonresponse bias), 질문자 편의(inter-
viewer bias) 등이 있다.

표본추출 편의는 모집단(population)에서 표본(sample)이 어떻
게 적절하게 추출되고 관리되는가에 관한 문제이며 이것이 잘 추
출되고 적절히 관리되는 한 이 편의는 극복될 수 있다. 모집단의
올바른 정의 및 정확한 크기 결정이 통상 유효한 서베이의 전제가
된다.

무응답 편의는 응답자의 응답률이 낮아서 결측치(missing val-
ues)로 처리하는 설문이 너무 많게 되고 따라서 설문의 신뢰도
(reliability)를 떨어뜨리는 문제를 야기시킨다. 표본의 크기(size)를
늘려서 이 문제를 어느 정도 해결할 수 있으나 여기에도 한계가
있다. 질문자 편의도 때때로 심각한 문제로 등장하는데 이를 해소
하기 위해서는 현장에서 작업하는 모든 사람들이 편견 없는 열린
마음으로 설문작업에 성실하게 임해야 할 것이다. 이렇게 함으로
써 응답자(소비자)의 진실한 의사와 그들의 선호를 제대로 파악할
수 있는 것이다.

② 가설성 편의(hypotheticality bias)

CVM설계에서 가장 중요한 관심사는 과연 응답자가 얼마만큼
설문을 정확하게 이해하고 있는가이다. 설문의 평가대상인 비시장
재화는 그 성격이 간단치 않고 공급과정이 명확하지 않는데다가,
앞에서도 지적하였듯이 가상적인 상황아래에서 질문하는 것이기

에 응답자가 해당 재화를 정확히 이해하고 그 가치를 평가하기에 는 상당한 어려움을 갖게 된다. 이러한 편의를 가설성 편의라고 하는데, 이는 CVM이 갖고 있는 본질적 취약성 때문에 비록 서베 이가 적절히 구축되었다 하더라도 초래되는 편의를 의미한다.

CVM에 의한 결과가 실제의 현실을 제대로 반영하지 못하고 있으며 그 근본 원인은 다름 아닌 CVM의 가설성 편의 때문이라 고 주장하는 보고서는 수도 없이 많다. 그러나 한편으로 응답자의 무지나 경험의 부족에 의하여 평가대상을 제대로 인지하지 못하는 것이 문제이지, CVM의 가상적 성격자체가 CVM의 보편적 타당성 을 위협하는 것이 아니라는 주장도 만만치 않다. 이렇게 볼 때 우 리가 여기서 내릴 수 있는 대체적인 결론은 CVM의 속성상 가설 성 편의를 완전히 제거하기는 어렵다고 하더라도 여러 가지 방법 을 통해 이를 최소화할 수는 있다는 점이다. 사업의 성격과 평가 대상재화를 정확하게 묘사하고 평가 대상재화의 공급방법, 공급이 가져다주는 효과, 지불수단 및 방법 등에 대하여 자세한 정보를 제공한다면 가설성 편의를 최대한 줄일 수 있는 것이다.

③ 중립성 편의(neutrality bias)

설문내용이 분명하여 응답자가 이를 잘 이해하게 되더라도 만 약 그 내용이 중립적이지 못하여 응답자로 하여금 어떤 선입견을 갖도록 한다면 정확한 결과를 도출할 수 없다. 이러한 편의를 중 립성 편의라고 부른다. 응답자들은 설문과정에서 가능하면 설문주 체의 관점이나 태도와 크게 어긋나지 않게 따르려는 경향이 있는 데 이를 순응편의(compliance bias)라고 부른다. 이러한 순응편의를 악용하여 설문내용이 설문주체가 의도하는 대로 유도되도록 작성 된다면 중립성 편의는 심각해진다.

따라서 중립적인 사고를 가진 설문전문가로 하여금 설문내용을 철저히 점검토록 하는 것이 필요하며, 만약 중립적인 전문가가 없을 경우 사업에 반대하는 편에 서 있는 사람들로 하여금 사전에 설문내용을 점검토록 하는 방법도 유효하다 하겠다.

④ 판단 편의(judgement bias)

전통적인 경제이론에서는 개인들이 경쟁시장에서 재화를 평가 (구매)할 때 합리적인 의사결정을 하는 것을 가정하고 있다. 합리적인 의사결정이란 소위 효용극대화 원칙에 근거하여 재화를 구입함을 뜻하며, 설령 효용극대화 원칙을 위반하는 "잘못(mistake)"이 발생했다고 하더라도 이를 바로잡을 메커니즘이 시장에 존재하고 있다. 다시 말하여 개인들은 경쟁시장에서 의사결정 편의(decision making bias)를 발생시킬 수 있으나, 시장가격변동의 정보를 통해 개인들은 자연히 합리적 의사결정을 내리도록 유도된다.

그러나 CVM에서는 시장자체가 존재하지 않기 때문에 경제이론에서 얘기하는 합리적 의사결정이라는 것은 개념상 불가능하다. 실제 거래가 발생하는 것도 아니므로 "잘못(mistake)"을 저지를 기회도 없다. 즉, CVM에서는 의사결정 편의는 적용될 수 없고 오직 판단을 얼마나 잘하는가 또는 얼마만큼 잘못된 판단을 하는가 하는 판단상의 편의(judgement bias)만이 논의의 대상이 된다.

응답자들이 갖게 되는 판단 편의는 여러 각도에서 다양하게 논의될 수 있겠으나 대표적인 몇 가지를 소개하면 다음과 같다.

ⅰ) 정박점 편의(anchoring bias)

정박점 편의는 응답자가 대상재화에 대한 새로운 정보가 발생하였는데도 이를 인지하지 못하고 과거시점에 "정박"되어 있는 상태에서 발생한다. 이는 통상 응답자가 대상재화의 가치에 대하여 합당한 확신이 없기 때문에 새로운 정보가 있더라도 이에 무관심하게 되는데서 기인한다.

ii) 출발점 편의(starting point bias)

정박점 편의가 응답자의 정보부족에서 발생하는 것이라면, 출발점 편의는 응답자에게 제시된 최초가격(가치)의 크기가 응답자의 평가에 영향을 끼치게 되는 현상을 뜻한다. 앞에서 소개된 폐쇄형 반복경매법은 출발점 편의의 문제를 갖고 있으며, 이에 비하여 개방형 지불의사질문법은 출발점 편의에는 자유로우나 현실과 동떨어진 응답을 얻을 가능성이 있다. 양분선택형 질문법이 출발점 편의를 상당히 제거할 수 있다고 하겠으나 그렇다고 완벽한 것은 아니다.

iii) 비구분효과 편의(embedding effect bias)

응답자가 평가 대상재화 그 자체를 평가하기보다는 그것이 상징하거나 대표하는 다른 대상재화의 가치를 인식하여 평가하는 경향에서 발생하는 오류를 비구분효과 편의라고 부른다. 예를 들어 멸종위기에 처한 어떤 동물의 가치를 물어보는 서베이에 응하면서 많은 응답자가 그 동물 자체의 자신에 대한 가치보다는 좋은 환경, 옳은 일 등에 대한 자신의 관심을 지불용의액으로 표현하는 경향이 있다면 비구분효과 편의가 발생한 것이다.

약간 시각을 달리한 설명도 유효하다. 사람들은 일반적으로 적은 것보다 많은 것에 더 높은 평가를 부여하고, 따라서 많은 변화의 가치를 적은 변화의 가치보다 더 높게 평가하게 된다. 그런데 사람들은 간혹 이렇게 크고 작은 변화를 구분하지 못하고 동일시하게 되는 경향이 있다. 이를 비구분효과(embedding effects)라고 한다. 최근 캐나다에서 온타리오 호수의 어류보호가치를 토론토 주민들에게 물어보았는데 토론토 주민들은 주변의 작은 호수에 살고 있는 어류 보호의 가치와 거의 동일한 수준으로 파악하고 있다는 결과가 나왔다. 비구분효과 편의의 대표적 사례라고 하겠다.

iv) 질문순서효과 편의(order effect bias)

출발점 편의가 응답자에게 제시된 최초가격의 크기에 의해 초래된 오류라면, 질문순서효과 편의는 응답자에게 비교하는 평가대상 중 어느 것을 먼저 물어보느냐에 따라 발생하는 오류를 의미한다. 예컨대 최근 연구에서 고래보호와 물개보호의 가치를 비교하는데 고래를 먼저 물어본 경우가 물개를 먼저 물어본 경우에 비해 물개보호의 가치가 현저히 낮게 나왔음을 보여주고 있다. 이는 질문순서효과 편의가 생각보다 심각함을 의미하고 있다.

v) 비위임 편의(noncommitment bias)

많은 문헌에서 지적하고 있는 것으로 설문응답자들이 일반적으로 평가 대상재화의 가치에 대하여 과대평가하고 있다는 점이다. 이는 후술하는 전략적 행태와는 구별되는 편의의 일종이라 하겠는데, 과대평가의 근본원인은 응답자들이 실제 재화를 구입하는 것이 아니고 따라서 현금을 실제로 지불(commit)하는 것도 아니므로 대상재화의 가치를 굳이 낮게 잡을 필요성을 못 느낀다는 것이다. 실증연구들은 가상적 WTP가 실제시장에서의 WTP보다 월등히 높게 잡히고 있음을 밝히고 있다.

비위임 편의를 제거하기 위해서는 질문자가 해당 재화의 가치를 직접 묻기 전에 관련된 상황을 충분히 설명하고, 비슷하게 연관된 재화들의 실제 WTP가 어느 정도라는 정보도 차분히 제공한 후맨 나중에 해당재화의 WTP를 물어보는 접근방법이 도움이 될 수 있다. 일종의 하향분해접근방식(top-down disaggregation approach)을 택할 필요가 있다고 하겠다.

(4) 전략적 행태(strategic behavior)의 문제

응답자가 전략적인 이유 때문에 자신의 진정한 평가를 왜곡하여 응답한다면 심각한 오류가 발생할 수밖에 없다. 전략적 행태에 의한 문제는 앞에서 설명한 편의와 그 성격을 달리한다. 지금까지 소개된 편의는 CVM의 속성상 발생하는 편의라면, 전략적 행태에 의한 오류는 의도된 편의(intended bias)라고 하겠다. 전략적 행태로서 공공재의 무임승차시도를 대표적인 예로 지적하고 있는데, 실제로 전략적 행태는 이보다 훨씬 다양하다.

전략적 행태는 다음과 같은 두 가지 행태의 하나로 나타난다. 첫째, 응답자가 자신의 응답여하와 상관없이 해당재화는 공급될 것이고 또 제시된 WTP를 사실상 지불하게 될 것이라고 믿고 있는 경우이다. 이럴 경우에는 응답자는 과소평가하는 전략을 세우게 되고 무임승차자의 행태를 취하게 된다. 둘째, 응답자가 자신의 응답이 해당재화의 공급여부와 규모를 결정하는데 영향을 미치게 되나 그렇다고 제시된 WTP를 실제로 지불할 필요는 없을 것이라고 믿는 경우이다. 이럴 경우에는 응답자는 과대평가의 전략을 세우게 된다.

CVM에서 더 심각하게 문제가 되는 것은 첫 번째 경우보다 두 번째 경우이다. 왜냐하면 두 번째의 경우는 응답자가 스스로 표시한 가치를 나중에 유지시킬 의지나 능력이 없기 때문이다. 그렇다고 해서 무임승차문제가 심각하지 않다는 얘기는 아니다. 다만 질문자가 응답자에게 설명할 때 해당 재화가 설문결과와는 무관하게 공급될 것이라는 오해를 주지 않으면서 설문작업을 적절하게 수행한다면 무임승차의 문제는 상당히 해소될 수 있을 것이다.

6.3.4 조건부가치 측정법에 대한 결론

CVM에 의한 가치측정은 사용가치(use value)의 범주 내에서는 별 문제없이 이루어질 수 있다. 비사용 가치(non-use value)의 범주 내에서만 그 측정의 정확성에 대해 논란이 있어 왔는데, 그러나 CVM의 잠재적 유용성에 대해서는 많은 사람들이 대체로 동감하고 있다. CVM의 정확성 내지 신빙성에 대한 의문은 주로 가설성 편의와 판단 편의 때문에 발생하고 있으며, 중립성 편의와 전략적 행태에 따른 편의는 적절한 서베이 기법의 도입으로 극복될 수 있다고 본다. 향후의 과제는 보다 정확한 가치측정을 위해 신뢰할 만한 측정기법을 부단히 개발하는 일이라 하겠다.

6.4 사회적 실험

지금까지 우리는 대리시장 또는 가상적 시장을 설정하여 여기서 소비자들의 형태를 직·간접적으로 관찰하는 방법에 대하여 검토하였다. 이제 마지막으로 과학자들이 실험실에서 실험을 하듯 사회구성원들을 대상으로 직접 실험을 통해 그들의 행태를 관찰하는 방법에 대하여 검토한다. 이를 사회적 실험(social experiment)이라고 부른다.

6.4.1 실험집단과 통제집단

사회적 실험에서는 두 개의 상이한 상황을 관찰하게 되는데 하나는 현재의 주어진 상황이고 또 하나는 실험하고자 하는 상황이다. 이 두 개의 상황에서 발견된 차이점이 비용편익분석에서 활용된다. 따라서 두 개의 집단이 구성되는데 하나는 실험집단(treatment groups)이며 또 하나는 통제집단(control groups)이다.

실험집단에는 실험하고자 하는 조치가 행하여지며, 통제집단에는 이러한 조치가 행하여지지 않는다.

사회적 실험에서 발생하는 허위변수와 혼란변수를 제거하기 위해서는 실험집단과 통제집단을 동질적으로 구성해야 한다. 동질적 구성을 위해서는 대상들을 두 집단에 무작위적으로 배정해야 한다. 무작위 배정(random assignment)은 대상들이 실험집단이나 통제집단에 배정될 기회가 동일하도록 하는 조건하에 두 집단에 배정토록 하는 것을 의미한다. 예컨대 주사위를 던져서 짝수가 나오면 실험집단에, 그리고 홀수가 나오면 통제집단에 대상을 배정한다면 짝수나 홀수가 나올 확률은 동일하기 때문에 이는 무작위 배정에 해당된다.

무작위 배정을 해도 우연히 실험집단 또는 통제집단에 특정한 특성(속성)을 지닌 사람들이 많이 배정될 수 있는 경우가 발생하는데 이를 "불행한 무작위 배정"이라 부른다. 이를 예방하기 위하여 모집단의 사람들을 몇 개의 하위 모집단으로 나누고 각 하위모집단별로 대상인원들을 실험집단과 통제집단에 배정하는 것이 바람직하다. 무작위 배정을 해도 발생할 수 있는 오류를 무작위 오류라고 하는데 허위변수나 혼란변수를 얼마만큼 완전히 제거시켰는가에 따라 무작위 오류의 발생여부가 판명될 것이다.

사회적 실험을 통해 얻을 수 있는 순효과는 다음과 같은 식을 통해 구할 수 있다. 즉,

$$순효과 = [실험집단의\ 산출결과] - [통제집단의\ 산출결과]$$
$$\pm\ [무작위\ 오류에\ 의한\ 효과]$$

로 나타난다. 간단한 사례를 통해 순효과를 살펴 보자.

미국의 건강보험은 우리나라와는 달리 여러 개의 건강보험회사들 가운데 어떤 하나를 선택하여 보험에 가입하도록 되어 있다. 보험가입자가 진찰을 받는 경우 병원비를 보험가입자와 보험회사가 공동으로 부담하도록 되어 있다.

미국 건강보험제도에서의 최근 이슈는 병원치료비를 전액 보험회사가 지불함으로써 국민들의 건강을 향상시킬 수 있다는 주장과 이에 반하여 병원비의 대부분을 환자가 부담하고 매우 비싼 의료비에 대해서만 보험회사가 지불함으로써 보험료를 인하시켜야 한다는 주장 간의 대립이다.

미국 전국 6개 지역에서 약 7,700명의 사람들을 대상으로 사회적 실험을 실시하였다. 실험집단에 참여한 사람은 3년 내지 5년 동안 자기 돈을 내지 않고 건강보험 실험계획에 의해 병원비용을 지원받았다. 실험에 참가한 사람들은 3년 내지 5년 후에는 일반적인 건강보험에 복귀하도록 되어 있었다. 나머지 통제집단에서는 병원진료비의 본인 부담비용이 35%, 50%, 95% 등으로 구분되어 관찰되었다.

3년 내지 5년에 걸친 실험의 결과로서는 병원비용전액을 건강보험에서 부담한 집단의 평균적 사람들의 건강과 병원비용의 일부를 본인이 부담한 집단의 평균적 사람들의 건강 간에는 뚜렷한 차이가 발견되지 않는 것으로 나타났다. 즉, 병원비용전액을 건강보험회사가 지불하는 제도의 순효과는 별로 없는 것으로 나타난 것이다.

6.4.2 사회적 실험의 사례 : 교육훈련 프로그램

사회적 실험을 통하여 교육훈련 프로그램에 대한 타당성을 검증하기 위하여 실험집단(교육훈련 프로그램에 참여하는 사람)과 통제집단(프로그램에 참여하지 않는 일반납세자)으로 사람들을 나눈다. 일정한 시간이 경과한 후 이들에게 어떤 편익과 비용들이 발생했는가를 관찰하고 비교함으로써 프로그램의 타당성에 대한 결론을 도출할 수 있다.

(1) 교육훈련 프로그램의 비용편익 구조

구체적인 사례를 소개하기 전에 국가가 일정 교육훈련 프로그램에 대한 사회적 실험을 시행할 경우 참가자와 비참가자(납세자)간의 비용과 편익이 어떻게 발생하는가를 +(편익)와 -(비용)으로 표시해 본다면 다음 [표 6-5]와 같다. 표에서 0이라 함은 혜택이나 손실 면에서 영향이 없고 중립적임을 의미한다.

[표 6-5]에서의 첫 번째와 두 번째 구분(내용)은 교육훈련 프로그램에 직접적으로 관련된 산출물과 지출을 가리키고 있다. 즉, 프로그램에 의한 직접소득의 증가는 참가자에게 +효과가 있으나 비참가자(납세자)에게는 아무런 영향이 없다. 따라서 이때 사회전체에는 +효과가 존재한다. 한편 프로그램의 직접비용은 참가자에게 -효과이지만 비참가자(납세자)에게는 세금감소로 연결되니까 +효과가 생기고 따라서 사회전체는 중립적이 되어 0효과로 된다. 세 번째 구분(내용)은 정부의 기존 복지제도에의 영향인데 프로그램 때문에 기존지원금, 보조금이 줄어든다면 참가자에게 -효과이나 비참가자에게는 +효과가 된다. 마지막 네 번째 구분(내용)은 참가자에게 베풀어 지는 부수적 지원이 되겠는데(예컨대, 직업을 찾고 있는데 드는 비용의 지원), 당연히 참가자에게 +효과 및 0효과인 반면, 비참가자에게는 -효과가 된다.

참가자에게 가장 중요한 +효과는 역시 교육훈련 프로그램에 참가하여 직업을 얻게 됨으로써 오는 직접소득의 창출이다. 직접

[표 6-5] 교육훈련 프로그램의 비용편익구조

구분(내용)	사회 전체 (A=B+C)	참가자 (B)	비참가자 (C)
① 프로그램 산출물			
- 직접소득	+	+	0
- 기타 소득 일종	+	+	0
- 프로그램의 파급효과	+	0	+
② 프로그램관련 지출			
- 직접비용	0	−	+
- 교통비, 육아비 등	−	−	0
③ 정부 이전지출에의 영향			
- 후생복지 지원금	0	−	+
- 기타보조금	0	−	+
- 제도운영비용	+	0	+
④ 참가자를 위한 부수적 서비스			
- 서비스 지출비용	−	0	−
- 참가자에 대한 추가지원	0	+	−
- 서비스 운영비용	−	0	−

소득창출은 두 가지 접근으로 측정되겠는데 하나는 임금인상의 형태로, 또 하나는 노동시간(근무시간) 증가의 형태이다. 어느 접근방법을 택하느냐에 따라 측정치가 달라질 수 있다. 그런데 프로그램의 편익은 원칙적으로 소득증대로서가 아니라 소비자 잉여의 증대로 측정되어야 한다. 잉여의 변화를 편익으로 간주할 때는 노동(근무)을 더 함으로써 발생하는 여가의 감소분도 계산에 반영되어야 할 것이다.

비참가자의 경우 특별히 검토되어야 할 부분이 프로그램의 파급효과이다. 여기서의 파급효과란 프로그램 참여자가 공공부문에

서 근무하도록 법적으로 강요되는 경우가 있는데 이렇게 공공부문
에서 일하게 되므로서 공공서비스가 개선되고 이것은 결국 비참가
자에게 ＋효과가 있는 것으로 간주된다. 그러나 문제는 이러한 효
과를 어떻게 적절히 측정할 수 있느냐 이며 경우에 따라서는 －효
과가 발생할 수도 있음을 인정해야 한다.

(2) 미국 주정부의 교육훈련 프로그램 비용편익분석

미국은 1988년 가족지원법(The Family Support Act of 1988)을
제정하여 부양자녀가 있는 가정에 대한 지원을 강화하였다. 이를
통상 부양자녀를 위한 가족지원(Aid for Families with Dependent
Children: AFDC)프로그램이라고 부른다.

[표 6-6]은 미국의 저명한 비영리 연구기관인 Manpower
Demonstration Research Corporation에서 1988년에 미국의 8개
주를 대상으로 AFDC프로그램 속의 교육훈련 프로그램에 대하여
사회적 실험을 통한 비용편익분석을 행한 결과를 보여 주고 있다.
실험집단으로는 신규 AFDC 신청자와 기존 AFDC 수혜자를 구분
하여 실험하였다.

[표 6-6]에서 첫 3개의 컬럼, A, B 및 C는 참가자들에게 발
생한 이익과 손실을 추정하여 순이익(또는 순손실)을 보여주고 있
다. 즉, 고용으로부터의 이익(B), 이전지출의 축소 때문에 생기는
손실(C), 따라서 순현재가치(A)가 계산된다. 그 다음 4개의 컬럼,
D, E, F 및 G는 비참가자들에게 발생하는 이익과 손실을 추정하
여 순이익(또는 순손실)을 보여주고 있다. 즉, 프로그램의 파급효과
로 얻는 이익(E), 세금 및 이전지출의 축소 때문에 생기는 이익
(F), 부수적 서비스 비용 때문에 생기는 손실(G), 따라서 순현재가
치(D)가 계산된다. 끝으로 마지막 컬럼, H는 A와 D를 합쳐서 사

[표 6-6] 교육훈련 프로그램의 비용편익 측정   (단위: 1인당 달러)

	참가자			비참가자				사회전체
	순현재 가치 (A= B−C)	고용으 로 부터 의 이익 (B)	이전 지출의 축소 (C)	순현재 가치 (D= E+ F−G)	파급 효과 (E)	세금 및 이전 지 출이익 (F)	부수적 서비스 (G)	사회적 순이익 (또는 순손실) (H= A+D)
① 신규 AFDC 　 신청자								
- San Diego, CA	(880)	1,140	2,020	1,633	180	2,153	700	753
- Virginia	1,134	1,689	564	667	41	879	253	1,801
- West Virginia	(481)	(407)	74	389	542	25	178	(92)
② 기존 AFDC 　 수혜자								
- San Diego, CA	725	3,158	7,433	1,698	180	2,586	1,068	2,423
- Virginia	574	982	408	190	145	593	548	764
- West Virginia	80	157	77	873	1,059	115	301	953
- New Jersey	1,262	2,278	1,016	1,069	(9)	1,591	513	2,331
- Maine	3,182	4,497	1,315	(418)	680	94	1,992	2,764
③ 신규신청자 및 　 기존 수혜자								
- Cook County, GA	(420)	145	565	475	1	601	127	55
- Baltimore, MD	1,739	1,939	200	74	390	513	829	1,813
- Arkansas	(449)	410	856	944	20	1,082	158	495

주: ( ) 안의 숫자는 순손실을 뜻한다.

회적으로의 순이익(또는 순손실)을 나타낸다.

　　[표 6-6]에서 보듯이 총 11개의 실험대상구역 가운데서 오직
1개 대상구역(신규 AFDC신청자만을 실험집단으로 한 West Virginia

주)에서만 사회적 순손실이 발생됐고 나머지 10개 대상구역에서는 모두 사회적 순이익이 발생됐음을 알 수 있다. 이것은 교육훈련 프로그램이 전반적으로 긍정적인 가치가 있으며 정부의 입장에서 시행하는 것이 타당하다는 것을 의미한다. 질적 측면보다는 양적 측면에서 얻은 결과이지만 비용편익분석의 결론으로 적합하다. 물론 이러한 분석결과는 연구기관인 MDRC가 적용한 몇 가지 전제 및 가정에 근거하고 있고 이 전제와 가정이 변한다면 결과도 변할 것이다. 이점에 대해서는 다음의 유의사항에서 검토한다.

위의 사회적 실험에서 가장 놀라운 결과는 프로그램 참가자의 순손실이 4개 대상구역(San Diego, West Virginia, Cook County 및 Arkansas)에서 발생한 반면에, 비참가자에게는 오직 1개 대상구역(Maine)에서만 순손실이 발생했다는 사실이다. 그리고 11개 대상구역 가운데서 6개 대상구역 비참가자에게 발생한 순이익 규모가 참가자의 순이익 규모보다 크다. 이것은 무엇을 의미하는가? 미국의 교육훈련 프로그램의 운영은 참가자보다도 비참가자에게 더 이익을 주고 있다고 판단되며 사회적 형평성 측면에서 시사하는 바가 크다.

(3) 몇 가지 유의사항

교육훈련 프로그램 사례를 살펴볼 때 비용과 편익 규모에 영향을 크게 줄 수 있는 변수(parameter)들을 좀더 점검할 필요가 있음을 알게 된다. 대표적인 변수로서, 첫째 시계(time)와 할인율, 둘째 효과 쇠퇴율(decay rate), 셋째 자본의 잠재가격(shadow price of capital)을 들 수 있다. 각각에 대하여 간략이 설명한다.

첫째, 모든 비용편익분석에 적용되는 것이지만 특히 교육훈련 프로그램의 경우 시계와 할인율을 얼마로 잡느냐가 결과추정에 큰 영향을 미친다. 다음의 간략한 표를 통해서 이를 확인할 수 있다.

<연간 1달러 소득발생의 현재가치>

시계	할인율	
	5%	10%
5년	$ 4.33	$ 3.79
10년	$ 7.72	$ 6.15
20년	$ 12.46	$ 8.51
30년	$ 15.37	$ 9.43

위 표에서 보듯이 시계를 짧게 잡고 할인율을 높게 잡는다면 프로그램의 편익은 크게 축소될 것이다. 실제로 교육훈련 프로그램의 편익은 5년을 훨씬 초과할 것이나 주요 비용항목은 5년을 초과하지 않을 것이다.

둘째, 교육훈련 프로그램에 참가하는 미숙련 실업자들이 프로그램 과정이 끝난 후 새로운 일터를 갖게 됐을 경우에 처음 얼마간은 생산성 및 경쟁력이 크게 증가할 것이다. 그러나 이러한 경쟁력도 시간이 흐를수록 쇠퇴하게 마련이다. 문제는 이 쇠퇴율을 얼마로 잡느냐이다. 불행하게도 쇠퇴율에 대한 정확한 정보는 존재하기 어렵다. 각자에 따라 너무나 상이하고 또 프로그램과정이 끝난 후 어떤 재훈련 과정에 참여하느냐의 여부가 쇠퇴율에 영향을 주기 때문이다. 아무튼 이 부분에 대한 면밀한 검토가 요구된다.

셋째, 공공부문의 프로그램에서 발생된 비용과 편익은 민간부문의 투자와 소비에 영향을 준다. 민간부문의 투자 및 소비를 증가시킬 수 있고 감소시킬 수도 있다. 그런데 민간 투자와 민간소비의 변화는 절대 크기가 같다고 하더라도 이에 의해 발생하는 효과의 크기는 서로 다르다. 교육훈련 프로그램에 들어간 1달러 비용이 민간소비를 줄인 것에 기인한다면 1달러 민간소비의 감소로 끝날 수 있다. 그러나 1달러 비용이 민간투자 1달러를 감소시켰다면 그 효과는 1달러를 초과할 것이다. 동일한 논리로 교육훈련 프로그램에 의해 발생한 1달러 편익이 민간투자 촉진에 사용되었다면 그 효과는 1달러를 초과할 것이다. 이처럼 자본이 공공프로그램에 사용됨으로써 다른 민간 대체사업에 사용될 기회를 빼앗고 특히 민간 소비재 대신 민간 자본재 생산을 위축시킨다면 자본이 갖고 있는 잠재가격(기회비용)은 상당히 클 수 있다. 이러한 자본의 잠재가격이 비용편익분석에서 반영되어야 하지만 아직까지 이를 제대로 반영시키지 못하고 있다.

6.4.3 사회적 실험의 유용성과 한계

사회적 실험에서는 무작위 배정을 통해 실험집단과 통제집단을 구축한다는 점에서 편의(bias) 없는 효과의 추정이 가능해진다. 확률의 원리에 의하여 양 집단 간의 관찰 가능한 요소뿐만 아니라 관찰 불가능한 요소에 대하여도 동일한 기대치를 가질 수 있다는 점에서 유용성이 인정된다. 그러나 그 한계도 분명하다.

(1) 내적 · 외적 타당성의 문제

양 집단 간의 동질성에 문제가 발생할 수 있다. 실험집단이나 통제집단을 구성하고 있는 대상자들 가운데 일부가 집단을 떠나게 되는 소위 "대상의 상실"이 발생하면 두 집단의 동질성이 유지되지 못한다. 이러한 불균등한 상황은 내적 타당성을 크게 저하시킨다.

내적 타당성을 크게 위협하는 또 다른 상황으로는 대상집단에 대해 어떤 처리를 전달하는 과정에 불순한 요소들이 개입되는 경우이다. 이를 "오염"이라고 하는데 예컨대 실험집단에게만 전달되기로 한 처리를 실수로 통제집단에게 전달하는 경우이다. 때로는 처리의 전달이 잘못 전달되어 어떤 심리적 영향을 실험대상에 미치게 함으로써 처리효과를 왜곡하는 경우도 존재한다.

당연한 예기지만, 대상집단의 표본수가 충분하지 못하던가, 표본의 크기는 충분히 확보되었으나 모집단의 다양한 구성요소들을 대표할 만큼의 다양한 표본을 확보하지 못할 경우 외적 타당성에 문제가 발생할 수 있다. 또한 처리내용이 대상집단 구성원들이 처하고 있는 정치, 경제, 사회 및 인구학적 특성(속성)들과 상호작용하여 어떤 특정한 상황에서의 결과를 산출하게 되는 경우 이러한 처리결과를 일반화하기 어려워 외적 타당성을 확보하기 어려울 수 있다.

(2) 집행과정상 유발되는 문제

현실세계에서 행해지는 실험계획은 실험실에서 행해지는 실험과는 달라서 실험집행이 엄격히 통제되기 힘들다. 따라서 통제집단의 객체가 실험대상 프로그램에 참가한다거나, 실험집단 객체가 프로그램에 참가하지 않는다거나(no-show) 또는 통제집단 객체가 실험대상 프로그램과 유사한 서비스를 다른 공급주체로부터 제공받는다거나(contamination) 하는 경우가 발생할 수 있어 궁극적으로 처리효과에 편의(bias)가 발생할 수 있다.

(3) 실험 실행가능성의 문제

실제로 정치적, 사회경제적, 윤리적 측면에서 실험실행이 불가능한 경우가 발생한다. 예를 들어 어떤 사회복지 프로그램에서 영세민을 도와서 자립하도록 하는 사업의 처리효과를 관찰하려는 경우 실험에 선발되어 혜택을 받게 된 영세민들은 아무런 문제를 제기하지 않으나 선발되지 못한 영세민들이 집단으로 반발하게 되면 이 때에는 실험을 실행할 수 없게 된다.

무작위 배정이 여러 요인들에 의해 불가능한 경우가 발행한다. 예컨대 도로나 항만의 건설이 개개인의 생활에 미치는 영향을 평가할 때, 개인을 도로가 있는 지역과 도로가 없는 동일한 지역으로 나누어 무작위 배정하는 것을 불가능하다.

또한 실험대상자들이 실험과정에서 "자기선택"이 개입되면 실험이 불가능하게 된다. 예를 들어 EPS(Earnings Supplement Project)가 이에 참가하는 참가자들의 임금률에 미친 효과를 추정할려고 하는 경우, 임금률에 대한 정보는 오로지 이 프로그램에 참가한 이후 재취업된 참가자들에게서만 얻어질 수 있는데, 결과적으로 "재취업 과정"에 대하여 자기선택이 일어나게 된다. 이럴 경우 실험자체가 무의미하게 된다.

(4) 비용과 시간의 과다요소

사회적 실험에 소요되는 막대한 비용과 지나치게 오래 소요되는 시간은 실험자체를 어렵게 한다.

(5) 일반화의 제약

앞에서 언급한 것처럼 사회적 실험은 전체 인구의 일부분을 대상으로 실행되기 때문에 여기서 얻은 결과를 일반적인 결과로 받아드릴 수 있느냐의 문제가 본질적으로 제기된다. 이를 해결하기 위해서는 실험대상 표본의 규모와 특성이 전체 인구를 적절히 대표토록 하고 실험계획과 집행과정을 면밀히 통제·관찰하여 추정의 정확도를 높이는 노력이 있어야 할 것이다.

제 7 장　교역재와 비교역재의 경제적 가치

7.1　교역재의 경제적 가치

7.1.1　국경가격의 개념

우리는 앞의 제5장에서 비용과 편익을 측정하는 데 핵심적인 개념인 잠재가격(shadow price)을 설명하고 잠재가격의 측정을 위한 다양한 접근방법을 소개하였다. 그런데 이를 현실적으로 적용하기 위해서는 모든 재화와 서비스를 교역재(traded goods)와 비교역재(nontraded goods)로 구분하여 이의 진정한 경제적 가치를 추정하는 것이 더 편리할 수가 있다.

본 장에서는 공공투자사업에 투입되는 모든 투입물(inputs)과 공공사업에서 창출되는 모든 산출물(outputs)을 교역재와 비교역재로 구분하고 이들 각각에 대한 경제적 가치를 측정하는 방법을 소개하고자 한다. 본 장의 궁극적인 목적은 재화의 경제적 가치를 국제시세에 연관시켜 측정하려는 것이며 이는 분석의 시각을 국내시장에만 국한시키는 것이 아니라 국제무대로 넓히려는 것이다. 이렇게 국제적 시각에서 국제시세를 고려하면서 측정된 가격을 통상 국경가격(border price)[1]이라고 부른다. 재화의 경제적 가치를

---

1) 국경가격(border price)이란 용어는 Little & Mirrlees에 의해 처음 사용되었다. 이들이 공저한 책, *Project Appraisal and Planning for Developing Countries* (New York: Basic book, 1974)을 참조.

이처럼 국경가격으로 측정하려고 하는 이유는 국제교역의 기회가 투입물·산출물의 경제적 가치를 측정하는 기초를 제공하고 있다는 데 근거하고 있다. 재화의 진정한 경제적 가치는 국내시장에서의 교역에 의해서보다는 국제교역 속에서 더 잘 반영된다고 보는 것이다.

따라서 본 장의 내용을 앞의 제5장과 비교한다면, 제5장에서는 재화와 용역의 시장가격이 국내시장의 불완전한 요소들로 인하여 왜곡되었을 때 이를 시정하여 잠재가격으로 환산하는 방법을 논의하였는데, 본 장에서는 한 단계 더 나아가 모든 재화와 용역의 시장가격을 국경가격으로 전환시키는 것을 주 목적으로 하고 있다. 국경가격이 바로 재화와 용역의 현실적인 최종 잠재가격이 되는 것이다. 시장가격을 국경가격으로 전환시키기 위해서는 전환계수(conversion factor)라는 것을 사용하며, 전환계수를 시장가격에 곱함으로써 국경가격이 산출된다. 전환계수에 대해서는 본 장 마지막 절에서 상세히 설명될 것이다.

교역재의 국경가격을 수입재와 수출재로 나누어 설명하고자 한다. 교역재란 말 그대로 국가와 국가간에 실제로 수입되고 수출되는 재화와 용역을 의미한다. 공공투자사업에서 취급되는 투입물·산출물이 비록 실제로 교역된 것이 아닐지라도 이와 동일한 재화가 교역되고 있는 상황이라면 이런 것들은 모두 교역재로 간주된다. 국제교역이 이루어지고 있는 상황이 정부의 규제라든가 독점적인 요소가 전혀 없는 완전히 자유롭고 경쟁적인 자유무역상황이라면 이 때에는 국내시장에서 형성된 시장가격이 그대로 국경가격으로 인정될 수 있다.[2] 그러나 현실적으로는 국제무역에 각종

---

2) 시장가격이 국경가격으로 인정되기 위해서는 거래되는 수출·수입품의 규모가 세계교역량의 전체 규모에 비해 극히 일부분에 불과하므로 공공투자사업에 의해

교란행위가 발생하고 있으므로 시장가격을 그대로 사용할 수가 없고 시장가격에 적절한 전환계수를 적용시켜 국경가격을 측정해야 한다.

　논의를 전개하기 전에 한 가지 주의를 요하는 것은 새롭게 측정된 국경가격이라는 것이 경제이론상의 국제교역을 균형화시키는 균형국제가격의 성격을 갖고 있는 가격을 의미하는 것이 아니라는 점이다. 국경가격을 사용하는 이유가 우리의 분석에서 자유경쟁무역을 전제로 하고 있기 때문인 것도 아니며, 국경가격을 사용함으로써 국제무역이 경쟁적이 되고 국제수지가 균형이 될 수 있다는 뜻은 더더욱 아닌 것이다.

7.1.2 수입재의 경제가격

　만약 해당 공공투자사업이 어느 특정수입재를 투입물로 사용하든가 혹은 공공투자사업이 수입대체를 목적으로 어떤 특정산출물을 생산한다고 할 때, 이 때 관련 수입재의 국경가격은 어떻게 측정되어야 할까? 수입재의 경제가격은 다음의 공식에 따라 측정된다. 여기서 경제가격(economic price)이란 국경가격(border price)과 동일한 개념으로 본다.

수입재의 경제가격(국경가격)
＝CIF가격＋(국경가격으로 전환시킨 국내수송비 및 분배비용)

　위 식에서 CIF가격이란 수입재의 수입비용(imported costs)에다가 외국에서 지불한 보험비(insurance)와 수송비(freight)를 포함

사용 또는 산출된 수입품 또는 수출품이 국제시세에 아무런 영향을 끼치지 않는다는 전제가 필요하다.

시킨 가격이다. 이 CIF가격이 외국화폐로 표시되었다면 적절한 환율을 이에 적용하여 자국화폐단위로 표시되도록 한다. 실존하는 공정환율이 왜곡되어 있다면 이를 잠재환율로 바꾸어야 할 것이다. 그런데 수입재의 국경가격은 CIF가격으로만 이루어지는 것이 아니라 여기에 추가하여 국내에서 발생하는 수송비·분배비용 등의 경비를 포함시켜야 한다. 물론 이 때에도 적절한 전환계수를 사용하여 국내 수송비 및 분배경비를 국경가격으로 전환시켜야 한다.

위에서 소개된 공식에 따라 수입재의 국경가격을 계산하는 간단한 예를 들어 보자. [표 7-1]에서 어떤 특정 수입재의 시장가격이 소개되어 있는데, 시장가격을 구성하고 있는 요소들로서는 CIF가격, 관세, 국내수송비 및 국내분배비용 등이다. 이러한 요소들의 값을 모두 합친 금액이 5,150원으로 나타났다. 이 금액을 국경가격으로 바꾸기 위해서는 각 해당 요소들에 대한 전환계수를 알아 내야 하며 이를 시장가격에 곱해 줌으로써 국경가격이 계산된다. 즉, CIF가격의 경우에는 공정환율에 1.1의 전환계수를 곱함으로써 환율이 $1=₩800에서 $1=₩880으로 바뀌고 따라서 CIF가격은 4,000원에서 4,400원으로 바뀌게 된다. 관세는 경제분석상 비용으로 간주되지 않으므로 경제가격은 0으로 처리되며, 국내수송비와

[표 7-1] 수입재의 시장가격과 경제가격(국경가격)

요 소	수입가격 (달러)	공정환율	시장가격(원)	전환계수	경제가격(원)
CIF	5	$1=₩800	4,000	1.1	4,400
관 세	-		500	0	0
국내수송비용	-		400	0.6	240
국내분배비용	-		250	0.8	200
합 계			5,150		4,840

분배비용에 대해서 각각 0.6과 0.8의 전환계수를 적용하였다. 이렇게 계산된 수입재의 국경가격은 4,840원이 된다.

7.1.3 수출재의 경제가격

그러면 다음으로 수출재의 경제적 가치를 측정하는 문제를 검토해 보자. 만약 해당 공공투자사업이 수출되고 있는 어떤 수출재를 투입물로 사용하든가 혹은 수출을 목적으로 특정재화를 산출물로 생산한다고 할 때, 이 때의 관련 수출재의 경제가격은 다음의 공식에 따라 측정된다.

수출재의 경제가격(국경가격)
 =FOB가격-(국경가격으로 전환시킨 국내수송비 및 분배비용)

위 식에서 FOB가격이란 수출품을 수출선박에 실을 때(free on board)의 수출가격을 가리키는 것으로 이 가격 속에는 국내에서의 수송비 및 분배비용 등이 포함되어 있다. 그러므로 수출재의 국경가격을 계산하기 위해서는 FOB가격에서 국내에서의 수송·

[표 7-2] 수출재의 시장가격과 경제가격(국경가격)

요 소	수출가격 (달러)	공정환율	시장가격(원)	전환계수	경제가격(원)
FOB	5	$1=₩800	4,000	1.1	4,400
수 출 세	-		(200)	0	0
국내수송비용	-		(50)	0.6	30
국내분배비용	-		(30)	0.8	24
합 계 (공장도가격)			4,000		4,346

분배비용 등을 제외해야 하며, 이 때에도 수입재의 경우와 마찬가
지로 적절한 전환계수를 사용하여야 한다.

　　[표 7-2]에서 수출재에 대한 간략한 예가 소개되어 있는데
모든 것이 [표 7-1]의 설명과 유사하지만 다른 것은 국내수송 및
분배비용을 FOB가격에 더해 주는 것이 아니라 FOB가격에서 빼
주어야 한다는 것이다. 이렇게 볼 때 합계금액은 수출 이전의 공
장도가격(원산지가격)과 유사한 개념이 된다. [표 7-2]에서 보듯이
수출재의 시장가격은 4,000원이나 국경가격으로 전환시켰을 경우
에는 4,346원이 되었다.

7.2 비교역재의 경제적 가치

7.2.1 비교역재의 두 가지 측면

　　비교역재(nontraded goods)란 재화의 성격상 수출이나 수입이
불가능한 재화를 일컫는 말이다. 가장 좋은 예가 공공사업에 의해
창출되는 도로, 전력 등과 같은 사회간접자본(SOC)을 생각할 수
있다. 또한 지역의 특수 수요에 따라 특별히 공급되는 재화라든가
정부가 정책목적을 가지고 특별히 교역을 금지하는 재화 등도 비
교역재의 범주에 들어간다.

　　교역재의 경우에는 재화의 교역이 실제 이루어지고 있으므로
시장가격이 존재하고 있다. 주로 CIF가격(수입재)과 FOB가격(수출
재)을 중심으로 측정되는 것이므로 적절한 전환계수를 도출하는
한 교역재의 경제적 가치를 측정하는 것 자체가 그리 어려운 일은
아니다. 물론 전환계수의 도출이 결코 용이한 일이 아니지만 그래

도 여러 가지 방법을 동원함으로써 그 도출이 가능하다. 그런데 비교역재의 경우는 교역재와 비교할 때 그 가치측정에 상당한 어려움이 제기된다. 전환계수를 사용한다는 측면에서는 교역재와 다를 바가 없으나 비교역재는 통상 그 생산과 공급이 제한되어 있는 경우가 많아서 공공사업을 통한 비교역재의 사용은 국내가격에 영향을 줄 가능성이 많기 때문에 이런 이유에서 비교역재의 경제가격을 도출하는 것이 훨씬 복잡해지는 것이다.

　비교역재의 공급측면을 두 가지 경우로 구분하여 살펴본다면 우선 하나는 비교역재의 공급이 가격에 탄력적인 경우를 생각할 수 있다. 다시 말해 비교역재의 공급이 가격변화에 따라 원만하게 이루어지는 경우이다. 이럴 경우 비교역재에 대한 가치는 이 재화의 생산비용(production cost)을 기준으로 측정되는 것이 일반적이며 이 가치에 적절한 전환계수를 적용시켜 국경가격으로 전환시키면 된다. 그러나 또 하나의 경우로는 비교역재의 공급이 제한되어 있어 이 비교역재를 투입물로 공공사업에서 사용하게 되면 다른 사람들의 소비에 영향을 미쳐 국내가격이 상승되는 경우를 생각할 수 있다. 이 때에는 비교역재의 생산비용이 가치측정의 기준이 될 수 없고 사람들이 이 비교역재에 대하여 느끼는 한계가치, 즉 재화의 수요가격(demand price)이 비교역재의 가치측정기준이 된다고 하겠다.

　비교역재를 투입물의 경우와 산출물의 경우로 나누어 이 점에 대하여 좀더 설명해 보자.

7.2.2 　비교역재(투입물)의 경제가격

　비교역재를 공공사업의 투입물로 사용할 때의 가치측정에 대

해서는 바로 앞에서 설명했듯이 두 가지의 상이한 공급상황으로
구분하여 생각하는 것이 좋다.

    첫째, 해당 비교역재의 생산공급이 비교적 원만하여 공공사업
에 의해 야기된 추가적인 수요에 공급조달이 적절하게 이루어질
수 있는 경우이다. 이 때 비교역재의 경제적 가치는 이 재화의 한
단위 생산에 투하된 모든 생산요소들의 실제 비용을 계산하고 이
를 다시 국경가격으로 환산시킨 후 이들 금액을 합함으로써 측정
된다. 예를 들어 전력(electricity)을 생각해 보자. 전력은 비교역재
로서 공공사업에서 중요한 투입물로 사용되며 전력공급도 비교적
원만히 이루어질 수 있다. 이러한 전력의 국경가격은 어떻게 결정
될 수 있는가? 우선 전력생산과정에 들어가는 모든 생산요소들을
나열하고 이들을 다시 교역재와 비교역재로 구별한다. 교역재 생
산요소는 앞(7.1)에서 소개된 방법에 따라 국경가격을 계산토록
하고, 비교역재 생산요소들은 이를 다시 더욱 세분화시켜 교역재
와 비교역재로 나눈 후 교역재는 앞(7.1)의 방법대로 하고 나머지
비교역재에 해당되는 요소에 대해서는 적절한 전환계수를 적용하
여 국경가격을 도출하도록 하는 것이다. 이렇게 하여 측정된 전력
한 단위 생산에 들어간 생산비용이 전력의 최종적인 경제적 가치
가 된다. 이에 대한 구체적인 예가 본 장의 마지막 절에서 소개되
므로 그 때 가서 다시 설명하겠다.

    둘째, 해당 비교역재의 공급이 제한적이라서 공공사업에 의해
야기된 추가적 수요 때문에 다른 수요자들의 소비에 차질이 생기
고 국내시장가격에 변동이 발생하는 경우이다. 이 때 비교역재의
경제적 가치는 이 재화에 대하여 소비자들이 지불하고자 하는 가
격, 즉 수요가격(demand price)으로 측정된다. 비교역재의 공급이
제한적이 되는 상황은 여러 가지가 있겠으나 본질적으로 재화공급

이 가격에 비탄력적이고 둔감하여 가격변동이 공급에 영향을 주지
못하는 경우가 있겠으며 또한 정부가 임의적으로 가격을 통제한다
든가 생산을 조정함으로써 공급제한이 발생하는 경우도 있을 것
이다.

그러면 소비자들이 해당 비교역재에 대하여 지불하고자 하는
수요가격을 어떻게 측정할 수 있는가? 이 문제는 제 5 장에서도 다
각적으로 검토하였듯이 공공경제이론에서 극복해야 할 과제이다.
만약 비교역재의 시장가격이 형성되어 있고 공공사업에서 사용하
고자 하는 사용량이 매우 적어서 시장가격에 별 영향을 끼치지 않
을 것으로 판단된다면 실존하는 시장가격을 그대로 소비자의 수요
가격으로 간주할 수 있다. 그러나 비교역재의 사용이 시장가격에
분명히 영향을 준다고 파악된다면 이 경우는 공공사업 이전가격과
공공사업 이후가격의 평균치를 비교역재의 수요가격으로 간주하
는 것이 비교적 무난한 방법이 될 것이다. 즉,

$$P_b = \frac{P_1 + P_2}{2}$$

이다. 여기서 P_b는 비교역재의 경제가격(국경가격), P_1은 공공사업
이전의 비교역재의 시장가격, 그리고 P_2는 공공사업 이후의 비교
역재의 시장가격으로 표시된다.

7.2.3 비교역재(산출물)의 경제가격

공공사업에서 생산되는 산출물이 비교역재가 되는 경우는 산
출물이 본질상 국가간에 교역될 수 없는 재화 및 용역이든가 혹은
정부가 강제적으로 산출물의 국제교역을 금지하고 있는 경우에 해
당된다.

이러한 상황에서의 비교역재에 대한 경제적 가치 측정은 바로 앞의 투입물로서 생산공급이 제한되어 있는 경우와 매우 유사하다고 생각하면 된다. 즉, 산출물을 소비하는 소비자들이 이 재화에 대하여 지불하고자 하는 가격이 진정한 경제적 가치를 대변하고 있으므로, 이 지불하고자 하는 가격을 측정하는 것이다. 공공사업에서 산출물의 생산이 그리 크지 못하여 시장가격에 별다른 영향을 주지 않으며 또한 이 산출물이 비교적 자유로운 상황에서 거래되고 있는 경우라면 실제의 시장가격을 그대로 경제가격으로 사용할 수 있을 것이다. 그러나 공공사업규모가 대규모이든가 또는 정부가 여러 가지 방법으로 산출물 시장에 간섭하고 있다면 시장가격을 그대로 쓸 수 없다. 따라서 이 때에는 앞의 투입물의 경우처럼 공공사업 이전가격과 이후가격의 평균치를 비교역재의 경제가격으로 사용하는 것이 현실적으로 무난한 방법 중의 하나라고 하겠다.

7.3   비교역재로서의 노동

우리는 제5장에서 노동의 잠재가격(잠재임금)을 설명하면서 노동의 기회비용이 바로 노동의 잠재가격이며 노동이 갖고 있는 경제적 가치는 이 기회비용에 의해 결정된다고 밝혔다. 이제 이 문제를 국경가격(border price)에 연관시켜 좀더 살펴보기로 하자.[3]

노동은 공공투자사업에서 가장 중요하게 취급되는 생산요소이며 또한 비교역재이다. 노동의 진정한 가치를 파악하여 공공투자

---

[3] 우리는 여기서 노동의 잠재가격, 잠재임금, 경제적 가치, 경제가격, 국경가격 등의 용어를 번갈아 가며 사용하고 있는데 일반적으로 말하여 이들은 서로 같은 의미를 지니고 있고 따라서 호환적으로 사용할 수 있는 용어라고 하겠다.

사업의 평가에 반영시킨다는 것은 자원의 합리적 사용이라는 측면에서 중요할 뿐만 아니라 자본집약사업이냐 노동집약사업이냐를 결정하는 사업선택에 중요한 영향을 끼친다. 또한 실업을 해소하고 새로운 고용을 창출할 수 있는 사업을 선정하는 과정에서도 노동의 경제적 가치가 어떻게 측정됐느냐가 큰 역할을 담당하게 된다. 이처럼 사업의 타당성분석에서 노동의 경제적 가치가 커다란 영향력을 행사하는 이유는 공공사업에서 그만큼 임금수준이 중요한 몫을 차지하고 있기 때문이다. 따라서 사업규모가 임금수준의 크기에 예민할수록 노동의 경제적 가치를 측정하는 데 더욱 조심해야 한다.

7.3.1 노동의 경제적 가치측정

노동의 경제적 가치를 측정하는 데는 두 단계를 고려해야 한다. 첫 번째 단계는 공공사업에 사용되는 노동의 질적 수준 및 실업상황, 그리고 공공사업이 추진되는 지역의 고용상황 등을 고려하여 그 지역 내에서 노동이 갖고 있는 기회비용을 일차적으로 추정해 내는 것이다. 두 번째 단계는 첫 번째 단계에서 추정해 낸 노동의 기회비용에 대하여 한 단계 더 나아가서 공공사업에 투하된 노동이 궁극적으로 차출된 부문이 어디인가(예컨대, 농업분야에서의 쌀농사인력이냐 또는 옥수수 재배인력이냐 등)를 밝혀 내어 이 부문에서의 기회비용을 파악하는 것이다. 두 번째 단계에서의 작업은 통상 전환계수를 사용하여 파악될 수 있는 것이며 이 두 번째 단계에서 최종적인 노동의 국경가격이 도출된다고 하겠다.

노동의 가치는 노동이 갖고 있는 한계생산성에 따라 결정된다. 그러므로 노동의 기회비용이란 공공사업 때문에 포기한 노동의 한계생산성이다. 노동의 한계생산성을 정확히 파악할 수 있으면 노동의 기회비용도 정확히 파악된다. 그런데 후진국에서는 일반노동자들의 한계생산성에 대한 자료를 제대로 입수하기가 그리 용이하지 않다. 그래서 흔히 사용하는 접근방법으로 숙련노동자들의 기존 시장임금을 세밀히 검토하고 여기에다가 일반노동자들의 실업수준을 감안하여 기존 시장임금에서 일정몫을 차감하는 것이다. 실업수준이 높으면 시장임금에서 차감하는 몫도 많아지며 따라서 일반 노동자의 한계생산성이 그만큼 낮아지게 되는 것이다. 만약 실업상황이 구조적이고 장기적이라든가 혹은 심각한 잠재실업(underemployment)이 존재하고 있는 상황에서는 노동의 한계생산성이 더욱 낮아지고 따라서 노동의 경제적 가치도 더욱 낮게 평가될 수밖에 없다.

그러나 우리가 제5장에서도 잠시 언급하였듯이 후진국일지라도 노동의 기회비용을 지나치게 낮게 평가하는 것에는 조심해야 한다. 노동에 대한 수요가 계절에 따라 큰 차이가 나고 노동인구의 이동이 심한 경우에는 노동의 기회비용을 정확히 파악하는 데 오류를 범할 수 있기 때문이다. 더욱이 노동자가 일하고자 하는 동기는 임금수준에 의해서만 결정되는 것이 아니고 가족상황, 교육수준, 고용조건 등 여러 가지 요인에 의해 영향을 받으며 생활수준이 높아지면서 즐기면서 일하겠다는 생활관에 의해서도 크게 영향을 받는다. 따라서 노동의 기회비용을 파악하는 데에는 실업상황이라는 단편적인 요인만을 고려할 것이 아니라 주변의 여러 상황을 종합적으로 고려하면서 파악해야 한다는 점을 명심해야 할 것이다.

(1) 숙련노동

개발도상단계에 있는 나라들에게는 숙련노동자들이 항상 부족하다. 그러므로 이들 숙련노동자들의 기회비용(잠재임금 또는 경제적 가치)은 이 범주의 노동자들이 실제 받고 있는 시장임금으로 파악된다. 만약 숙련노동자들의 수가 현저히 적어 공공투자사업에 이들을 고용하기 위해서는 추가적인 임금을 지불해야 할 경우라면 그만큼 기회비용도 크게 평가되어야 할 것이다. 노동자들에게 주택을 제공한다든가 특별수당을 준다든가 하는 추가적 비용이 발생하게 된다면 이것도 기회비용에 반영되어야 한다.

(2) 준숙련노동

준숙련노동(semi-skilled labor)이란 숙련노동과 비숙련노동의 중간형태를 뜻한다. 준숙련노동의 형태는 다양하며 준숙련노동의 공급상황도 국가마다 다양하게 형성되고 있다. 이러한 다양한 준숙련노동자들의 기회비용측정도 다양할 수밖에 없는데, 일차적으로는 이들에게 지급되고 있는 시장임금이 일단 기회비용으로 고려될 수 있다. 다만 이 시장임금이 최저임금제라든가 노동조합의 단체협상 등에 의해 보호받고 있는 임금이라면 이를 그대로 기회비용으로 사용할 수 없다. 오직 아무런 법적·제도적 보호장치를 받고 있지 않으면서 시장에서 형성된 임금이라면 그 때는 이를 준숙련노동자의 기회비용으로 간주해도 무방할 것이다. 결국 임금이 '보호받고 있는'임금인가, 그렇지 않고 아무런 '보호받고 있지 않은'임금인가를 구별하는 것이 중요하다.

(3) 비숙련노동

비용·편익분석에서 주로 이용되고 있는 노동은 대부분 비숙련노동의 범주에 속하는 것이다. 후진국에서 추진하고 있는 공공사업은 개발사업의 성격을 갖고 있어서 숙련공보다는 비숙련노동자들을 많이 채용하게 된다. 비숙련노동자들은 지역에 따라 차이가 있겠지만 도시보다는 시골에서 대량실업 내지 잠재실업의 문제에 직면하고 있는 것이 보통이다.

이러한 비숙련노동자들의 기회비용을 파악하기 위해서는 이들 비숙련노동자들이 주로 종사하고 있는 직업이 어떤 것이며 이들이 지급받고 있는 임금수준이 얼마인가를 알아 내야 할 것이다. 이 때의 임금수준은 준숙련노동의 경우와 마찬가지로 '보호받고 있지 않은' 임금수준(unprotected wage)에 국한시켜야 한다. 일정직업을 갖고 있지 않고 실업상태에 놓여 있는 비숙련노동자들에 대해서는 이들이 과연 일 년에 어느 정도의 소득을 올릴 수 있는가를 추정하는 것이 중요하다. 비숙련실업자들에게는 가사일을 돕는다든가, 정원을 가꾼다든가, 또는 주변공사장에서 가끔 일을 하는 것이 대부분의 일거리일 것이다. 이들의 소득관련정보가 여의치 못할 경우에는 위의 '보호받고 있지 않는' 임금수준에다가 일 년간 일할 수 있는 기간을 곱해 주고 이 이외에 추가적 소득이 있다면 이를 더해 주는 방법으로 이들의 연간 소득을 추정할 수 있을 것이다.

(4) 제 2 단계에서의 노동의 기회비용

숙련노동, 준숙련노동 및 비숙련노동에 대한 기회비용의 측정을 살펴보았는데 이런 것들은 앞에서 지적한 제 1 단계 노동의 기회비용 측정에 해당된다. 이제 제 2 단계에서의 노동의 기회비용

측정에 대해 간략하게 언급하고자 한다.

노동의 최종적인 잠재가격이라고 할 수 있는 노동의 국경가격은 제 2 단계 노동의 기회비용을 측정함으로써 도출된다. 제 2 단계에서는 공공사업에 사용된 노동을 위하여 최종적으로 노동력 차출이 이루어진 최후의 분야를 밝히는 것이다. 공공사업에 어느 특정 노동력이 사용되었다고 하여 그 특정노동력이 속해 있던 분야만 영향을 받는 것으로 끝나는 것이 아니고 그 파급이 다른 분야에로 옮겨가게 되어 최종적으로는 완전히 다른 분야의 노동력에 영향을 줄 수 있다. 예를 들어서 정부의 어느 특정공공사업을 추진하는 과정에서 비료공장에서 일하는 노동력을 흡수하게 되었다고 하자. 그러나 노동력의 이동은 비료공장에서 끝나는 것이 아니고 노동시장에서 연쇄반응을 일으켜 최종적으로는 농촌에서 일하는 노동력을 차출하는 결과를 초래할 수 있다. 좀더 구체적으로는 농촌에서 쌀농사 또는 옥수수 재배를 위해 일하던 노동력이 차출됐다고 할 수 있는 것이다. 따라서 이럴 경우 노동의 기회비용은 비료공장에서의 임금수준이 아니고 쌀농사 또는 옥수수 재배를 통해 벌어들이는 소득이 되는 것이다.

통상 제 2 단계에서의 노동의 기회비용은 제 1 단계에서 측정된 노동의 기회비용에다가 적절한 전환계수를 적용시켜 측정되며, 이것이 바로 노동의 국경가격에 해당되는 것이다. 이제 노동의 제 1·2 단계 기회비용 측정을 다음과 같은 간략한 예를 통해 다시 한번 살펴보자.

7.3.2 노동의 경제적 가치측정의 예

정부가 어느 시골에서 관개사업을 추진하기로 하고 그 지역에

[표 7-3] 노동자의 연간 경제활동(예)

경제활동	평균일당소득(원)	기 간	가 중 치
벼 농 사	30,000	4개월	0.33
낚 시	25,000	3개월	0.25
가사·정원	20,000	3개월	0.25
기 타	-	2개월	0.17
계	-	12개월	1.00

있는 다수의 노동력을 고용하고자 한다고 하자. 이들 노동력은 대부분 비숙련노동자이며 어떤 일정한 직업을 갖고 있지 않는 일종의 잠재실업자들이다. 그러나 그렇다고 해서 이들 비숙련노동자들이 일 년 동안 전혀 소득을 벌지 못하는 것이 아니고 이런저런 활동으로 어느 정도의 소득을 만들고 있다고 하자. 이들의 공공사업에 고용되기 전의 연간 경제활동을 요약하면 다음의 [표 7-3]과 같다.

이런 상황에서 예의 비숙련노동자의 일당 기회비용은 어떻게 측정해야 하는가? 관개사업에 고용되는 노동자의 기회비용은 다음과 같이 계산된다.

$$노동자의 \ 일당 \ 기회비용$$
$$= 30,000(0.33) + 25,000(0.25) + 20,000(0.25) + 0(0.17)$$
$$= 10,000 + 6,250 + 5,000 + 0$$
$$= 21,250원$$

이처럼 비숙련노동자의 일당 기회비용은 경제활동별 평균일당소득을 일하는 기간에 따라 가중치를 부여하여 가중평균한 것으로서 계산결과가 21,250원이 되었다. 그런데 여기서 우리가 한 가지 논쟁을 벌일 대상이 있다. 그것은 바로 경제활동 가운데서 "기타"에 관한 사항인데, 이 때에는 아무런 일당 소득이 발생하지 않는 것으로 되어 있다. 그냥 놀면서 쉬고 있다는 뜻이다. 그러면 여가 (leisure)란 과연 아무런 가치가 없는 것인가? 만약 사람들이 하루에 15,000원 정도의 소득을 올릴 수 있는 일거리가 아니면 그냥 놀고 지내는 것이 낫다고 판단했다면 여가의 가치는 15,000원으로 파악될 수 있는 것이다. 이럴 경우 노동의 일당 기회비용은 23,750원으로 상승된다. 즉,

노동자의 일당 기회비용
$$= 30,000(0.33) + 25,000(0.25) + 20,000(0.25) + 15,000(0.17)$$
$$= 23,750원$$

이상이 노동의 기회비용을 측정하는 제1단계 작업에 해당된다. 이제 제2단계 작업을 살펴보자. 그런데 위 예의 경우는 잠재실업상태의 시골의 비숙련노동자를 대상으로 하고 있기 때문에 노동력이 차출되는 분야가 해당 농촌에서 끝나버리고 만다. 따라서 더 이상 추적해야 할 분야가 없으며 제2단계 작업도 불필요하게 된다. 그러나 만약 공공사업이 도시에서 시행되며 도시에서 차출된 인력이 시골에까지 영향을 미치게 된다면 제2단계 작업이 필요하게 된다. 이럴 경우 다음과 같은 예로 제2단계 작업을 마무리할 수 있을 것이다.

(제1단계 도시노동의 기회비용) × (전환계수)
= (제2단계 시골노동의 기회비용)

만약 제1단계에서 측정된 도시노동의 기회비용이 40,000원이고 전환계수가 0.7로 추정되었다면 이 때 제2단계 시골노동의 기

회비용은 28,000원이 된다. 이상의 예를 통해서 우리는 노동의 경제적 가치를 측정하는 것이 매우 까다로운 일이라는 것을 알게 된다.

그러나 자료만 충실히 얻을 수 있으면 이의 측정이 불가능한 것이 아니라는 것 또한 알 수 있다. 무엇보다도 공공사업에 고용되는 노동력의 기술수준과 이들에게 제공되는 시장임금수준을 정확히 파악해야 하며, 관련노동시장의 실업상황과 특성, 임금에 대한 정부의 규제·보호조치 등을 면밀히 파악할 때 적절한 노동의 경제적 가치 측정이 가능하게 될 것이다.

7.4 전환계수의 사용

우리는 본 장에서 국경가격의 개념을 등장시키어 국내시장환경에서 측정된 재화와 용역의 시장가격 또는 기회비용이라도 이를 국제시장환경에 적응시킨 국경가격으로 전환시키는 것이 바람직하다고 설명하면서 이 때 적절한 전환계수(conversion factor)를 사용하는 것이 편리하다는 점을 지적하였다. 비용·편익분석에서 모든 편익과 비용을 국경가격에 입각하여 측정하려고 하는 이유는 개방경제하에서의 국제교역기회가 국내생산품 내지 국내생산요소의 진정한 경제적 가치를 계산하는 데 이상적인 기반을 제공하기 때문인 것이다. 지금까지 우리가 설명해 온 내용을 요약하면 다음과 같다.

국내시장환경에서 계산된 시장가격(또는 기회비용)×전환계수
=궁극적인 잠재가격으로 간주되는 국경가격

그러면 이제부터 이러한 전환계수의 종류와 측정방법에 대하
여 고찰해 본다.

7.4.1 전환계수의 종류

전환계수의 사용은 교역재보다는 비교역재에서 더 중요시된
다. 교역재의 경우는 주로 CIF가격 또는 FOB가격을 중심으로 측
정되고 환율이 잠재환율에 버금갈 정도로 적정하게 설정되어 있다
면 교역재의 국경가격을 도출하는 데 별 어려움이 없다. 그러나
비교역재의 경우는 해당 재화와 용역의 주변상황을 일일이 점검해
야하므로 전환계수의 사용이 그만큼 중요하면서도 까다롭다. 전환
계수의 종류는 크게 세 가지로 분류되는데 각각에 대하여 간략히
소개하면 다음과 같다.

(1) 개별전환계수

개별전환계수(commodity conversion factor)란 공공사업에 투입
물로 사용되거나 산출물로 생산되는 개별상품의 가치를 국경가격
으로 전환시키는 개별적인 전환계수를 의미한다. 주로 비교역재에
서 사용되고 있으며 상품을 구성하고 있는 요소들을 세분화하여
그 각각에 전환계수를 적용시킨다.

개별전환계수를 사용하는 장점은 공공 프로젝트 속에 포함되
어 있는 각종 재화와 용역의 왜곡된 가격들을 구체적으로 시정할
수 있다는 데 있다. 그러나 그만큼 개별상품에 대한 개별적 전환계
수를 확인하는 작업이 그리 용이한 일이 아니다. 우리는 앞에서의
예에서 국내수송비용에 대한 개별전환계수로 0.6, 국내분배비용에
대한 개별전환계수로 0.8을 사용한 바 있다([표 7-1]을 참조할 것).

(2) 집단전환계수

집단전환계수(group conversion factor)란 개별상품에 대한 전환계수를 집단화시킨 것으로 개별상품별로 전환계수를 사용하는 것이 아니라 상품집단별로 전환계수를 사용함으로써 여러 개의 전환계수를 확인하는 번거로움을 피하고자 하는 것이다. 예를 들어 사업비용을 건설비, 국내 기계구입비, 교통비(수송 및 분배포함) 등으로 크게 집단별로 분류하고 이에 해당하는 전환계수를 파악하는 것이다.

(3) 표준전환계수

표준전환계수(standard conversion factor: 약자로 SCF)란 집단전환계수들을 다시 포괄적으로 집단화시킨 것으로 볼 수 있으며, 한 나라 경제에서 생산되고 소비되는 모든 상품들에 대하여 공통적으로 적용되어 사용될 수 있는 전환계수를 가리킨다. 표준전환계수는 개별전환계수나 집단전환계수가 여러 가지 자료미비로 측정되기가 어려울 때 모든 교역재와 비교역재에 공통적으로 사용하기 위하여 도출되는 경우가 일반적이다. 또는 비교역재를 더욱 세분화시켜 교역재와 비교역재로 다시 구분(decompose)시키고, 교역재는 CIF 혹은 FOB가격으로 처리하고 나머지 비교역재 전체에 대해서 표준전환계수를 적용하는 방법도 가능하다.

7.4.2   전환계수의 측정방법

(1) 비교역재(투입물)의 개별전환계수

본 장의 7.2.2에서 비교역재(투입물)의 경제적 가치 측정을 논

할 때 우리는 전력(electricity)을 예로 들면서, 전력공급이 원만하
게 이루어진다는 것을 전제로 할 때 전력의 경제가격(국경가격)은
공급생산비용이라고 규정하였다. 그리고 전력의 국경가격을 측정
하기 위해서는 전력생산에 들어간 모든 생산요소들을 교역재와
비교역재로 구분하고 여기에 적절한 전환계수를 적용하여 국경가
격을 도출한다는 것을 지적하였다.

비교역재로서 공공사업에서 투입물로 사용되는 전력의 예를
여기서 좀더 구체적으로 살펴보자. [표 7-4]는 전력생산에 들어가
는 생산요소들을 비교적 자세히 나열하고 있다. 우선 비용을 크게
자본비용(capital cost)과 연간 운영비용(annual operating costs)으
로 구분하여 자본비용은 국내가격으로 1억 5천만 원, 연간 운영
비용은 국내가격으로 5천만 원이 된다고 한다. 자본비용은 다시
교역재인 발전설비와 비교역재인 건설비로 나누어지고, 비교역재
인 건설비는 다시 교역재인 수입재료와 비교역재인 노동, 세금 및
기타경비 등으로 세분되고 있다. 연간 운영비용에 있어서도 자본
비용의 경우와 마찬가지로 교역재인 연료(오일) 수입과 비교역재
인 유지관리비로 나누어지고, 비교역재인 유지관리비는 다시 교역
재인 부품, 비교역재인 노동, 기타 등으로 세분되고 있다.

[표 7-4]에서 알 수 있듯이 여기서 소개되고 있는 개별전환
계수는 4가지이다. 우선 모든 수입품은 CIF가격으로 측정되었고
이 때의 전환계수는 1.0이다. 이것은 공정환율이 적정히 설정되어
이를 잠재환율로 사용하여도 무방하다는 것을 의미한다. 다음으로
노동에 대한 전환계수는 0.7, 가장 마지막까지 세분화된 비교역재
(기타경비)의 전환계수는 0.8, 그리고 세금에 대한 전환계수는 0으
로 간주하였다. 이렇게 하여 계산된 자본비용의 국경가격은 1억
3,485만 원이며 따라서 자본비용에 대한 전환계수는 0.9(=13,485÷

[표 7-4] 전력의 국경가격(생산비용)   (단위: 만 원)

품 목	국내가격비용	전환계수	국경가격비용
(1) 자본비용	15,000	0.9	13,485
o 발전설비(CIF)	9,000	1.0	9,000
o 건설비	6,000	0.75	4,485
· 수입재료(CIF)	2.500	1.0	2,500
· 노동	1,500	0.7	1,050
· 관세 및 기타세금	1,000	0	0
· 기타경비	1,000	0.93	935
- 수입품(CIF)	750	1.0	750
- 노동	150	0.7	105
- 기타	100	0.8	80
(2) 연간 운영비용	5,000	0.85	4,260
o 연료(오일)수입(CIF)	4,000	1.0	4,000
o 유지관리비	1,000	0.26	260
· 부품(CIF)	150	1.0	150
· 노동	100	0.7	70
· 기타	50	0.8	40
· 관세 및 기타세금	700	0	0

15,000)로 나타났다. 마찬가지로 연간 운영비용의 국경가격비용은 4,260만 원이 되었고 따라서 연간 운영비용에 대한 전환계수는 0.85(=4,260÷5,000)로 나타났다.

    그런데 전력의 국경가격은 전력 한 단위인 시간당 킬로와트(kWh)기준으로 측정되어야 할 것이다. 위 예의 경우에서는 연간 발전량이 6.57백만kWh(6,570시간×1,000킬로와트)라고 하자. 따라서 연간 1kWh당 전력 국경가격을 계산하기 위해서는 자본비용을 수명기간 연수로 나누어 연간비용으로 환산하고 이를 연간 운영비용에 합한 후 그 총액을 연간 발전량으로 나누어야 할 것이다. 따라서 발전시설의 수명을 25년이라고 하고 할인율을 12%라고 한다면 이 때의 연간 자본비용은 다음의 공식에 의해 계산된다.

$$연간\ 자본비용 = K \cdot \frac{r}{1-(1+r)^{-n}}$$

여기서 K: 국경가격으로 표시한 자본비용의 가치
r: 공공투자사업에서 사용되는 할인율(12%)
n: 자본시설의 사용수명연수(25년)

위 공식을 앞의 예에 적용시켜 계산된 연간 자본비용은 약 1,730만 원이 되며, 이것을 연간 운영비용 4,260만 원에 합하면 전력생산의 연간 총경비가 5,990만 원이 된다. 이 금액을 연간 발전량인 6.57백만kWh로 나누면 1kWh당 비용이 9.12원으로 계산된다. 이제 공공투자사업의 비용·편익분석에서 투입비용으로 반영되는 전력의 경제적 가치는 1kWh당 9.12원으로 계산되어야 한다. 이 가격은 전력소비자가 전력회사에 실제 지불하는 전력요금과는 완전히 다른 것임에 유념하여야 할 것이다.

그런데 앞 절에서도 설명하였듯이 전력공급이 매우 제한되어 있어 가격에 매우 비탄력적일 때는 위에서 계산된 1kWh당 9.12원을 경제적 가치로 사용하기보다는 전력소비자가 실제 지불하는 가격 또는 지불할 의사가 있는 가격을 국경가격으로 사용하는 것이 더 바람직하다고 하겠다.

(2) 비교역재(산출물)의 개별전환계수

앞에서의 전력의 예는 비교역재로서 전력이 투입물로 사용되는 경우이다. 그러면 비교역재로서의 전력이 산출물이 되는, 즉 공공투자사업의 생산물이 전력인 경우의 전환계수는 어떻게 측정되는가? 전력의 생산은 전력소비를 촉진할 것이다(이렇게 소비가 증가할 것이라고 우리는 가정한다). 전력소비의 증가는 다른 경쟁재에 대한 소비에 영향을 끼쳐 자금사용이 분산될 것이다. 예컨대 전력소비증가에 들어간 돈의 60%는 디젤소비의 감소로 연결되고 40%는 석탄소비의 감소로 귀결된다고 하자. 그리고 디젤의 국경가격(국제시세)은 디젤 국내가격보다 2배 높고, 석탄의 국경가격(국제시세)은 석탄 국내가격보다 1.5배 높다고 하자. 이럴 경우의 산출물로서의 전력에 대한 전환계수는 1.8이 된다(1.8=2×0.6+1.5×0.4). 다시 말하여 전력의 국경가격은 전력의 국내가격보다 1.8배 높다는 뜻이 된다.

이렇게 볼 때 산출물로서의 비교역재에 대한 전환계수는 서로 밀접히 상관되어 있는 경쟁재 및 보완재에 대한 전환계수들의 가중평균치에 해당된다는 것을 알 수 있다.

(3) 집단전환계수

집단전환계수는 개별전환계수들의 가중평균치와 같다. 다음의 예를 보면 이 점이 보다 명확해진다. 비용항목을 크게 분류하여 토목건설비라는 항목의 집단전환계수를 측정하고자 한다고 하자. 토목건설비의 개별구성요소는 강철, 시멘트, 목재 및 노동 등이 있다고 하고 이들의 사용가중치와 개별전환계수는 다음의 [표 7-5]와 같다고 하자.

[표 7-5]의 예에서 토목건설비의 집단전환계수는 0.77이다. 집단전환계수는 해당 구성상품이 교역재이건 비교역재이건 구별치 않고 그들의 개별전환계수를 가중평균화하여 도출한다. 그러나 실제로는 관련된 개별전환계수를 알지 못할 때 집단전환계수의 필요성이 더욱 제기되고 있으므로 이럴 때에는 유사한 개별상품들의

[표 7-5] 토목건설비의 집단전환계수 측정

구성요소	가 중 치	개별전환계수	집단전환계수
강 철	30	0.70	0.21
시 멘 트	40	0.90	0.36
목 재	20	0.60	0.12
노 동	10	0.80	0.08
합 계	100	-	0.77

국경가격(국제시세)과 국내가격의 비율을 추정하고 이를 집단수준에서 평균화하는 방법으로 측정할 수밖에 없을 것이다.

(4) 표준전환계수

표준전환계수는 논리적으로 말해서 모든 개별전환계수와 모든 집단전환계수들의 가중평균치이다. 왜냐하면 표준전환계수는 한 경제에서 생산되고 소비되는 모든 재화와 용역에 공통적으로 적용될 수 있는 하나의 전환계수이기 때문이다. 그러나 이런 방식으로 표준전환계수를 측정한다는 것은 불가능한 일이고 따라서 몇 가지 간편한 방법에 의존할 수밖에 없다.

하나의 방법은 한 경제의 주요 교역재 및 비교역재 상품을 추출하고 이들의 전환계수들을 앞의 전력(electricity)의 예에서처럼 추정한다. 그리고 산업연관분석을 통해 가중치를 추정하여 [표 7-5]와 같은 방식으로 표준전환계수를 측정하는 것이다. 이러한 것마저 자료수집상 어렵다면 제5장의 5.5.3에서 외환의 경우를 설명할 때 사용했던 전환계수를 일종의 표준전환계수(SCF)로 사용할 수도 있을 것이다. 즉,

$$SCF = \frac{M(1+tm) + X(1+sx)}{M+X}$$

그러나 위의 SCF는 공정환율을 잠재환율로 전환시키는 계수로서 교역재에만 적용되는 집단전환계수의 성격을 강하게 가지고 있다. 따라서 이를 비교역재를 포함한 전 상품에 공통적으로 적용하는 데는 난점이 있다..

제 8 장   할인의 의미와 절차

할인의 중요성

　지금까지 우리는 편익과 비용의 측정문제를 다루면서 시간에 대한 흐름은 무시해 왔다. 그러나 공공사업의 편익과 비용은 일시에 발생하는 것이 아니라 수년에 걸쳐 발생한다. 공공사업에 대한 타당성 여부는 현재시점에서 평가되어야 하므로 미래에 발생하는 편익과 비용은 모두 현재가치로 환산시켜 비교할 필요가 있다. 미래의 소비는 현재 소비보다 그 가치가 낮다. 1년 후의 100원과 지금의 100원의 가치를 비교할 때 지금의 100원이 더 가치가 높으며 1년 후의 100원은 지금의 91원(10%로 할인할 경우)과 그 가치가 같다고 할 수 있다. 따라서 미래의 모든 편익과 비용을 현재가치로 환산한다는 말은 현재가치로 할인한다는 뜻이며, 이 때 적용되는 이자율을 할인율(discount rate)이라고 한다. 할인율은 시간에 대한 선호를 반영시키고 있는 이자율이라 하겠다.

　공공사업의 내구기간이 n년이라고 하고 할인율 r을 선택했을 때 비용·편익분석에서 순편익$(B-C)$의 할인된 현재가치는 다음 식과 같이 표시된다.

$$NPV = \frac{(B-C)_0}{(1+r)^0} + \frac{(B-C)_1}{(1+r)^1} + \cdots + \frac{(B-C)_n}{(1+r)^n}$$
$$= \sum_{t=0}^{n} \frac{(B-C)_t}{(1+r)^t}, \ t = 0, 1, 2, \cdots, n$$

위 식에서 NPV는 편익과 비용의 순현재가치(net present value)이며, NPV가 正이면 검토중인 사업은 채택될 것이고, 負이면 기각될 것이다.

[표 8-1] 현재가치와 할인율 (단위: 원)

사 업	X	Y	Z
비 용(C)	10,380	10,380	10,380
편익발생기간(년)	5	15	25
연간편익(B)	2,397	1,000	736
〈총편익(B)의 현재가치〉			
할 인 율			
3%	10,978	11,938	12,816
5%	10,380	10,380	10,380
8%	9,751	8,559	7,857
〈순편익($B-C$)의 현재가치〉			
할 인 율			
3%	598	1,558	2,436
5%	0	0	0
8%	−809	−1,821	−2,523
〈편익 · 비용비율(B/C)〉			
할 인 율			
3%	1.057	1.150	1.235
5%	1.000	1.000	1.000
8%	0.922	0.825	0.757

공공사업을 평가하고 순위를 결정하는 작업은 어떤 규모의 할인율을 적용하느냐에 따라서 크게 작용된다. 이에 대한 구체적인 예가 [표 8-1]에 제시되었다. 세 가지 대체사업 X, Y, Z는 모두 동일한 비용(건설비와 유지관리경비) 10,380원이 소요되며 첫해(0차 연도)에 모두 완성된다고 하자. 사업 X는 향후 5년에 걸쳐 연간 2,397원의 편익이 발생하며, 사업 Y는 향후 15년에 걸쳐 연간 1,000원의 편익이 발생하며, Z는 향후 25년에 걸쳐 연간 736원의 편익이 발생한다고 하자.

우선 할인율을 5%로 하였을 때, X, Y, Z사업 공히 모두 0의 순현재가치(NPV) 혹은 1의 편익·비용비율(B/C)을 나타내고 있다. 다시 말해 할인된 총편익의 현재가치가 비용과 일치하는 10,380원이 된다. 따라서 5%의 할인율 아래서는 어느 사업이 더 타당성이 있는지 평가할 수 없다.[1]

이제 할인율을 5%에서 3%로 인하시키면 [표 8-1]에서 보는 바와 같이 세 사업 모두가 正의 순현재가치 혹은 1보다 큰 B/C 비율을 나타내므로 그런대로 모두 타당성이 있으며, 사업간의 우선순위를 정한다면 사업 Z가 최적의 선택이 되며 사업 X가 가장 빈약한 선택이 된다. 그러나 할인율을 8%로 인상시키면 정반대의 결과가 생겨서 사업 X가 최적의 선택이 되며 사업 Z가 가장 빈약한 선택이 된다. 물론 8%의 할인율하에서는 세 가지 사업 모두 바람직한 선택이라 할 수 없다. 모든 사업이 負의 순현재가치 또는 1보다 작은 B/C비율을 가지고 있기 때문이다.

[표 8-1]이 지니고 있는 중요한 의미는 할인율을 얼마로 잡느냐가 사업선택의 중요한 기준이 된다는 것이다. 즉 높은 할인율

---

1) 내부수익률은 사업의 순현재가치(NPV)를 0이 되게 하는 할인율이다. 따라서 [표 8-1]에서의 사업 X, Y 및 Z의 내부수익률은 공히 5%이다.

은 편익이 단기간에 걸쳐 집약적으로 발생하는 단기투자에 유리하고, 낮은 할인율은 장기간에 걸쳐 편익이 발생하는 장기투자에 유리함을 알 수 있다. 이렇게 본다면 할인율의 크기가 어떤 사업의 평가결과에 결정적인 역할을 한다고 해도 과언은 아닐 것이다.

8.2 할인의 절차

그러면 할인이란 실제 어떻게 하는 것인가를 간단한 예를 가지고 설명해 보자. 어떤 공공사업이 1997년(0차년도)에 실시되어 편익이 바로 그 해부터 연간 6,438천 원이 발생하여 2006년(9차연도)까지 계속된다고 하자. 할인율(r)이 15%라면 이 사업편익의 현재가치의 합계는 [표 8-2]에서 보듯이 37,160천 원이 된다.

[표 8-2] 할인의 절차   (단위: 천 원)

연 도	편익발생	$r=15\%$에서의 할인계수	현재가치
t_0: 1997	6,438	1.000	6,438
t_1: 1998	6,438	0.870	5,601
t_2: 1999	6,438	0.756	4,867
t_3: 2000	6,438	0.658	4,236
t_4: 2001	6,438	0.572	3,683
t_5: 2002	6,438	0.497	3,200
t_6: 2003	6,438	0.432	2,781
t_7: 2004	6,438	0.376	2,421
t_8: 2005	6,438	0.327	2,105
t_9: 2006	6,438	0.284	1,828
합 계	64,380	5.772	37,160

[표 8-2]에서 보듯이 편익의 현재가치는 할인계수(discount factor)를 먼저 구하고 이를 발생되는 편익액에 곱하여 줌으로써 계산된다. 할인율(r)의 해당 연도(t)에서의 할인계수는 다음의 공식에 의해 구해진다.[2]

$$할인계수 = \frac{1}{(1+r)^t}$$

따라서 할인율이 15%일 경우 t_1년도인 1998년의 할인계수는 0.870이며 t_9년도인 2006년의 할인계수는 0.284가 된다. 다시 말해 시간이 흘러감에 따라 할인계수의 크기는 급격히 감소하는데 이는 미래에 발생하는 편익의 현재가치가 그만큼 감소한다는 것을 의미한다. 연간 편익발생액이 동일한 경우 연간 편익액에 누적 할인계수를 곱해 줌으로써 편익의 현재가치 합계액을 간단하게 계산할 수 있다. 즉,

6,438천 원 × 5.772(누적할인계수) = 37,160천 원

이와 비슷한 접근방법으로 예컨대 t_5년도인 2002년부터 t_9년도인 2006년까지의 5년간 발생하는 편익의 현재가치 총액을 구한다고 할 때도 누적할인계수를 사용하여 간단히 계산할 수 있다([표 8-3 참조).

6,438천 원 × 1.916(누적할인계수) = 12,335천 원

이처럼 미래에 발생하는 가치를 현재가치로 전환시키는 것을 할인한다고 하는데, 이 때 적용되는 할인율은 이자율(interest rate)의 일종이지만 개념상으로는 이자율과 서로 반대의 의미를 가진다. 할인율은 미래의 가치를 현재의 가치로 바꾸는 데 사용되는

---

2) 할인계수의 수치는 이미 계산되어진 통계표를 통해서 직접 구할 수 있다.

[표 8-3] 누적할인계수   (단위: 천 원)

연 도	편익발생	$r=15\%$에서의 할인계수	현재가치
t_5: 2002	6,438	0.497	3,200
t_6: 2003	6,438	0.432	2,781
t_7: 2004	6,438	0.376	2,421
t_8: 2005	6,438	0.327	2,105
t_9: 2006	6,438	0.284	1,828
합 계	32,190	1.916	12,335

연 도	할인율($r=15\%$) 적용	이자율($i=15\%$) 적용
t_1: 1998	1,000원×0.870=870원	1,000원×1.15=1,150원
t_2: 1999	1,000원×0.756=756원	1,000원×1.32=1,320원

반면, 이자율은 현재의 가치를 미래의 가치로 환산하는 데 사용된다.

예컨대 t_2년도인 1999년의 1,000원은 할인율 15% 적용시 t_0년도인 1997년에 있어서 756원의 가치를 가지고 있다면, 반대로 t_0년도인 1997년의 1,000원은 이자율 15% 적용시 t_2년도인 1999년에 가서 1,320원의 가치를 갖게 된다.

8.3 할인율의 선택

그러면 적정한 할인율의 크기는 어떻게 결정되어야 하는가? 만약 할인율을 너무 높게 잡으면 순현재가치가 작아지므로 사회적으로 필요한 사업이 불합격의 판정을 받을 수 있고, 반대로 너무 낮게 잡으면 불필요한 사업이 타당성 있는 사업으로 평가될 수 있으므로 적정할인율의 선택은 매우 중요한 과제이다.

8.3.1 할인율로서의 고려대상

(1) 시장이자율

우선 생각할 수 있는 것은 민간자본시장에서 형성된 시장이자율(market rate of interest)을 공공사업의 할인율로 사용하는 것이다. 자본시장이 완전경쟁적이라면 이 때 형성된 시장이자율은 소비자의 시간적 선호(time preference)를 적절히 반영하고 있으며 동시에 자본이 갖는 한계생산성과도 일치하게 된다. 따라서 완전한 자본시장이 존재할 때 정부는 시장이자율을 공공사업의 할인율로 사용하는 데 아무런 문제가 없다.

그러나 현실적으로 자본시장의 불완전성을 인정하지 않을 수 없으므로 실제의 시장이자율을 할인율로 사용하여 공공사업을 평가하는 데에는 상당한 문제가 생기게 될 것이다. 불완전한 자본시장에서는 장래에 대한 불확실성 및 위험부담 때문에 프리미엄(premium)이 붙은 이자율이 형성되고 또한 단기 혹은 장기에 따라 다양한 금리체계를 형성하게 된다. 이런 상황에서 어떤 시장이자율을 할인율로 사용할 것인가를 결정하기 위해서는 우선 시장이자율의 구조가 검토되어야 하며, 또한 여러 가지의 시장이자율을 통합한 적절한 가중평균이자율을 채택해야 할 것인데 실제로 이러한 이자율을 계산한다는 것은 쉬운 일이 아니다.

(2) 정부공채이자율

정부공채이자율(government borrowing rate)은 정부가 발행하

는 국공채에 부과된 이자율로서 이것은 정부가 민간부문으로부터
차입하는 차입금에 대하여 지불하는 이자율을 뜻한다. 만약 정부
가 국공채에 5%의 이자율을 부과하고 국민들이 이 수준의 이자율
에서 국공채를 구입하는 데 만족한다면 이것은 다른 표현으로는
정부가 공공사업을 추진하여 최소한 5%의 수익을 달성한다면 국
민들은 아무런 불평 없이 이에 만족할 수 있다는 의미가 된다. 따
라서 이러한 의미에서 정부의 국공채이자율이 국민들에게 받아들
여질 수 있는 수준이라면 이를 공공투자사업의 할인율로 채택할
수 있을 것이다. 정부국공채는 위험부담이 전혀 없으므로 정부공채
이자율이 투자수익률 측면에서 최소한의 대안으로 간주될 수 있다.

(3) 기업할인율

기업할인율(corporate discount rate)은 한 기업이 자신의 잠재
적 투자사업을 평가할 때 사용하는 할인율을 가리킨다. 기업할인
율은 투자사업에서 최소한 기대되어야 하는 수익률에다가 위험부
담률 및 기업이 부담하는 세금(법인세)까지도 포함시키는 것이 일
반적이다. 예를 들어 위험부담이 전혀 없는 국공채의 이자율이
5%, 그리고 위험프리미엄(risk premium)이 3%라면 이 때 기업은
투자사업으로부터 8%의 수익을 올려야 주주(stockholders)들을 만
족시킬 것이다. 그런데 만약 법인세율이 50%라면 주주들에게 만
족되는 수익률은 16%가 된다. 이럴 경우 기업의 자체의 투자사업
평가에 사용하는 할인율은 16%가 되어야 할 것이다.

이와 같은 기업할인율을 공공투자사업에서의 할인율로 사용하
고자 하는 이유는 자원의 효율적 사용이라는 측면에서 공공투자도
민간기업투자와 경쟁적인 것으로 간주되어야 하며 공공투자도 민
간기업투자만큼 수익률을 올려야 타당성이 있게 된다는 논리에 근

거하고 있다. 이와 같은 견해는 공공투자에서의 자본의 기회비용(opportunity cost of capital)을 강조하는 데서 유래된 것인데 이 점에 대해서는 다음의 사회적 할인율(social discount rate)을 설명할 때 다시 논의하고자 한다.

(4) 개인적 할인율

개인적 할인율(personal discount rate)이란 개인의 시간선호율로서 자신의 현재소비를 포기하고 미래소비를 택할 때 적용되어질 수 있는 이자율이라고 정의된다. 예를 들어 개인적 할인율이 10%라고 하면 개인은 지금의 1,000원 소비와 내년의 1,100원 소비를 동등하게 평가하여 지금의 1,000원 소비를 포기하고 내년의 1,100원 소비를 택하는 데 아무런 불만이 없다는 뜻이 된다. 이를 그림으로 살펴보면 더욱 명확해진다.

[그림 8-1]은 어느 개인의 현재소비(C_p)와 미래소비(C_f)간의

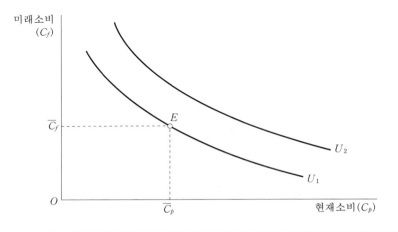

그림 8-1 　　　　　　　　　　두 기간 소비의 무차별곡선

무차별곡선을 보여 주고 있다. 무차별곡선 U_1과 U_2는 개인의 효용
함수 $U=f(C_p, C_f)$에 의하여 도출되어진 것으로서 U_2는 U_1보다
효용수준이 높음을 보여 주고 있다. 이제 어느 개인의 효용상태가
점 E에 위치하고 있다고 하자. 이는 현재의 소비상태는 $\overline{C_p}$이며
이와 동등한 효용을 가져다 주는 미래소비는 $\overline{C_f}$수준임을 가리킨
다. 만약 $\overline{C_p}$가 1,000원이라고 한다면 이를 포기하고 대신 용납될
수 있는 미래소비 $\overline{C_f}$는 어느 정도가 될 것인가? 소비자 개인은 자
신의 효용상태를 U_1선에 따라 유지하려고 할 것이므로 $\overline{C_f}$를 알기
위해서는 U_1선상에서 C_p의 변화(ΔC_p)에 의해 C_f가 얼마만큼 변화
(ΔC_f)하는가를 밝혀야 한다. 따라서 우리의 관심사는 점 E에서의
$\Delta C_f/\Delta C_p$이며 이것은 바로 점 E에서의 U_1선의 기울기를 의미한다.

이처럼 위 그림을 통해 우리가 지적하고자 하는 것은 개인적
할인율은 두 기간(intertemporal) 소비의 무차별곡선의 기울기에
의해 결정된다는 것이다. 이것은 결국 소비에 대한 시간선호율을
가리키는 것 이외에 아무것도 아닌 셈인데, 시간선호율이라는 것
자체가 개인의 주관적인 판단에 좌우되는 것인만큼 개인적 할인율
은 결국 주관적으로 결정될 수밖에 없다.

(5) 사회적 할인율

개인적 할인율에서는 개인을 독자적인 인격으로 파악하여 이
의 경제적 행태에 따라 할인율이 결정된다고 보고 있는 반면에,
사회적 할인율(social discount rate)에서는 개인을 사회의 한 구성
원으로 파악하고 이들 구성원들의 경제적 행태에 의해 할인율이
결정된다고 보는 것이다. 일반적으로 말하여 비용·편익분석에서
적용되는 가장 적절한 할인율은 바로 이 사회적 할인율이라고 하
겠다.

사회적 할인율이란 과연 무엇이고 어떻게 결정되느냐에 관해
서는 그 동안 학계에서 많은 연구와 논란이 있어 왔다. 이 점에
대해서는 잠시 후 다시 토의하기로 하고, 사회적 할인율의 개념을
거시경제이론적인 시각에서 살펴보면, 한 국가(사회)의 투자와 저
축간의 적정배합을 통해 사회적 할인율이 도출된다. 이를 신고전
학파 경제성장이론(neoclassical theory of economic growth)에 접목
시켜 보면, 경제성장이 균제성장(steady growth)의 상태에 있다고
가정할 때 투자와 저축은 소득의 일정량으로 고정되어 있고 그래
서 균형상태에서는 자본의 성장률은 소득의 성장률에 일치되고 나
아가서 소득의 균형성장률은 노동(인구)의 성장률과 같아지게 된
다. 한 나라의 경제가 이러한 상황에 있을 때 이 때의 진정한 사회
적 할인율은 소득의 균형성장률, 즉 노동(인구)의 성장률이 된다.[3]

8.3.2 사회적 할인율에 대한 논쟁

사회적 할인율이 비용·편익분석에서 통상 사용되는 할인율로
인식된다고 하더라도 이 할인율을 어느 수준으로 잡아야 하느냐에
관해서는 학계에서 첨예한 논쟁을 불러일으켰다.[4] 크게 두 가지
견해로 나누어진다고 하겠는데, 하나는 사회적 할인율을 비교적

---

3) Edward M. Gramlich, *Benefit-Cost Analysis of Government Programs*(Prentice-Hall Inc., 1981), pp. 101~106.
4) 사회적 할인율에 관한 초기의 논쟁으로 S.A. Marglin, "The Social Rate of Discount and the Optimal Rate of Investment." *Quarterly Journal of Economics*(1963), pp. 95~111 ; M.S. Feldstein, "The Social Time Preference Discount Rate in Cost-Benefit Analysis," *Economic Journal*(1964), pp.360~379 ; William Baumol, "On the Appropriate Discount Rate for Evaluation of Public Projects," in H. H. Hinricks and G. M. Taylor(eds.), *Program Budgeting and Benefit-Cost Analysis*(Goodyear Publishing, 1969), pp. 202~212 참조.

낮게 잡아야 한다는 것이고 또 다른 하나는 반대로 사회적 할인율을 높게 잡아야 한다는 것이다.

사회적 할인율이 낮아야 한다는 입장은 공공사업이 후세의 복지에 기여하고 있으며 공공사업이 창출하는 여러 가지 외부효과를 반영시키기 위해서는 시장이자율보다 낮은 할인율을 사용해야 한다는 것이며 그만큼 공공사업의 평가를 민간사업에 비해 더 우대함을 의미하고 있다. 그러나 한편 공공사업을 민간사업에 비해 무작정 우대하는 것은 자원의 효율적 이용이라는 측면에서 불합리하므로 공공사업에 적용되는 사회적 할인율을 공공투자와 민간투자 간의 자본의 기회비용(opportunity cost of capital)으로 파악해야 한다는 주장이 강력히 대두되어 왔다.

즉, 후자의 견해에 따르면 자원이 공공사업에 사용되지 않고 민간사업에 사용되었을 때 획득할 수 있는 수익률을 공공사업의 사회적 할인율로 해야 한다는 것이다. 이렇게 본다면 민간기업이 통상 기대할 수 있는 전 산업의 평균수익률(average rate of return)을 측정하여 이것을 공공사업의 할인율로 사용할 수 있을 것이다.[5] 전체 민간산업의 평균수익률을 공공사업에 있어서의 자본의 기회비용으로 보고 이것을 사회적 할인율로 사용한다는 것은 공공사업도 민간사업에서 기대할 수 있는 수익률을 발생시켜야지 그렇지 않으면 그 공공사업은 타당성이 없는 사업으로 평가된다는 것을 의미하고 있다.

(1) 사회적 할인율이 낮아야 한다는 주장[6]

근대 경제학자로서 후생경제학의 기초를 마련한 피구(A. Pigou)

---

5) 여기서는 전 산업의 평균수익률을 한 나라 경제에서의 투자의 한계생산성(marginal productivity of investment)으로 간주하고 있다.

6) 본문의 내용은 S. A. Marglin의 논문(주 4)에서 주로 인용되었음.

는 그의 저서[7]에서 사회적 할인율은 낮게 잡혀져야 한다고주장하
였다(여기서 "낮다"라는 말의 의미는 시장이자율보다 낮다는 뜻이다).
이러한 주장은 개인이 개인으로서의 자신의 행동에 대한 선호와
개인이 사회의 구성원으로서의 집합적 행동(collective action)에 대
한 선호 사이에 차이가 있다는 것에 근거한다.

　다음의 간단한 모형을 가지고 좀더 설명해 보자. 우선 몇 개
의 기호를 아래와 같이 정의한다.

　　　C_p: 한 개인의 현재 소비수준
　　　C_f: 한 개인이 미래에 즐기려고 하는 미래 소비수준
　　　C_g: 현세대 (present generation)의 소비수준
　　　U: 한 개인의 효용함수(또는 효용지수)
　　　k: 한 개인의 현재소비와 미래소비간의 한계변형률
　　　α, β: 상수

　어떤 한 개인의 효용수준은 자신의 현재소비, 사회에서 현재
소비되고 있는 소비수준, 자신의 미래소비 등에 의하여 영향을 받
는다고 가정하자. 그러면 그의 효용함수는,

$$U = u(C_p, C_g - C_p, C_f) \tag{8.1}$$

로 표시된다. 이를 미분하면,

$$dU = \frac{\partial U}{\partial C_p}dC_p + \frac{\partial U}{\partial(C_g - C_p)}d(C_g - C_p) + \frac{\partial U}{\partial C_f}dC_f \tag{8.2}$$

로 된다. 설명을 간단히 하기 위하여 서수적(ordinal) 효용관계를
전제하면서 $\frac{\partial U}{\partial C_p} = 1$로 가정하면 위 공식(8.2)는 다음과 같이 된다.

---

7) A.C. Pigou, *Economics of Welfare*, 4th ed.(New York: Macmillan, 1946).

$$dU = dC_p + \alpha d(C_g - C_p) + \beta dC_f$$

$$여기서\ \alpha = \frac{\partial U}{\partial(C_g - C_p)}$$

$$\beta = \frac{\partial U}{\partial C_f} \tag{8.3}$$

이제 위의 한 개인이 미래에서의 편익을 위해 1원을 지금 투자하려고 한다고 하자. 이 사람은 오직 dU가 0보다 크든가 혹은 0과 같든가(즉 $dU \geq 0$) 할 경우에 한하여 투자하려고 할 것이다. 이 사람의 투자행위에는 비용과 편익이 모두 발생한다. 비용이란 1원이라는 현재소비의 감소이다. 즉 $dC_p = -1$이다. 편익이란 1원의 투자에 의해 k만큼 증가되는 미래소비의 증가분이다. 즉 $dC_f = k$이다. 이렇게 보면,

$$dU = -1 + \beta k \tag{8.4}$$

라는 공식이 성립된다. 투자가 $dU \geq 0$일 때에 한하여 일어난다는 말은 투자가 $\beta k \geq 1$일 때에 한하여 일어난다는 말과 같은 뜻이 되었다. 그러면 β와 k의 크기가 과연 어느 정도 될 것인가를 생각해 보자. β는 대부분의 개인에 대하여 $0.01 \sim 0.05$ 사이가 된다고 보는 것이 일반적이고, k는 개인의 입장에서 많아야 $2 \sim 5$ 사이가 아닐까 한다. 그렇다면 βk는 $0.02 \sim 0.25$ 사이가 된다는 말인데 아무튼 1보다는 훨씬 낮다. 이 말의 뜻은 개인들이 자신의 행동만을 고려할 경우에는 대부분 미래소비를 위해 현재소비를 포기하면서 지금 투자하려는 의욕이 별로 없다는 것이다.

그러면 사회에서 집합적 행동(collective action)이 일어날 때의 경우는 어떠할까? 여기서 집합적 행동이란 사회의 어떤 공동목표 또는 공동과제를 추구하기 위하여 개인 모두가 스스로 자신들을 구속한다는 것을 의미한다. 따라서 장래 편익을 위해 모두가 투자

를 하든가 아니면 반대로 모든 사람들이 아무도 투자를 하지 않는 상황을 생각하게 된다. 모두 투자할 것인가 또는 아무도 투자하지 않을 것인가는 투표제도를 통해 결정할 수 있을 것이며 이 때 각자는 자신의 dU에 따라 투표할 것이다. 이제 사회구성원 수가 N이라고 하고 개개인들이 장래편익을 위해 1원을 지금 투자할 것인가의 여부를 판단한다고 하자. 그러면

$$dC_p = -1$$
$$dC_g = -N$$
$$dC_f = kN$$

으로 표시되며 공식 (8.3)은 다음과 같이 변하게 된다.

$$dU = -1 - \alpha(N-1) + \beta kN \tag{8.5}$$

dU가 0보다 크든가 혹은 0과 같든가($dU \geq 0$) 하기 위해서는

$$N(\beta k - \alpha) \geq 1 - \alpha \tag{8.6}$$

가 되어야 한다. α는 β와 비슷한 규모를 갖고 있다고 가정할 수 있으므로 공식(8.6)의 오른쪽은 1보다 약간 작든가 1에 가까운 규모가 된다. 그러나 공식 (8.6)의 왼쪽은 사회구성원 N의 수가 상당할 것이므로 그 규모가 1보다 클 가능성이 매우 높고 최소한 (1-α)와 같게 될 것이다. 따라서 공식 (8.6)의 조건이 충족될 가능성이 매우 높은데, 이것은 집합적 선택이 요구될 때 각 개인은 장래의 편익을 위해 지금 투자하는 것을 선호한다는 것을 의미한다.

지금까지 우리는 미래를 위해 지금 투자할 것인가의 결정은 그 선택상황이 개인적인 것이냐 집합적인 것이냐에 따라 달라질 수 있음을 보았다. 그런데 어떤 선택상황이 사람들에게 더 바람직

한 것이냐에 대해서는 아직 아무것도 결론지은 바가 없다. 그러면 개인들의 후생은 선택이 집합적으로 이루어질 때 더 좋아질 것인가 혹은 더 나빠질 것인가? 다행히 이 문제는 위의 공식 (8.4)와 공식 (8.5)를 직접 비교함으로써 해답을 구할 수 있다.

즉, 개인들은 다음의 조건이 충족될 때 선택이 집합적으로 이루어지는 상황을 더 선호하게 될 것이다.

$$-1-\alpha(N-1)+\beta kN > -1+\beta k \tag{8.7}$$

혹은 이를 달리 표현하여

$$\beta k-\alpha>0 \tag{8.8}$$

공식 (8.8)의 조건이 성립된다면 이 때에는 사람들이 투자에 관한 결정을 내릴 때 그러한 결정이 개인적으로 이루어지는 상황보다는 집합적(collectively)으로 이루어지는 상황에 처해 있으므로 보다 나은(better-off) 후생을 누리게 된다. 그런데 우리는 공식 (8.6)을 가지고 설명할 때 이미 지적하였듯이 공식 (8.8)의 조건은 비교적 무난히 달성될 수 있음을 알았다. 다시 말해 사람들은 개인적으로는 장래를 위해 지금 투자하려고 하지 않을 것이나 만약 이러한 결정이 집합적으로 조정되어 이루어진다면 기꺼이 투자할 것이며 그렇게 함으로써 보다 나아진다는 생각들을 하게 될 것이다. 끝으로 공식 (8.8)을 통해 발견되는 하나의 흥미있는 점은 사람들의 집합적 선택에 대한 선호 여부가 그 사회구성원의 수(즉, N)가 얼마냐와는 전혀 무관하다는 사실이다.

우리의 지금까지 설명에서는 사회적 할인율에 대한 얘기가 전혀 등장하지 않았다. 그러면 지금까지의 논리적 설명과 사회적 할인율과는 과연 어떤 관계가 있는가? 우선 시장이자율을 생각해 보

자. 시장이자율은 시장에서 자본의 수요와 공급의 역학관계를 통해 결정되는 것인데 이 시장이자율이야말로 개인이 개인적으로 행동함에 의해 영향을 받고 또 개인의 행동에 영향을 준다. 다시 말해 시장이자율은 개인이 미래소득에 대해 개인적으로 적용하려는 할인율이다. 그렇다면 지금까지의 우리의 설명을 통해 확인할 수 있는 것은 개인들은 시장이자율에 의해 반영된 미래소득보다는 사회적 할인율에 의해 집합적으로 반영된 미래소득을 더 높이 평가한다는 것을 알게 되었고 따라서 사회적 할인율은 시장이자율보다 낮아야 한다는 결론에 도달하게 되는 것이다.

(2) 사회적 할인율이 높아야 한다는 주장[8]

비용·편익분석에서 사용되는 사회적 할인율이 공공투자사업의 기회비용에 근거하여 결정되어야 한다는 논리 속에는 사회적 할인율을 높게 잡아야 한다는 사상이 깔려 있다. 여기서의 기회비용이란 사회구성원들이 공공투자사업 때문에 현재와 장래에 포기하지 않으면 안 되는 어떤 것들을 의미한다. 공공투자사업의 평가에 사용되는 사회적 할인율은 오직 사업편익이 공공투자의 진정한 기회비용을 능가하여 더 많이 발생될 때에 한해서 순현재가치(NPV)가 0보다 크게 되도록 하는 그런 할인율이 되어야 할 것이다. 이 때의 진정한 기회비용은 앞에서 이미 지적한 대로 민간부문에서 비슷한 자원에 의해 벌어들일 수 있는 수익을 가리킨다. 어떤 의미에서는 공공투자사업의 사회적 할인율은 민간투자사업들과 비교하여 최저로 용납될 수 있는 최저기준수익률(cut-off rate)이라고 할 수 있겠다.

기회비용의 개념을 앞에서 소개한 기업할인율(corporate dis-

8) 본문의 내용은 William Baumol의 논문(주 4)에서 주로 인용되었음.

count rate)에 적용시켜 생각해 보자. 기업이 적용하는 할인율은 만약 국공채이자율이 5%, 위험프리미엄이 3%, 그리고 기업이윤에 부과하는 법인세가 50%라고 하면 그 때에는 16% 정도가 된다고 앞에서 지적하였다. 즉, 기업할인율은 $2(r+\bar{r})$이 된다. 여기서 r은 국공채이자율, $\bar{r}$는 위험프리미엄을 뜻한다. 다시 말하여 법인세가 50%인 경우 과세 전의 기대수익률 $(r+\bar{r})$의 2배에 해당되는 수준까지 기업할인율을 올려야 하며 이것을 공공투자사업에서의 할인율로 사용할 수 있다는 것이다.[9]

공공투자사업에서 자본의 기회비용은 공공사업의 재원조달 상황을 고려할 때 이것이 더욱 커질 가능성이 많다. 이 점에 대하여 좀더 설명해 본다. 재원조달이 해외차관과 같은 금융적 방법에 의존한다면 자본의 기회비용은 차입금의 이자율에 크게 영향을 받게 된다. 그러나 재원이 조세 혹은 공채발행에 의하여 조달된 것이라면 이것은 민간부문의 소비 및 투자를 희생한 것이므로 자본의 기회비용이 상대적으로 증가한다. 특히 불완전한 자본시장에서 공채발행을 통해 재원을 조달할 때에는 민간자본의 위축현상은 거의 대부분 일어난다.

1단위의 공공사업의 재원조달 때문에 희생되는 민간투자몫을 θ라고 하고 민간소비의 감소몫을 $(1-\theta)$라고 하자. 민간투자로부터 통상 기대되는 총수익률을 P라고 하면 P는 사회적 할인율 r_s보다 크게 된다. 왜냐하면 총수익률 P에는 법인세라든가 자본소득에 대한 개인소득세가 포함되어 있기 때문이다. 민간투자가 P만큼의 영구적 수익을 가져오고, 이 수익이 모두 소비된다면 수익

---

9) 일반적으로 표현하여 다음과 같은 공식이 성립될 수 있다.

$$\text{기업할인율} = [\text{정부공채이자율} + \text{위험프리미엄}] \times \frac{1}{(1-\text{법인세율})}$$

률의 현재가치는 P/r_s이다. 따라서 희생되는 민간투자의 기회비용은 $\theta \cdot \dfrac{P}{r_s}$이 된다. 민간소비의 희생부분은 현재소비액의 희생이므로 이 때의 기회비용은 바로 $(1-\theta)$이다. 그러므로 공공사업 1단위의 기회비용을 α라고 표시할 때 이것은 다음과 같이 된다. 즉,

$$\alpha = (1-\theta) + \theta \cdot \frac{P}{r_s}$$

이 때 α는 1보다 크다. 공공사업 1단위의 기회비용이 α라면, 이러한 기회비용을 반영한 사회적 할인율(r_w)은 통상의 사회적 할인율(r_s)에 α를 곱한 것이 될 것이다. 따라서,

$$r_w = \alpha \cdot r_s$$
$$= (1-\theta)r_s + \theta P$$

로 표시된다. 이처럼 재원조달 측면을 고려했을 때의 사회적 할인율은 그렇지 않을 때의 사회적 할인율보다 크게 됨을 알 수 있다 (즉, $r_w \geq r_s$).

사회적 할인율을 자본의 기회비용에 연결시켜 기업할인율 수준까지 높여야 하고 여기에다 재원의 조달방안까지 고려할 때 이보다 더 높아질 수 있다는 주장은 사실 다음과 같은 두 가지 전제가 충족될 때에만 설득력이 있다.

첫째, 공공투자사업이 민간투자사업을 실질적으로 대체하여 민간투자사업이 공공투자사업만큼 감소해야 한다. 그러나 공공투자사업의 재원이 조세징수로 이어졌다면 이 때에는 민간투자보다는 민간소비가 더 크게 영향을 받을 가능성이 많다.

둘째, 민간기업투자로부터 기대되는 수익률이 앞에서의 $2(r+\bar{r})$ 수준에 달하도록 높게 실현되어야 한다. 그러나 현실은 여러 가지 불확실성 때문에 $2(r+\bar{r})$ 수준의 수익률을 실현하지 못하는 민간

기업투자가 많이 존재할 것이다.

8.3.3 할인율의 결정: 선택의 문제

이상으로 우리는 앞에서 사회적 할인율의 규모에 관한 논쟁을
통해서 사회적 할인율이 실존하는 시장이자율보다 낮아야 한다는
주장과 반대로 사회적 할인율은 시장이자율보다 최소한 두 배는 높
아야 한다는 주장이 있음을 소개하였다. 그러나 어느 주장이 더옳
은지 명확히 판단을 내리기가 용이하지 않으며 이에 대한 판단기
준이라는 것이 존재하지도 않는다.[10] 어떤 의미에서는 적정할인율
의 결정은 주관적 선택의 문제이며 경험에 의한 눈대중방법(a rule
of thumb)으로 이루어질 수도 있다고 하겠다. 다만 공공투자사업의
타당성을 평가하는 사람들이 평가의 질적 수준을 높이기 위하여 각
종 자료와 가능한 모든 접근방법을 동원하여 최선의 할인율을 선
택하도록 노력하는 방법밖에 없을 것이다. 다음 장에서우리는 민감
도분석(sensitivity analysis)을 논의하고자 하는데, 민감도분석을 통
해 어떤 수준의 할인율에서 특정사업평가가 가장 민감하게 영향을
받는가(즉, 어느 수준의 할인율에서 $NPV=0$이 되는가)를 파악하고 이
수준보다 조금 낮은 것을 유사한 사업에의 할인율로 사용하는 방
법은 권장할 만하다. 그리고 앞에서 이미 소개한 바대로 전 산업의
평균수익률을 계산하여 이를 사회적 할인율로 사용해도 무방하다.

대체로 미국과 같은 선진국에서는 7~10%, 개발도상국 내지
한국을 포함한 중진국에서는 8~15% 수준에서 사회적 할인율이

---

10) 국제기구로서 UN산하기구에서는 낮은 사회적 할인율을 선호하는 반면, 세계은
행(World Bank)과 같은 국제금융기관에서는 자본의 기회비용 접근방법을 더
선호하는 경향이 있다.

적용되고 있다. 그리고 프로젝트별로 서로 상이한 사회적 할인율을 적용할 수도 있다. 예컨대 농업개발 프로젝트에는 5%, 수자원 프로젝트에는 7%, 제조업 프로젝트에는 10%의 할인율을 각각 적용하는 것이 그 예이다.

8.4 내부수익률과 사업의 평가

우리는 앞의 제 3 장(3.2.5)에서 내부수익률을 소개하면서 내부수익률이란 투자사업이 원만하게 진행된다고 할 때 그 사업에서 기대되는 예상수익률로서 그 사업의 NPV를 0으로 만드는 어떤 할인율로 계산된다고 설명하였다.[11] 그리고 이렇게 계산된 내부수익률이 사회적 할인율보다 높으면 그 사업은 타당성이 있는 것으로 평가된다고 하였다. 즉,

$$IRR(내부수익률) > r_s(사회적\ 할인율)$$

이면 사업의 타당성이 인정된다. 이 때의 사회적 할인율(r_s)은 사업평가자의 입장에서 그 사업을 통해 얻어야 한다고 느끼는 최소한의 수익률(cut-off rate)을 의미한다. 내부수익률기준이 사업평가에 널리 사용되는 이유는 내부수익률을 계산하는 데 있어 순현재가치(NPV)기준과 달리 사회적 할인율을 몰라도 그 계산이 가능하기 때문이다.

그러면 이해에 도움을 주기 위하여 내부수익률이 어떻게 계산

11) 내부수익률이 NPV를 0이 되게 하는 어떤 할인율이라고 정의한다고 해서 내부수익률을 할인율의 일종으로 생각하면 안 된다. 위의 정의는 내부수익률의 개념을 염두에 두면서 순전히 계산을 위한 방편으로 그렇게 한 것이고 내부수익률과 할인율은 서로 완전히 다른 개념이다.

되는가를 설명해 보자. 다음의 [표 8-4]에서 내부수익률의 계산과 정을 보여 주고 있다. 표에서 A란과 B란은 30년에 걸쳐 발생할 것으로 예측되는 사업비용과 사업편익을 각기 보여 주고 있으며, C란은 편익과 비용의 차액인 순편익을 보여 주고 있다. 이제 할인 율을 16%로 했을 때의 할인계수(discount factor: $1/(1+r)^t$)가 D란 에 계산되어 있다. 사업의 순현재가치를 구하기 위하여 C란과 D 란을 곱하여야 하는데, 표에서 보듯이 16%로 할인할 경우의 순현 재가치는 $+2.21$로 계산되었다. 다시 말하여 이 사업은 16%의 할 인율에서는 순현재가치가 정(+)이 되므로 타당성이 있다. 그러나 똑같은 절차로 할인율을 20%로 할 경우에는 순현재가치는 -1.58

[표 8-4] 내부수익률의 계산   (단위: 100만 달러)

연 수	사업비용 (A)	사업편익 (B)	순 편 익 $(B-A$ $=C)$	할인계수 $(r=16\%)$ (D)	현재가치 $(r=16\%)$ $(C \times D)$	할인계수 $(r=20\%)$ (E)	현재가치 $(r=20\%)$ $(C \times E)$
1	1.09	0	-1.09	0.862	-0.94	0.833	-0.91
2	4.83	0	-4.83	0.743	-3.59	0.694	-3.35
3	5.68	0	-5.68	0.641	-3.64	0.579	-3.29
4	4.50	0	-4.50	0.552	-2.48	0.482	-2.17
5	1.99	0	-1.99	0.476	-0.95	0.402	-0.80
6	0.66	1.67	$+1.01$	0.410	$+0.41$	0.335	$+0.34$
7	0.97	3.34	$+2.37$	0.354	$+0.84$	0.279	$+0.66$
8	1.30	5.00	$+3.70$	0.305	$+1.13$	0.233	$+0.86$
9	1.62	6.68	$+5.06$	0.263	$+1.33$	0.194	$+0.98$
10~30	1.95[1]	8.38[1]	$+6.43$[1]	1.570[2]	$+10.10$	0.948[2]	$+6.10$
합 계	63.60	192.67	$+129.07$		$+2.21$		-1.58

주: 1) 10차년도와 30차년도 사이에 발생하는 연간비용과 편익으로서 총계를 구하기 위 해서는 이 금액에다가 21을 곱해 주어야 함.
   2) 10차년도와 30차년도간의 할인계수의 누적합계임.

로 계산되어 20%의 할인율에서는 타당성이 없게 된다.

그러면 이 사업의 내부수익률은 얼마일까? 내부수익률은 순현재가치를 0이 되게 하는 할인율이므로, 표의 예에서는 16%와 20% 사이에 있는 어느 할인율이 될 것이다. 내부수익률의 값을 산술평균의 개념을 이용하여 다음과 같이 계산할 수 있다.

$$IRR = r_1 + (r_2 - r_1)[NPV_1 \div (NPV_1 + NPV_2)]$$
$$= 16 + 4[2.21 \div (2.21 + 1.58)]$$
$$= 16 + 4(0.58) = 18.32\%$$

여기서 r_1은 순현재가치가 정이고 부가 되는 두 가지의 할인율 가운데서 낮은 할인율, r_2는 두 가지 가운데서 높은 할인율, NPV_1는 r_1일 때의 순현재가치의 절대치, 그리고 NPV_2는 r_2일 때의 순현재가치의 절대치이다. 이렇게 하여 계산된 내부수익률은 18.32%가 된다. 따라서, 사회적 할인율이 16%일 때에는 IRR(18.32%)$>r_s$(16%)이므로 이 사업은 타당성이 있게 되나, 사회적 할인율이 20%일 때에는 IRR(18.32%)$<r_s$(20%)이므로 사업의 타당성이 없게 된다.

내부수익률은 일종의 이익률 개념이므로 내부수익률이 높을수록 사업의 타당성도 그만큼 높아진다. 따라서 여러 개의 사업들 가운데서 우선순위를 결정할 때에도 내부수익률이 높은 순서대로 선택하면 된다. 그러나 이것은 어디까지나 여러 사업들이 서로 독립적인(independent) 관계를 가지고 있을 경우에서만 허용될 수 있는 기준이다. 사업들이 상호배타적(mutually exclusive)인 관계를 가지고 있을 때에는 내부수익률의 크기에 따라 사업을 선정하는 방법은 옳지 못하다.[12]

12) 제3장의 주 (5)를 참조할 것.

그러면 상호배타적인 사업(예컨대 큰 댐 對 작은 댐)간의 선택은 어떻게 이루어지는가? 다음의 [표 8-5]를 가지고 이를 설명하고자 한다. [표 8-5]는 큰 댐과 작은 댐의 비용·편익에 관한 정보를 보여 주고 있으며 우리의 관심은 이 두 가지 대안 중에서 어느 것을 선택하느냐이다. 즉, 큰 댐과 작은 댐 가운데서 한 사업이 선택되면 다른 사업은 자동적으로 배제된다.

[표 8-5]의 A란은 큰 댐의 순편익($B-C$)흐름을, B란은 작은 댐의 순편익($B-C$)흐름을 보여 주고 있다. 이 정보만 가지고도 우리는 큰 댐과 작은 댐의 내부수익률을 계산할 수 있다. 그러나 우리가 여기서 거듭 강조하는 것은 상호 배타적인 사업들의 내부수익률을 계산하여 이를 직접 비교하는 것은 아무런 의미가 없다는

[표 8-5] 상호 배타적인 사업에서의 내부수익률 계산 (단위: 천 달러)

연수	큰 댐의 순편익흐름 (A)	작은 댐의 순편익흐름 (B)	양 댐의 순편익 흐름의 차이 ($C=A-B$)	할인계수 ($r=12\%$)	현재가치 ($r=12\%$)	할인계수 ($r=15\%$)	현재가치 ($r=15\%$)
1	-1,500.0	-500.0	-1,000.0	.893	-893.0	.870	-870.0
2	-1,000.0	+135.0	-1,135.0	.797	-904.6	.756	-858.1
3	+250.0	+135.0	+115.0	.712	+81.9	.658	+75.7
4	+350.0	+135.0	+215.0	.636	+136.7	.572	+123.0
5	+450.0	+135.0	+315.0	.567	+178.6	.497	+156.6
6~20	+560.0	+135.0	+425.0	3.864	+1,642.2	2.907	+1,235.5
합계	+6,950.0	+2,065.0	+4,885.0		+241.8		-137.3

[설명]: 양 댐의 순편익흐름의 차이(C란)에 대한 내부수익률:

$$IRR=12+3\left(\frac{241.8}{379.1}\right)=14\%$$

따라서 if 사회적 할인율(r_s)<14%, 큰 댐 선정

if 사회적 할인율(r_s)>14%, 작은 댐 선정

if 사회적 할인율(r_s)=14%, 양 댐간의 차이 없음

것이다. 그러면 어떻게 해야 하는가? 해답은 큰 댐의 순편익흐름과 작은 댐의 순편익흐름간의 차이를 구하고 이것에 대한 내부수익률을 계산하는 것이다. 즉, [표 8-5]의 C란처럼 두 사업의 순편익흐름의 차이(A란$-B$란)를 구하고 이 차액의 흐름에 대한 내부수익률을 계산하고자 하는 것이며 이렇게 계산된 IRR이 약 14%가 되었다. 이제 만약 사회적 할인율(자본의 기회비용)이 14%보다 낮으면 큰 댐이 더 효율적이라는 것을 의미하므로 큰 댐을 선택하고, 만약 사회적 할인율(자본의 기회비용)이 14%보다 높으면 작은 댐이 더 효율적임을 의미하게 되어 작은 댐이 선택된다.

상호 배타적인 사업으로 비용·편익분석에서 자주 거론되는 경우는 대체로 세 가지 정도이다. 첫째, 사업의 규모를 어느 정도로 할 것인가?(큰 댐 對 작은 댐), 둘째, 사업의 시기는 언제로 할 것인가?(내년 對 내후년), 셋째, 사업의 기술은 어떤 것으로 할 것인가?(수동식 對 기계식) 등이다.

8.5 한국의 사회적 할인율 추정

우리 나라에서의 사회적 할인율에 대한 연구는 그 수가 그리 많지 않다. 여기에 그 동안 진행되어 온 몇몇 연구결과에 대하여 간략히 소개하고자 한다. 사회적 할인율에 대한 최초의 연구는 1978년 한국개발연구원(KDI)[13]에서 이루어졌는데, 자본의 기회비용 개념을 활용하여 민간자본의 한계수익률을 계산하였다. 민간자본의 한계수익률은 우리 나라 실물자본 총액을 기초로 산정된 평균수익률의 장기적 추세로서 간주되었다. 이와 같이 계산된 평균

13) 구본영, 「한국의 잠재가격지수 추정」, 한국개발연구(한국개발연구원, 1978).

수익률을 사회적 가치(국경가격)로 전환하기 위하여 OECD 지침에 따라 교역재 가격에 적용되는 전환계수(conversion factor)를 이에 적용하였다. 그 결과로서 우리 나라의 사회적 할인율은 13%로 계산되었다.

1980년대에 들어와서 우리 나라 공공투자사업에 대해서는 13%의 할인율이 일률적으로 적용되었는데, 이것이 지나치게 높다는 인식이 나타났다. 특히 전력산업부문의 투자사업에 대한 경제적 타당성을 검토하는 데에는 13%가 너무 높다는 의견이 제기되어 전력부문에 적용할 사회적 할인율을 추정하는 연구가 1980년대 말에 있었다.[14] 여기서는 국내자본(투자)의 수익률 이외에 해외차관이자율 및 UNIDO 지침에서 제시된 시간선호율 등을 가중평균하는 방법을 채택하였다. 사회적 할인율도 일종의 이자율 개념이므로 투자수익률과 시간선호율을 동시에 고려해야 한다는 논리에 따른 것이다. 이렇게 해서 제시된 할인율 값이 대략 10%이었다.

1990년대에 들어 초반에는 우리 나라에서 실무적으로 이용될 수 있는 사회적 할인율에 대한 논의는 거의 나타나지 않았다. 사회적 할인율에 대해서 선진국에서도 한결같이 이론적 논의만 있었고 이렇다 할 실무적 수치를 제시하지 않았던 당시의 분위기 탓이기도 하였지만, 사회적 할인율은 복잡한 이론적 방식으로 추정되기보다는 경험적 시각에서 결정하는 것이 더 현실적이라는 인식이 보편화되었기 때문이다. 그러다가 우리 나라에서 공공투자의 사회적 할인율에 대한 관심이 다시 촉발된 것은 1995년 우리 나라에 민자유치제도가 본격 도입된 이후라 할 수 있다. 민간자본을 공공

---

14) 최기련 외, 「전력수급 적정화 방안 연구」, (한국동력자원연구소, 1985): 이선·옥동석, 「공공투자의 적정할인율 분석」, 정책연구자료 87-12(한국개발연구원, 1987): 강광하 외, 「전원개발계획수립에 있어서의 적정할인율 결정」(서울대학교 경제연구소, 1988).

부문에 유치하는 데 민간 사업자에게 인정해 주어야 할 최저수익률
이 어느 정도까지인가에 대한 의문을 해결하는 과정에서 최저기준
수익률(cut-off rate)으로서의 사회적 할인율이 그 대안으로 제시되
었던 것이다. 이러한 상황에서 수행된 한 연구보고서는 민자조달 공
공투자에 초점을 맞추어 위험프리미엄을 포함한 민간기업의 재무적
할인율을 공공투자사업의 사회적 할인율로 삼아야 한다고 주장하
면서 그 수치를 13~17%로 계산하였다.[15] 이 수치는 경제분석에서
적용되는 할인율이 재무분석에서 적용되는 할인율보다 낮아야 할
이유가 없다는 경제학적 주장이 그 배경에 깔려있다 하겠다.

    2000년대에 들어와서 한국개발연구원(KDI) 산하의 「공공투자
관리센터」에서 그 동안의 사회적 할인율에 대한 연구들을 점검한
후 나름대로 취약점을 보완하여 새로운 사회적 할인율을 추정하였
는데, 이 때 사용한 공식은 다음과 같은 것이었다.[16]

$$r_s = \frac{(1-s)q}{(1-s)+sM} + sr$$

여기서 r_s = 사회적 할인율
q = 시간선호율
r = 투자수익률
s = 소득이 재투자되는 비율
$(1-s)$ = 소득이 소비로 처분되는 비율
M = 투자의 잠재가격

    위 식은 사회적 할인율을 시간선호율(q)과 투자수익률(r)의 가
중평균값으로 구하고 있다. 이 때의 가중치는 소득을 평가척도로 삼
고 이 소득이 재투자(또는 저축)되는 비율(s)과 소비로 처분되는 비

---

15) 최도성, 「공공투자사업의 할인율 분석」, 정책연구보고서 98-05(교통개발연구원,
    1998).
16) 공공투자관리센터, 「예비타당성조사수행을 위한 일반지침 연구(개정판)」(한국
    개발연구원, 2000), 제14장 참조.

율$(1-s)$로 잡고 있다. 또한 위 식은 투자의 잠재가격(M)을 변수로 채택하고 있는데 투자의 잠재가격이 높을수록 투자의 중요성이 인정되므로 공공투자사업에 적용되는 사회적 할인율은 낮아지게 된다. 만약 $M=1$이라면 위 식에서 $r_s=(1-s)q+sr$이 된다.

「공공투자관리센터」에서 2000년도에 채택한 수치들은 $s=0.35$, $q=8\%$, $r=13\sim14\%$, $M=1.5\sim2.0$이었으며, 그 결과로서 추정된 사회적 할인율은 대략 9% 내외였다. 물가상승률을 고려하여 인플레이션 효과를 제거시킨 실질 사회적 할인율의 최대치로 7.5%를 제안하였다. 2011년 현재 실질 사회적 할인율은 5.5%로 하향조정되었다.[17]

이상으로 한국에서의 사회적 할인율 연구들을 간략히 살펴보았는데, 몇 가지 논쟁거리가 아직 남아 있다.

첫째로, 실질할인율과 명목할인율에 대한 구분이 명확하지 못하다. 어떤 것으로 해야 하느냐에 대한 의견도 통일되어 있지 못하다. 실질할인율을 사용하는 것이 원칙이겠으나 그 수치가 불분명하다.

둘째로, 다양한 공공부문에서 하나의 단일한 할인율을 사용할지, 분야별로 다양한 할인율을 적용할지에 대해서도 명확하지 못하다. 분야별 특성에 따라 다른 할인율을 적용함이 바람직하겠으나 그 기준이 불분명하다.

셋째로, 공공부문에서 재무적 타당성을 검토하여 의사결정을 내려야 하는 경우가 발생하는데, 이 때의 재무적 할인율은 사회적 할인율과 개념상 달라야 한다. 그러나 그 격차가 얼마만큼 달라야 하는가에 대한 의견도 아직 정리되어 있지 않다.

---

17) 철도부문과 수자원부문의 경우 사업기간을 30년에서 40년으로 확대하면서 마지막 10년분에 대해서는 4.5%의 사회적 할인율을 적용하도록 하였다.

제 9 장   민감도분석

9.1   민감도분석의 목적

공공사업을 운영하는 과정에는 예기치 못한 변동상황이 발생하며 각종의 위험요소들이 도사리고 있다. 이는 그만큼 미래의 불확실성이 존재하고 있다는 것을 의미한다. 따라서 공공사업에 대한 타당성을 사전에 평가할 때 이와 같은 변동상황을 미리 고려하여 이것이 공공사업의 성패에 어떠한 영향을 미치는가를 분석하고 이 결과를 함께 최종결정권자에게 제출하는 것이 중요하다. 이렇게 하는 것이 중요한 이유는 여러 가지 변동상황에 대한 분석결과가 최종결정권자의 사업선택에 관한 최종판단에 도움을 줄 뿐만 아니라 사업의 성공적 집행을 위한 사전예방조치를 강구하도록 하는 계기를 마련하기 때문이다. 이처럼 미래에 발생할 수 있는 다양한 변동상황이 사업에 어떤 영향을 미치는가를 분석하는 것을 민감도분석(sensitivity analysis)이라고 한다.

비용·편익분석은 미래에 발생하는 비용과 편익을 사전에 예측하는 것이므로 여기에는 예측상의 오차가 생기기 마련이다. 사업분석가는 이 오차의 정도를 가능한 정확히 파악하여 최종결정권자에게 인지시키는 것이 중요하다. 만약 두 개의 사업대안이 있다고 하고 한 사업의 순현재가치가 다른 사업의 순현재가치보다 상당히 크면서 오차는 매우 작다면 최종정책결정자는 확신을 가지고 전자의 사업을 선택하게 될 것이다. 그러나 사업의 순현재가치가 아무리 크더라도 오차 역시 매우 크다면 최종정책결정권자는 도리어 후자의 사업을 선택하게 될지도 모르고 양 사업 중 어느 사업도 선택하지 않을 수도 있다. 그렇지 않으면 제3의 사업을 물색하도록 지시하게 될 수도 있는 것이다. 여기서 지적하고자 하는 점은 사업분석가는 아무튼 모든 가능한 정보를 최대로 수집·정리하여 최종결정권자에게 제출함으로써 자신의 예측이 지나치게 맹신되든가 반대로 지나치게 경시되는 일이 없도록 최선을 다해야 한다는 것이다.

　　위험의 정도(degree of risks)로 볼 때 공공투자사업이 민간투자사업보다 덜하지 않겠느냐는 주장이 자주 제기되고 있으나 공공투자사업이 덜 위험하다는 근거는 아무데도 없다. 공공투자사업은 나름대로 독특한 특성을 가지고 있으므로 어떤 경우에는 민간투자사업보다 훨씬 심각한 위험성이 내재되어 있다. 따라서 이를 예방하기 위한 민감도분석은 공공투자사업에서 매우 중요하다고 하겠다.

9.2　민감도분석의 접근방법

　　민감도분석을 행하는 데는 대체로 다음에 소개되는 세 가지 접근방법 중의 하나를 선택하게 된다.

9.2.1 주관적 예측

주관적 예측이란 장래에 발생할지도 모를 변동상황을 주관적인 느낌으로 예측하고 판단하는 것으로 가장 신속하고 간편한 접근방법이라고 하겠다. 이와 같은 판단은 분석전문가의 경험과 감각에 의존하는 경우가 많다. 좋은 예로서 사업의 비용·편익분석에 의해 산정된 순현재가치(NPV) 또는 내부수익률(IRR)에 ±10%의 오차가 발생할 수 있다고 지적하는 경우이다. 또 다른 예로 측정된 NPV가 나중의 실제 NPV와 10% 이상 차이가 날 확률은 0.05(5%) 이하라고 지적하는 것 등등이 이에 해당된다. 이와 같은 오차에 대한 예상은 여러 방법에 의해 도출될 수 있겠지만 여기서 강조하고자 하는 것은 이러한 오차의 예상이 공식적인 계산과정을 통해 도출되는 것이 아니라 순전히 주관적·경험적 판단에 의해 도출된다는 점이다.

9.2.2 선택적 민감도분석

첫 번째의 접근방법이 순전히 주관적인 판단에 맡기는 것이라면, 두 번째의 선택적 민감도분석(selective sensitivity analysis)이란 객관적인 검토과정을 거쳐 이루어지는 것으로 여러 가지 가능성 있는 변동상황 가운데서 중요한 상황들을 선택하고 이들의 변화가 사업의 NPV와 IRR에 어떻게 영향을 미치는가를 밝혀 내는 방법을 말한다.

특히 다음과 같은 상황에 대해서 심층분석이 이루어져야 할 것이다.

① 산출물의 가격과 산출량이 예상과 달리 변동되었을 때 사

업의 타당성은 어떻게 변할 것인가?

② 투입물의 가격과 투입량이 당초계획과 달리 변동되었을 때 사업의 타당성은 어떻게 변하게 될 것인가?

③ 시설의 가동률이 당초계획과 달라진다면 이것이 사업의 비용과 편익흐름에 어떠한 영향을 주게 될 것인가?

④ 공사기간이라든가 혹은 시설가동률을 목표수준까지 끌어올리는 데 소요되는 시간 등이 예상보다 길게 늘어날 경우 이것이 사업의 타당성에 어떠한 영향을 줄 것인가?

이와 같은 선택적 민감도분석의 결과를 하나의 표로 요약·정리한다면 다음의 [표 9-1]과 같이 될 것이다.

[표 9-1]은 9가지의 상이한 변동상황을 고려하면서 이러한 변화가 내부수익률의 크기에 얼마만큼 영향을 주는가를 보여 주고 있다. 여기서의 변동상황은 모두 불리한 상황이므로 내부수익률은

[표 9-1] 선택적 민감도분석

	변화폭(%)	내부수익률(%)	민감도지수[1]
기준측정	—	22.01	—
① 투자비용	+10	20.36	0.75
② 운영비	+15	20.66	0.41
③ 산출물 가격	−10	19.24	1.26
④ 생산성	−15	18.52	1.06
⑤ 시설가동률	−10	19.81	1.00
⑥ 건설기간연장	1년	20.21	—
⑦ 위 가정들의 조합			
i) ①+②+⑥		17.63	
ii) ①+②+③		16.32	
iii) ④+⑤+⑥		15.33	

주[1]: 민감도지수=내부수익률의 %변화/관련변수의 %변화폭

당초의 기준측정보다 모두 낮아지는 것으로 되어 있다. 그러나 이 가운데서도 ③의 산출물 가격변동이 가장 민감하게 내부수익률에 영향을 주고 있음이 발견된다. 왜냐하면 이 변수에서의 민감도지수(sensitivity indicator)가 가장 크기 때문이다. 따라서 향후 산출물가격이 어떻게 변동될 것인가에 보다 철저한 관찰 및 분석이 요구되며 이에 대한 사전예방조치들이 강구되어야 할 것이다.

이처럼 민감도지수가 사업의 성공적 완성을 위한 사전예방조치 등을 강구하는 수단으로 활용되고 있는데, 이와 비슷한 것으로 전환값(switching value)이 있다. 전환값이란 사업의 순현재가치를 0으로 만드는 어떤 변수의 변화분을 백분율(%)로 나타낸 값을 의미한다.

[표 9-2]의 예가 전환값이 어떻게 계산되는지를 보여 주고 있다. 어떤 사업의 순현재가치에 영향을 미치는 주요 변수로서 자동차 수요, 유가, 그리고 건설비용이 있다고 하고, 자동차 수요가 10% 감소하면 순현재가치가 30억 원 감소하여 순현재가치값이 0이 된다고 하면 이 때의 자동차 수요의 전환값은 −10%가 된다. 같은 방식으로 만약 유가가 15% 상승하면 순현재가치가 15억 원 감소하여 순현재가치값이 15억 원이 된다고 하면, 유가가 30% 상승할 때 순현재가치값이 0이 될 것이므로 유가의 전환값은 +30%가 된다. 동일한 방식으로 건설비용의 전환값은 +20%이다. 사업

[표 9-2] 전환값 계산의 예

변수의 변화	순현재가치의 변화	순현재가치	전 환 값
자동차 수요 10% 감소	−30억 원	0	−10%
유가 15% 상승	−15억 원	15억 원	+30%
건설비용 20% 상승	−30억 원	0	+20%

이 성공적으로 완성되기 위해서는 순현재가치값이 최소한 0보다 커야 하는데, 이렇기 위해서는 주요 변수들의 변화폭을 어디까지 감수할 수 있는가를 밝혀주는 것이 전환값의 역할이라고 하겠다.

9.2.3 일반적 민감도분석

일반적 민감도분석(general sensitivity analysis)은 사업의 NPV 또는 IRR에 영향을 미칠 수 있는 주요 변수(key parameters)들의 변화가 "실제적"으로 일어날 수 있는 가능성을 모두 나열하고 이 가능성 하나하나에 대하여 확률을 부여함으로써 장래에 발생하는 여러 가지 상황을 종합적으로 정리·분석하는 방법을 뜻한다.

예컨대 선택적 민감도분석에서는 몇 가지 선택된 주요 변수들의 변화상황으로 범위를 제한하고 이에 대한 민감도를 계산하는 것이라면, 일반적 민감도분석에서는 주요 변수가 10개이고 변화될 수 있는 상황이 3가지(예: 高, 中, 低)라면 총 $3^{10}(=59,049)$ 가지의 변화상황을 모두 고려하여 이의 효과 및 이에 상응하는 확률을 배분하는 접근방법을 택한다.

따라서 일반적 민감도분석은 사업효과에 대한 확률분석(probability analysis)이라고 하겠으며 일종의 위험분석(risk analysis)이라고 하겠다. 이에 대하여 다음 절에서 좀더 고찰하기로 한다.

9.3 일반적 민감도분석(예)

앞(9.2)에서 우리는 민감도분석의 세 가지 접근방법을 소개하

였는데, 이 중 위험분석의 전형적 접근방법이라고 할 수 있는 일
반적 민감도분석에 대하여 예를 들어 가면서 좀더 설명해 보자.[1]
일반적 민감도분석은 모든 발생가능한 상황에 대한 확률분석이며,
따라서 사업의 여러 가지 측면(위험상황 포함)을 확률에 입각하여
설명하고 있으므로 사업이 성공할 수 있는 상황 또는 사업이 실패
할 수 있는 상황 등을 확률적으로 정리하여 최종결정권자에게 제
시해 주게 된다.

　　이제 어느 공공사업의 순현재가치(NPV)에 영향을 주는 주요
변수가 k개 있다고 하자. 즉,

$$\alpha = \{\alpha_1, \ \alpha_2, \ \cdots, \ \alpha_k\}$$

　　α의 하나하나가 변할 때 NPV도 변한다. 그런데 통상 각각의
α들은 서로 독립적으로 변한다기보다는 상호 영향을 주고 받는
경우가 더 흔하다. 예컨대, 다음의 세 가지 변수는

$$\alpha_1 = 1997년의 \ 휘발유값(P_0)$$
$$\alpha_2 = 1997년의 \ 휘발유소비량(Q_0)$$
$$\alpha_3 = 1997년의 \ 천연가스값(P_G)$$

이라고 하고, 이 세 변수들의 변동가능성이 세 가지 정도로 예상
된다고 하자. 즉 高(H), 中(M), 低(L) 정도로 변동이 예상되며[2]
이러한 변화가 일어날 수 있는 확률이 다음의 [표 9-3]에서와
같이 측정되었다고 하자. [표 9-3]의 확률분포는 사업분석가가 나

---

1) 일반적 민감도분석을 「몬테칼로분석」(Monte Carlo Simulation)이라고 부르기도
　한다.
2) 변동상황을 高, 中, 低 대신에 10%, 15%, 20% 등의 구체적 숫자로 표시할 수도
　있다.

[표 9-3]   주요 변수의 변동발생 확률

변 수	高(H)	中(M)	低(L)
$\alpha_1 = P_0$	1/3	1/2	1/6
$\alpha_2 = Q_0$	1/6	1/2	1/3
$\alpha_3 = P_G$	1/3	1/2	1/6

름대로 정보를 입수하여 작성한 것이다.

　　[표 9-3]에서의 세 개의 변수(α_1, α_2, α_3)와 세 가지 변동상황 (H, M, L)을 예로 하고 있으므로 총 $3^3(=27)$개의 서로 다른 상황 을 상상할 수 있다. 그러나 세 개의 변수를 우리가 잘 관찰해 볼 때 이 변수들은 서로 독립적이라기보다는 상호의존적이다. 세 변 수가 상호의존적인 관계를 가지고 있다는 것은 기초경제이론을 통 해서 자명해진다. 휘발유의 값(P_0)과 휘발유소비량(Q_0)은 휘발유의 수요·공급에 연계되어 있다. 휘발유값이 오르면 휘발유소비량은 감소한다. 반대로 휘발유값이 내리면 휘발유소비량은 증가한다. 이 렇게 볼 때 두 개의 변수(P_0와 Q_0)만을 대상으로 예상할 수 있는 상황은 9개가 아니고 세 개에 불과해진다. 즉,

$$(P_0, Q_0) = (H, L), (M, M), (L, H)$$

이다. 한편 또 다른 변수인 천연가스 값(P_G)의 경우는 어떠한가? 천연가스는 여러 방면에서 휘발유의 대체물로 사용된다. 따라서 휘발유값이 높아서 휘발유소비량이 감소하면 천연가스의 사용량 이 증가할 것이고 이것은 다시 천연가스의 값을 인상시키는 요인 이 될 것이다. 이렇게 볼 때 두 개의 변수(P_0와 P_G)만을 대상으로 예상할 수 있는 상황은 9개가 아니고 세 개에 불과해진다. 즉,

$$(P_0, P_G) = (H, H), (M, M), (L, L)$$

이다. 이런 식으로 세 가지 변수(P_0, Q_0, P_G)들에 의해 예상되는 변동상황은 총 27개가 발생하는 것이 아니라 다음과 같은 세 가지로 국한된다. 즉,

$$(P_0,\ Q_0,\ P_G)=(H,\ L,\ H),\ (M,\ M,\ M),\ (L,\ H,\ L)$$

이 세 가지 변동상황이 일어날 수 있는 확률을 [표 9-3]의 정보를 통해 계산해 보면, 각 상황(변수들의 조합)의 확률이 각기 1/3, 1/2 및 1/6이 됨을 알 수 있다.

그러면 지금까지의 설명을 민감도분석의 구조에 맞게 일반화시켜 보자. 변수 α들의 조합에 의해 형성된 변동상황을 세트(set)라고 부를 때 다음과 같은 두 가지 성격의 세트(set)를 생각할 수 있다.

① 만약 두 개의 변수, α_1과 α_2가 서로 연관되어 있다면 이 변수들은 동일한 세트 속에 있게 된다.

② 만약 두 개의 변수, α_1과 α_2가 서로 연관되어 있지 않으면 이 변수들은 동일한 세트 속에 있을 수 없다.

이는 각 변수 α_i는 한 가지 세트의 구성요소가 될 뿐, 한 가지 이상의 세트의 구성요소가 될 수는 없음을 의미한다. 이제 이러한 세트를 A_1, A_2, $\cdots$, A_j로 표시하면

$$A_j=\{\alpha_1,\ \cdots\ \}$$

그리고

$$j \leq k$$

가 될 것이다. k가 최초변수(α)들의 수를 표시한다면 j는 α들에 의해 구성된 세트(set) 수를 표시한다고 하겠다.

각 A_j 속에 있는 α_i들은 서로 연관되어 있으므로 각 A_j에는 일정한 형태의 변동상황의 조합이 형성되어 있다. 분석 전문가들은 이 조합들을 밝혀 내어 그 각각에 확률을 배분해야 한다. 이제 매 A_j가 θ가지의 서로 상이한 변동상황의 조합을 가지고 있다고 가정한다면, 이들은

$$A_{j1}, A_{j2}, \cdots, A_{j\theta}$$

로 표시되며 이에 상응하는 확률을 각각

$$P(A_{j1}), P(A_{j2}), \cdots, P(A_{j\theta})$$

로 표시할 수 있다. 당연히 이 확률들의 합은 1이 된다[즉, $P(A_{j1})+P(A_{j2})+\cdots+P(A_{j\theta})=1$].

지금까지의 설명을 좀더 구체적으로 요약해 보자. 변수 α가 6개 있다고 하면,

$$\alpha=\{\alpha_1, \alpha_2, \alpha_3, \alpha_4, \alpha_5, \alpha_6\}$$

가 되며 이들 α에 의해 형성된 세트(set)가 3개 있다고 하면,

$$A_1=\{\alpha_1, \alpha_2, \alpha_3\}$$
$$A_2=\{\alpha_2, \alpha_5\}$$
$$A_3=\{\alpha_6\}$$

로 구성되어 있는 세트를 상상할 수 있다. 그리고 이들 각 A_j에 대한 변동상황의 조합은 다음과 같을 수 있다.

$$\theta_1: \quad A_{11}=(H, L, H)$$
$$A_{12}=(M, M, M)$$

$$A_{13}=(L, H, L)$$

θ_2: $A_{21}=(L, L)$

$\quad\quad A_{22}=(L, M)$

$\quad\quad A_{23}=(M, M)$

$\quad\quad A_{24}=(M, H)$

θ_3: $A_{31}=(L)$

$\quad\quad A_{32}=(M)$

$\quad\quad A_{33}=(H)$

그리고 이들 각 조합들이 발생할 수 있는 확률은 [표 9-3]의 정보를 이용할 때 다음과 같다.

$$P(A_{11})=1/3$$
$$P(A_{12})=1/2$$
$$P(A_{13})=1/6$$

$$P(A_{21})=1/10$$
$$P(A_{22})=3/10$$
$$P(A_{23})=4/10$$
$$P(A_{24})=2/10$$

$$P(A_{31})=1/3$$
$$P(A_{32})=1/3$$
$$P(A_{33})=1/3$$

이상과 같은 예에서 우리가 설정하고 있는 변수들의 수는

$$k=6$$
$$j=3$$
$$\theta_1=3$$
$$\theta_2=4$$
$$\theta_3=3$$

이다. 이제 우리는 일반적 민감도분석의 핵심으로 돌아가서 모든 발생가능한 변동상황에서의 NPV를 구할 수 있다. 새롭게 계산되어야 할 NPV는 변동상황의 조합들의 총수, 즉 $\theta_1\times\theta_2\times\theta_3$이다. 우리의 예에서는 총 36개($=3\times4\times3$)의 새로운 NPV계산이 필요하다(이 때에는 물론 전자계산기의 도움을 절대적으로 받아야 할 것이다). NPV가 새롭게 계산되었다면 이 새로운 NPV 각각에 대한 확률계산이 뒤따라야 한다. 우리의 예를 다시 볼 때 발생가능한 변동상황으로 (A_{11}, A_{21}, A_{31})부터 시작할 수 있다. 이것은 다음과 같은 상황을 의미한다.

$$(A_{11},\ A_{21},\ A_{31})=(\alpha_1,\ \alpha_2,\ \alpha_3,\ \alpha_4,\ \alpha_5,\ \alpha_6)$$
$$=(H,\ L,\ H,\ L,\ L,\ L)$$

   H, M, L에 실제의 숫자를 적용시킴으로써 (A_{11}, A_{21}, A_{31})상황에서의 NPV가 계산된다(예컨대 $NPV=1,500$). 그리고 이 상황에 대한 확률은

$$P(A_{11})\times P(A_{21})\times P(A_{31})=1/3\times1/10\times1/3$$
$$=1/90$$

이 된다. 다시 말해 새로운 변동상황이 발생하여 $NPV=1,500$이 되는 이 특수상황의 발생확률은 1/90이라는 뜻이다.

그림 9-1   순현재가치(NPV)와 누적확률분포

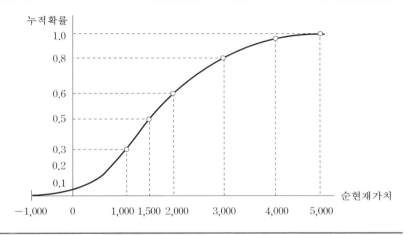

이렇게 총 36개의 변동상황에 대한 NPV와 이에 상응하는 확률을 모두 계산하고 나면, 이들을 NPV수준별로 확률을 누적시킨 누적확률분포(cumulative probability distribution)로 정리할 수 있게 된다. 이것은 위의 [그림 9-1]과 같이 정리될 수 있을 것이다.

[그림 9-1]을 통해 우리는 다음과 같은 결론을 도출할 수 있다.

① NPV가 0보다 작게 되는 확률은 약 0.05(5%)이다. 마찬가지로 NPV의 값이 0보다 크게 되는 확률은 0.95(95%)이다.

② 어떠한 상황에서도 NPV가 −1,000 이하로 내려가든가 +5,000 이상이 될 가능성은 전무하다.

③ NPV가 0~3,000 사이에 머물 확률이 80% 정도 된다.

④ 가장 잘 예상되는 NPV규모는 1,500이다(이 때 누적확률이 50%).

이상으로 일반적 민감도분석에 대한 개괄적인 예를 살펴보았는데 위의 예에서는 변동상황의 총수가 36개였으므로 이들 각각에

대한 NPV 및 이의 확률계산이 가능하겠지만, 만약 $\theta_1 \times \theta_2 \times \cdots \times \theta_j$의 수가 엄청나게 크면 이들 모든 상황에 대한 NPV 및 이의 확률계산이 어렵게 되고 또 모두 계산할 필요도 없게 된다. 이럴 경우에는 적절한 random sampling을 통해 500개 혹은 1,000개 정도의 상황을 선정하고 이들에 대해서 NPV 및 확률을 도출하는 것이 더 바람직할 것이다.

위의 일반적 민감도분석(일명 「몬테칼로분석」)은 순현재가치의 다양한 값들이 어떤 확률로 발생할 것인지를 일목요연하게 고려할 수 있으며, 이에 따라 순현재가치의 예상가중평균치(expected value)를 구할 수 있으므로 두 가지 이상의 대안 사업의 비교에 매우 유용하게 쓰일 수 있다. 그러나 이러한 일반적 민감도분석을 위해서는 [표 9-3]과 같은 주요 변수들에 대한 확률분포를 사전에 알고 있어야 한다는 단점이 있다. 주요 변수들의 확률분포에 대한 사전적 정보가 불가능한 것은 아니지만 분석을 위한 정보의 양이 많이 요구된다는 것은 그만큼 분석을 어렵게 한다. 또한 일반적 민감도분석은 여러 사업을 개별적으로 분석하고 있을 뿐, 여러 사업들간의 관계를 무시하고 있다. 현실적으로 공공투자사업은 여러 개가 동시에 진행되는 것이 보통이므로 여러 투자사업간의 관계를 제대로 고려하지 못하는 데서 발생하는 위험분석의 결점은 매우 치명적인 것일 수 있다.

9.4   위험과 불확실성

사업의 타당성분석에서 위험(risk)에 관한 논의가 빠져 있다면 그 분석은 완전할 수가 없다. 따라서 위에서 논의한 민감도분석

(특히 일반적 민감도분석)은 매우 중요하다. 위험분석(risk analysis)의 전형적인 형태인 일반적 민감도분석(일명 「몬테칼로분석」)을 다시 요약하면 다음과 같다.

첫째, 위험상황과 연관되어 있는 주요 변수들의 확률분포를 알아낸 후 이에 근거한 해당 투자사업의 다양한 순현재가치값들이 어떤 확률로 발생할 것인가를 예측한다. 즉 [그림 9-1]과 같은 순현재가치의 누적확률분포를 추정한다.

둘째, 해당 투자사업의 순현재가치의 예상가중평균치(expected value)를 계산하는 데 그 계산방법은 다음과 같다.

$$exp\ NPV = p_1 \cdot NPV_1 + p_2 \cdot NPV_2 + \cdots\cdots + p_n \cdot NPV_n$$

여기서 p는 각 순현재가치(NPV)의 발생확률이며, $p_1 + p_2 \cdots\cdots + p_n = 1$이다. 이렇게 계산된 순현재가치의 예상가중평균치($exp\ NPV$)를 다른 대안들의 그것과 비교하게 된다.

예를 들어 보자. 두 개의 대안이 있는데, 하나는 병원을 새로 신축하는 것이고 다른 하나는 기존 의료시설을 확대하는 것이라고 할 때, 이 때의 각 대안의 발생가능한 순현재가치값과 확률분포가 다음의 [표 9-4]와 같다고 하자.

[표 9-4] 두 개 대안의 순현재가치(NPV) 및 확률분포   (단위: 백만 달러)

대안(사업)	NPV_1	NPV_2	NPV_3
A(병원 신축)	−11.65	6.99	44.27
B(기존 의료시설 확대)	0.2	4.0	14.0
발생확률	0.3	0.6	0.1

각 대안의 순현재가치의 예상가중평균치는 다음과 같이 계산한다.

대안 A의 $exp\ NPV$:

$$0.3(-\$11.65)+0.6(\$6.99)+0.1(\$44.27)=5.13(백만\ 달러)$$

대안 B의 $exp\ NPV$:

$$0.3(\$0.2)+0.6(\$4.0)+0.1(\$14.0)=3.86(백만\ 달러)$$

대안 A의 순현재가치의 예상가중평균치값이 대안 B의 그것보다 높게 평가되었다. 따라서 예상할 수 있는 위험상황을 종합적으로 점검한 후의 결론은 대안 A가 더 효율적이라는 것이다.

이상으로 위험분석의 간단한 예를 살펴보았는데, 물론 위의 예에서는 대안들의 편익을 계산하는 데에 별 문제가 없다는 것을 전제로 한 것이다.

그러나 우리가 이미 잘 알고 있듯이, 교육, 보건, 위생 등과 같은 사회사업(social projects)들에 있어서는 편익의 계산이 까다롭기 때문에 이러한 사업들의 위험도가 민감도분석에 의해 잘 측정되지 못한다는 문제점을 지니고 있다. 이럴 경우에는 사업의 위험 정도를 사업의 목적에 연계시켜 설명할 수밖에 없다. 교육사업의 경우를 보자. 교육사업의 비용으로서는 교육시설물의 건축과 교육기자재 구입비 등이 대표적인 것이다. 따라서 비용측면의 위험성은 교육시설의 건축기간이 연기된다든가 교육기자재 구입이 지연되는 경우에 발생한다. 그런데 교육사업의 위험성은 편익측면에서 더욱 심각하게 일어날 수 있다. 교육사업의 목적이 교육의 질을 높이는 것(즉, 우수한 인재를 양성시키는 것)이라면 이러한 목적의 달성 여부는 교육시설물 이외에도 우수한 교사의 확보, 충분한 운영자금, 충실한 커리큘럼의 내용, 공정한 학생선발제도 등에 의해 크게 좌우되므로 교육사업의 위험도 크기는 상기한 바와 같은 여러 투입요소들이 얼마만큼 잘 마련되어지느냐에 의해 결정된다.

지금까지 우리는 위험이라는 용어를 사용하면서 민감도분석을 설명해 왔는데, 이 위험이라는 용어가 불확실성(uncertainty)이라는 용어와 어떻게 구별되어지는가를 간략히 고찰해 볼 필요가 있다. 학술적인 정의(definition)를 가지고 양자를 구별한다면, 위험이란 비록 주관적인 판단이지만 어떤 의미있는 확률을 배정할 수 있는 상황을 의미하는 반면, 불확실성이란 이와 같은 확률을 배정하는 것조차 불가능한 상황을 의미한다고 하겠다.

물론 위험과 불확실성 모두가 분석가의 주관적 판단에 의해 설정되는 상황이지만 대체로 불확실성의 상황이 위험상황보다 더 많은 추측이 요구되는 상황이라고 하겠다. 예를 들어 본다면 2005년의 우리 나라 한반도 강우량에 대한 예측은 위험상황에 해당되는 것인 반면, 2005년의 남북관계에 대한 예측은 불확실성의 상황이라고 볼 수 있겠다.

그러면 불확실성의 상황에 대해서는 민감도분석이라는 것이 불필요하게 되는가? 그렇지 않다. 이 경우에도 민감도분석은 여전히 필요하나 다만 분석이 그만큼 어렵고 애매해질 수밖에 없다. 분석전문가가 이럴 때 해야 할 일은 최대한의 정보를 획득하고 위험도분석에서와 같은 의미 있는 확률배분은 아닐지라도 이에 버금가는 수준의 확률을 배정시켜 최종결정권자가 소화할 수 있는 형태의 분석보고서를 작성해야 할 것이다. 다만 불확실성을 인정함으로써 그의 분석이 위험상황에 비해 정밀도에서 뒤떨어질 수 있다는 점을 인식시키면 될 것이다.

9.5 민감도분석의 수준

우리는 앞에서 민감도분석을 행하는 데 있어 대체로 세 가지의 접근방법 중의 하나를 택하면 된다고 하였다. 그런데 실제로 분석전문가들은 어느 수준까지의 민감도분석을 행해야 할 것인가에 대해 고민할 때가 있다. 물론 시간상으로나 예산상에 아무런 제약이 없다면 일반적 민감도분석을 택하는 것이 가장 바람직하고 추천할 만하다. 그러나 이런 선택 역시 실제의 현실적 여건이 어떠한가에 따라 달라질 수 있고 그래서 분석전문가는 현명한 선택을 위해 노력하지 않으면 안 된다.

민감도분석의 수준에 관한 어떤 일반적인 규칙은 없으나 경제이론상의 효율성규칙(efficiency rule)을 적용시켜 볼 때 다음과 같은 설명이 가능해진다. 이제 우리가 잘 이해하게 되었듯이 비용·편익분석은 다음과 같은 다섯 가지의 과제(절차)로 구성되어 있다.

첫째, 사업목표의 설정 및 구체적 대안마련
둘째, 각 대안에 대한 비용과 편익의 분류 확인
셋째, 비용과 편익의 측정 및 수익성도출
넷째, 민감도분석
다섯째, 최종선택 및 보고서 작성

효율성규칙이란 위와 같은 다섯 가지의 과제에 대하여 자금(예산)을 배정할 때 한 과제에 배정한 달러의 한계가치가 다른 과제에 배정한 달러의 한계가치와 일치하도록 하고 그래서 전체 비용·편익분석의 총가치가 최대로 증가될 수 있도록 그렇게 자금을 배분하여야 한다는 것을 뜻한다.[3] 예컨대 과제 1에 배분된 한계달러가 비용·편익분석의 총가치를 "3단위" 증가시키고 과제 2에 배분된 한계달러가 비용·편익분석의 총가치를 "5단위" 증가시킨다면, 이 때에는 과제 1에서 과제 2로 1달러를 전입시킴으로써 총가치가 "두 단위" 더 증가될 수 있다. 이러한 방식으로 위의 다섯 가지 과제에 예산을 적정하게 배분시키고 이에 합당한 분석의 수준이 결정되게 함으로써 민감도분석도 이에 적절한 수준의 선택이 이루어질 수 있는 것이다.

민감도분석의 수준을 결정하는 데 있어서 위의 효율성규칙을 반드시 적용시켜야 한다는 절대성은 없다. 다만 분석전문가들은 정책결정자가 원하는 수준과 예산사용의 효율성, 그리고 이것이 전체적인 비용·편익분석에 끼치는 공헌도 등을 고려하여 가장 합당한 분석의 수준을 결정하면 족할 것이다.

---

3) 이를 수식으로 설명하면 다음과 같다. M_1, M_2, $\cdots$, M_5를 다섯 개 과제에 배분된 예산이라고 하고, Z를 비용·편익분석의 총가치를 나타내는 지수라고 하면,

$$M = M_1 + M_2 + \cdots + M_5$$
$$Z = F(M_1, M_2, M_3, M_4, M_5)$$

로 표시할 수 있다. 라그랑제 함수(Lagrangian Function)는 다음과 같다.

$$L = F(M_1, M_2, M_3, M_4, M_5) + \lambda(M - M_1 - M_2 - M_3 - M_4 - M_5)$$

최적배분(M_1^*, M_2^*, $\cdots$, M_5^*)이 이루어지도록 하는 필요조건은 여섯 개의 변수(M_i와 λ)들로 L을 미분함으로써 얻어진다. 즉, 최적배분(M_1^*, M_2^*, $\cdots$, M_5^*)은 다음의 조건을 만족시킴으로써 이루어지는 것이다.

$$\frac{\partial F}{\partial M_1} = \frac{\partial F}{\partial M_2} = \cdots = \frac{\partial F}{\partial M_5}$$

위 조건이 의미하는 바는 과제 1에 배분된 달러의 한계가치가 과제 2, 과제 3 등에 배분된 달러의 한계가치와 같아져야 한다는 것이다.

제 10 장 소득분배와 사회적 비용·편익분석

10.1 공평성에 대한 고려

지금까지의 비용·편익분석은 주로 효율성에 관한 것이었다. 사업의 순현재가치(NPV)가 正이면 그 사업은 효율성이라는 측면에서 경제적으로 타당성이 있다고 평가하였다. 그렇게 평가하는 이유는 正의 순현재가치가 바로 사회적 후생의 순증을 의미하는 것으로 가정하고 있기 때문이다. 다시 말하여 공공사업을 통하여 사회구성원의 일부에게는 후생의 증가가, 나머지 그룹에게는 후생의 감소가 이루어진다고 하더라도 후생의 총증가가 총감소보다 크므로 후생의 순증이 발생하고 이 후생의 순증은 후생의 손실을 가져온 사람들을 충분히 보상할 수 있다는 것을 가정하고 있는 것이다. 이처럼 지금까지의 분석에서는 칼도-힉스기준(Kaldor-Hicks criterion)에 의한 보상원칙을 적용하여 소득분배의 일면을 설명해 왔다.

그러나 이와 같은 보상원칙은 공평성이라는 측면에서 볼 때 많은 문제점을 내포하고 있다. 잃은 자와 얻는 자를 분명히 구별하여 이에 따른 적절한 소득재분배 정책을 채택하지 않는 한 공공사업을 통해 발생한 후생의 순증이 소득분배를 반드시 개선시킨다고 보기는 어려운 것이다. 따라서 공공사업에 대한 타당성분석에

서 소득분배개선효과를 제대로 반영하기 위해서는 공공사업으로
혜택을 받게 되는 소비자그룹을 소득별로 구분하여 거기에 적절한
사회적 가중치(social weights)를 부가할 필요가 있다. 다시 말해
저소득층에 제공되는 편익에는 높은 가중치를 부가하고 고소득층
에 제공되는 편익에는 낮은 가중치를 부가하여 결과적으로 저소득
층에 혜택을 많이 주는 공공사업이 상대적으로 유리하게 판정될
수 있도록 하는 조정장치가 필요한 것이다.

이처럼 소득분배효과를 고려하면서 사업의 타당성을 검토하는
분석을 우리는 편의상 사회적 비용·편익분석(social cost-benefit
analysis)이라고 부르기로 하자. 이제부터 본 장에서는 이 사회적
비용·편익분석을 중점적으로 고찰하고자 한다.

사회적 비용·편익분석은 1970년대 초반부터 주로 국제기구에
서 채택되기 시작하였는데, 이는 개발도상국에서 빈곤과 소득분배
의 불균형이 계속 심화되고 있음에 비추어 국제기구에서 지원하는
공공투자사업이 이 점을 간과해서는 안 된다는 인식에서 출발한
것이다. 개발도상국의 정부가 저축을 증대시키고 빈곤을 타파하기
위하여 채택하고 있는 각종의 거시경제정책들이 제대로 효과를 내
고 있다고 보기 어려운 현실에서 공공투자사업을 통해서라도 빈곤
퇴치와 소득분배향상이라는 목적을 어느 정도 달성해야겠다는 의
지가 사회적 비용·편익분석을 발전시키는 계기가 되었다고 하
겠다.

사회적 비용·편익분석에서 취급되는 소득분배는 두 가지 측
면을 지니고 있다. 즉, 世代內(intratemporal)소득분배와 世代間(in-
tertemporal)소득분배이다. 세대내소득분배가 현세대 내에서의 부
자와 빈민간의 소득분배에 초점을 맞추고 있다면, 세대간소득분배
는 현재세대와 미래세대간의 소득분배문제를 취급하는 것이다. 세

대내소득분배가 현재의 빈곤문제를 해결하기 위하여 공공사업을
통해 어떻게 하면 빈민층에 고용의 혜택을 많이 제공할 수 있는가
에 역점을 두고 있다면, 세대간소득분배는 현재의 국내저축 부족현
상을 직시하고 공공사업을 통하여 어떻게 하면 저축을 증대시켜 앞
으로의 국가경제발전에 이바지할 수 있겠는가에 역점을 두고 있다.

사회적 비용·편익분석에서는 누가 공공사업으로부터 어떤 혜
택을 받고 얼마만큼의 소득(소비)증대가 이루어지는가에 지대한
관심을 갖게 되므로 사업의 산출물과 투입물에 대한 경제적 가치
측정이 지금까지의 비용·편익분석에서 행하던 방식과는 차이가
나게 된다. 여기에는 다음과 같은 두 가지의 기본적인 가정이 전
제된다. 첫째, 빈곤층에 부여되는 추가적 소비의 가치는 부유층에
부여되는 추가적 소비의 가치보다 높다. 둘째, 지금의 한 단위 저
축증대는 지금의 한 단위 소비증대보다 그 가치가 더 높다. 이러한
두 가지 가정을 전제로 할 때에 도출할 수 있는 결론은 빈민층에
보다 많은 소비혜택을 부여하는 사업일수록, 그러면서도 소비증가
때문에 포기하지 않으면 안 되는 저축감소의 가치가 낮을수록 그
사업은 국가적으로 더 타당성이 있는 것으로 평가된다는 것이다.

10.2 사회적 비용·편익분석에서의 가치측정

앞 절에서 지적한 대로 사회적 비용·편익분석에서의 산출물
(output)과 투입물(input)에 대한 가치측정은 기존의 방식과 차이
가 난다. 가장 중요한 조정은 소비와 저축에 대한 효과를 반영하
는 것이다. 공공투자사업 때문에 소비가 증가했다면 이는 긍정적
인 효과로 간주되며, 그러면서도 소비의 증가 때문에 저축이 감소

하게 되었다면 이는 부정적인 효과로 간주된다. 사회적 비용·편익분석에서는 이 양자간의 순효과에 따라 내부수익률(IRR)이 높아지기도 하고 낮아지기도 한다.

10.2.1 산출물의 사회적 편익측정

어느 공공투자사업에서 발생하는 산출물의 사회적 편익측정이 기존의 경제적 편익측정과 어떻게 차이가 나는가를 간략하게 설명해 보자. 기본적인 차이란 저축과 소비에 의한 분배효과를 고려하는 것이다. 만약 산출물의 증가가 소비를 증가시키고 이것 때문에 저축을 포기하지 않으면 안 된다면 이는 사회적으로 분명히 비용이 발생한 것을 의미한다. 그러나 소비증가가 사회의 빈민층에 발생하게 되었다면 사회적으로 추가편익 또한 발생한 것이다. 따라서 공공투자사업의 순효과는 이 양면을 모두 고려하여야 하며 다음과 같은 공식으로 이를 표현할 수 있다. 즉,

산출물의 사회적 편익
=경제적 편익-소비증가에 의해 포기된 저축의 가치(비용)
+소비증가에 의해 발생한 추가 편익

이제 추가적 소비 한 단위의 가치가 추가적 투자 한 단위의 가치와 일치하는 어떤 소비수준이 있다고 하고 이 소비수준을 C_r이라고 하자. C_r을 우리는 필수소비수준(critical level of consumption)이라고 부를 수 있겠다. 소비자의 소비수준이 C_r 이하일 때에는 이들의 소비의 추가 한 단위의 가치는 투자의 추가 한 단위 가치보다 높다. 소비수준이 C_r 이상이 되는 소비자는 그 반대의 경우에 해당된다. 따라서 만약 공공투자사업의 산출물이 C_r 수준 이

하의 소비자(저소득자)들에게 추가적 소비를 제공해 주는 것이라면
이의 사회적 편익은 경제적 편익보다 크게 될 것이며 사회적 수익
률(social rate of return)도 경제적 수익률(economic rate of return)
보다 크게 될 것이다. 그러나 반대로 만약 공공투자사업의 산출물
이 C_r 수준 이상의 고소득자들에게 추가적인 소비를 제공해 주는
것이라면 사회적 수익률은 경제적 수익률보다 낮게 된다. 왜냐하
면 이들 고소득자들에게 제공된 소비의 증가는 낮게 평가되는 반
면 이에 의해 포기된 저축의 가치(비용)는 크게 평가되기 때문이다.

10.2.2 투입물의 사회적 비용측정

공공투자사업에 투입되는 투입물의 사회적 가치측정도 산출물
의 경우와 비슷한 논리로 설명된다. 어느 공공사업에 투입물로서
노동이 사용된다고 하자. 이 노동의 경제적 비용은 노동의 기회비
용이다. 즉, 이 노동이 다른 곳에 사용되었을 때 산출되는 산출물
의 가치가 노동의 기회비용이다. 이제 공공투자사업에 사용되는
노동으로 말미암아 노동자들에게 소득이 창조되고 따라서 소비의
순증가가 일어났다고 하자. 소비의 순증가는 저축의 감소를 가져
다 줌으로써 이는 사회적으로 추가비용이 발생한 것으로 보아야
한다. 그러나 소비증가가 빈민계층에게 일어났다면 이는 소득분배
개선에 도움을 준 것이므로 사회적으로 당연히 추가편익이 발생한
것이다. 이를 공식으로 표현하면 다음과 같다. 즉,

> 투입물의 사회적 비용
> ＝경제적 비용(기회비용)＋소비증가에 의해 포기된 저축
> 의 가치－소비증가에 의해 발생한 추가 편익

그러므로 노동의 진정한 가치는 소득분배효과를 고려한 사회적 비용이라는 입장에서 볼 때 노동의 경제적 비용(기회비용)보다 클 수도 있고 적을 수도 있다. 공공투자사업이 빈민그룹에게 상당한 규모의 고용을 창출하고 이들의 소비를 증가시키는 데 크게 공헌하고 있다면 이 때의 노동의 사회적 비용은 경제적 비용보다 매우 적게 될 것이며 아예 負(-)의 수치를 갖게 될 수도 있을 것이다.

10.3 사회적 가중치의 도출

우리는 지금까지 사회적 비용·편익분석은 소비와 저축의 분배효과를 고려하고 있으므로 기존의 분석방법과 상당한 차이가 있음을 설명해 왔다. 그러나 소비와 저축의 분배효과를 고려한다고 해도 그 효과를 양적 개념으로 정확히 측정한다는 것은 불가능한 일이다. 따라서 분배효과를 직접적으로 측정하는 접근방법을 피하고 어떤 공통수치(numeraire)를 적용하여 이에 근거하여 분배효과를 밝히는 것이 바람직하게 된다. 이 때 등장하는 것이 사회적 가중치(social weights)이다. 본 절에서는 사회적 가중치가 어떻게 도출되는가를 살펴보기로 한다.

10.3.1 세대내소득분배: 소득그룹별 소비혜택의 평가

어느 공공투자사업을 통해 저소득층(주로 노동자)에게 임금이 지불된다고 하자. 노동자들에게의 임금지불은 이들의 소득을 증가시키고 따라서 소비도 증가하게 된다. 이렇게 노동자에게 증가된

소비혜택이 소득분배의 개선이라는 차원에서 어떻게 평가되어야 하는가를 살펴보자. 다시 말하여 어느 정도의 사회적 가중치가 이 경우의 소비혜택에 적용되어야 하는가를 알아 내는 것이다. 노동자들은 그들의 소득수준이 얼마인가를 불문하고 한계저축성향(marginal propensity to save)이 0이라고 편의상 가정한다.

사회적 가중치 W_i는 연간 소비수준이 C_i 수준인 ith 그룹의 소비혜택에 부가하는 가중치로 정의한다. 이 때 사회적 가중치 W_i는 다음과 같이 계산된다.

$$W_i = [\overline{C}/C_i]^n$$

여기서 $\overline{C}$는 그 사회에서의 소득그룹 전체의 연간 평균소비수준을 의미하며, n은 소비에 대한 한계효용의 탄력성(consumption elasticity of marginal utility)을 가리킨다. n은 여러 소득수준에서 소비의 1%변화가 한계효용을 몇 %변화시키는가를 나타내는 비율로서 한계효용곡선의 기울기가 이에 해당된다.[1]

위의 W_i공식이 의미하고 있는 것은 한계효용탄력성(n)이 0보다 크고 소비수준 C_i가 평균소비수준 $\overline{C}$보다 작은 한 사회적 가중치(W_i)는 1보다 크다는 것이다. 다시 말하여 $n>0$인 상태에서 소비수준 C_i가 평균소비수준 $\overline{C}$보다 낮은 소득계층에게는 1보다 큰 사회적 가중치가 적용된다는 뜻이다. 따라서 사회적 가중치 계산은 첫째, 한계효용탄력성(n)의 크기가 얼마인가와 둘째, ith 그룹

---

1) $n = \left(\dfrac{\text{한계효용의 \%변화분}}{\text{소비의 \%변화분}} \right)$인데, 극도의 저소득층을 제외하고는 일반적인 소득수준에서는 한계효용체감의 법칙에 따라 n은 負($-$)의 수치를 갖게 된다. 그러나 우리는 여기서 편의상 n의 절대치($|n|$)만을 고려하면서 논의하고자 한다. 일반적으로 저소득층의 한계효용탄력성이 고소득층의 한계효용탄력성보다 높다고 하겠다.

의 소비수준(C_i)이 평균소비수준($\overline{C}$)에 비해 얼마만큼 낮은가에 좌우된다고 하겠다.

다음의 [그림 10-1]이 하나의 예로서 이를 잘 설명하고 있다. 이 그림은 $n=1$이며 연간 평균소비수준($\overline{C}$)이 2,000만 원인 경우를 가정하고서 작성한 것이다. 만약 ith 그룹의 연간 소비수준이 평균소비수준인 2,000만 원이라면 이 그룹에 적용되는 사회적 가중치(W_i)는 1이다. 그러나 만약 ith 그룹의 연간 소비수준이 2,000만 원보다 작다면(예: $C_i=1,600$만 원), 이 때의 사회적 가중치는 1보다 크게 된다(즉, $W_i=1.25$). 이와 같은 논리로 ith 그룹의 연간 소비수준이 평균소비수준보다 더욱 작든가 혹은 n의 크기가 더욱 크다면 이 때 적용되는 사회적 가중치의 크기는 더욱 커지게 될 것이다.

[그림 10-1]의 내용을 좀더 상세히 계산하여 표로 작성한 것이 [표 10-1]이다. [표 10-1]에서 보듯이 사회적 가중치의 크기는 소득분배의 불균형 정도와 한계효용탄력성의 크기에 의해 좌우된

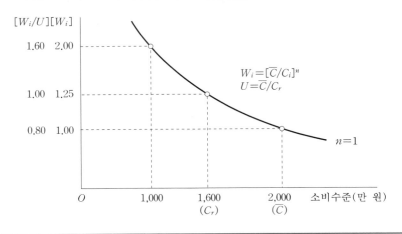

그림 10-1   사회적 가중치의 변화

[표 I0-1] 사회적 가중치의 크기

소득계층별 연간 소비수준	$\overline{C}/C_i$	한계효용탄력성(n)				
		$n=0$	$n=0.5$	$n=1$	$n=2$	$n=3$
1,000만 원	2.00	1.00	1.41	2.00	4.00	8.00
$\overline{C}=2,000$만 원	1.00	1.00	1.00	1.00	1.00	1.00
3,000만 원	0.66	1.00	0.81	066	0.44	0.29
6,000만 원	0.33	1.00	0.57	0.33	0.11	0.04
10,000만 원	0.20	1.00	0.45	0.20	0.04	0.01

다. 예컨대 $n=0$이면 사회적 가중치는 모든 소득계층에 대하여 1
을 적용한다. 그러나 한계효용탄력성(n)이 0보다 크고 소득분배의
불균형 정도가 심화될수록 넓은 폭의 사회적 가중치가 적용된다.
즉, $n=2$이고 $\overline{C}=2,000$만 원인 경우에, 어느 특정그룹의 연간 소비
수준(C_i)이 1,000만 원이면 이들의 소비혜택에는 4.00의 사회적 가
중치가 적용되지만, 반면에 연간 소비수준(C_i)이 6,000만 원인 그
룹의 소비혜택에는 0.11에 불과한 사회적 가중치가 적용된다.

10.3.2 세대간소득분배: 정부의 공공소득(정부저축)에 대한 평가

이상으로 공공투자사업을 통해 세대내의 소득그룹별로 이들에
게 발생하는 추가적 소비혜택에 대하여 어떤 가중치를 적용할 수
있는지를 살펴보았는데, 그러면 세대간소득분배 차원에서 정부는
공공투자사업의 편익을 어떻게 평가할 것인가에 관하여 검토해 보
자. 정부는 공공투자사업의 편익을 소비자(노동자)들에게 직접 소
득(임금)의 형태로 나누어 줄 수 있지만 한편으로는 이를 잉여금
(surplus)의 형태로 보유할 수도 있다. 물론 정부가 사업의 편익을

잉여금으로 보유하는 이유는 이를 나중에 재투자하려는 의도일 것이며 궁극적으로는 사업편익이 국민들에게 되돌아가게 하기 위함일 것이다.

그러나 아무튼 정부가 재투자의 목적으로 잉여금을 보유하게 된다면 이 잉여금에 대한 평가는 앞에서의 소비자들의 소비혜택에 대한 평가와는 달라지게 된다. 정부의 잉여금보유는 정부저축을 의미하게 되고 저축의 가치는 소비의 가치보다 높게 평가되기 때문이다. 그러면 정부잉여금(정부저축)의 가치는 얼마나 높게 평가되어야 하는가? 정부잉여금을 통상 공공소득(public income)이라고 칭하게 되는데 이제 우리의 관심은 이 공공소득의 가치가 얼마나이다.

공공소득의 가치를 U로 표시하기로 하자. 만약 정부가 판단하기로 총저축규모가 적정하게 형성되어 있어서 보통사람들의 소비증가에 비하여 정부의 저축증가에 대해 어떤 프리미엄(premium)을 매길 필요를 느끼지 않고 있다면, 다시 말하여 소비증대의 가치나 저축증대의 가치가 대체로 동등하다면, 이 때의 U의 크기는 1이다($U=1$). 그러나 저축의 가치에 프리미엄을 줘야 한다면 U의 크기는 1보다 크게 된다.

리틀과 미르리즈(Little and Mirrlees)[2]는 U의 크기를 측정하는데 앞 절에서 소개한 필수소비수준 C_r을 적용하는 방법을 도입하였다. 필수소비수준(critical level of consumption)이란 소비 한 단위 추가의 가치가 투자 한 단위 추가의 가치와 일치하게 되는 어떤 소비수준을 가리킨다. 따라서 정부는 이 소비수준 C_r에서 소비에 대한 지출이나 투자에 대한 지출을 공히 동등하게 취급하게 될

---

2) I.M.D. Little and J.A. Mirrlees, *Project Appraisal and Planning in Developing Countries*(New York: Basic Books, 1974).

것이다. 정부의 입장에서 C_r 수준은 최저임금제도, 조세제도, 사회
후생복지제도 및 정부보조금정책 등을 복합적으로 고려하여 결정
된다. 이와 같은 C_r 수준이 [그림 10-1]의 예에서 1,600만 원으로
결정되었다고 하자. 이제 우리가 기준으로 삼아야 할 소비수준은
2,000만 원($\overline{C}$)이 아니라 1,600만 원(C_r)이다. 결과적으로 사회적 가
중치 1이 적용되는 소득그룹은 연간 소비수준이 2,000만 원인 그
룹이 아니라 연간 소비수준이 1,600만 원이 되는 그룹이며, 따라서
다른 소득그룹에 적용되는 사회적 가중치의 배분도 이에 맞추어
전부 변경되어야 할 것이다. 이의 결과가 [그림 10-1]에 표시되어
있는데, 이것은 최초의 W_i를 U로 나눈 것과 동일하게 되었다. 즉,

$$[C_r/C_i]^n = W_i/U$$
$$\text{여기서 } U = \overline{C}/C_r$$

이다.

　　지금까지의 설명을 요약해 보자. 만약 공공소득의 가치(U)가
1이면 이는 $\overline{C} = C_r$을 의미하는 것이며, 결과적으로 민간소비혜택에
대한 평가와 공공소득에 대한 평가가 모두 동일하다. 그러나 정부
가 정부저축에 대하여 프리미엄을 부과한다면 $U > 1$이 되며 이 때
에는 공공소득의 평가가 민간소비혜택에 대한 평가보다 높게 된
다. 이럴 경우 민간소비에 적용되는 사회적 가중치는 $[W_i/U]$로
하락하게 된다. $[W_i/U]$는 공공소득에 의해 표준화된(민간소비에 대
한) 사회적 가중치라고 정의할 수 있겠다.

10.3.3 민간저축의 평가

우리는 앞의 소득그룹별 소비혜택의 평가(10.3.1)에서 노동자

들의 한계저축성향을 0으로 가정하였다. 다시 말해 공공투자사업으로 소비자들의 소득이 증가되었을 때 이것이 전부 소비로 사용된다고 가정하였다. 그러나 실제로 소득의 일부분은 우선 세금으로 지출되어야 하고 또 다른 일부분은 저축(투자)된다고 보아야 한다. 따라서 사회적 비용·편익분석에서는 엄격히 따져서 민간소비의 증가에서 오는 비용과 편익을 고려하는 것에서 한 걸음 더 나아가 민간저축의 증가에서 오는 비용과 편익을 함께 고려해야 할 것이다.

정부에 지불하는 직접세는 공공부문과 민간부문간의 단순한 이전지출인 것으로 간주되므로 세금의 효과에 대하여 별도로 고민할 필요는 없다. 그러나 민간저축은 이것이 민간투자로 연결되고 여기에 사회적 편익과 사회적 비용의 양면을 모두 내포하고 있으므로 민간저축에 대한 총체적인 평가가 정부저축의 평가와 동일한 선상에서 이루어지고 이것이 사회적 가중치 도출에 반영되어야 할 것이다.

민간저축의 일부분은 공공부문에 다시 대여해 주는 것으로 사용되기도 할 것이다. 이런 경우의 효과도 전혀 무시할 수 없다. 정부에게로의 대여는 원리금상환이라는 문제를 야기시킨다. 이 때의 이자지불은 통상의 공공투자사업의 집행에서 발생한 이자지불과는 다른 차원의 것이므로 단순한 이전지출인 것으로 간주해서는 안 될 것이다.

10.4 사회적 비용·편익분석의 중요성과 한계

사회적 비용·편익분석은 공평성을 고려하면서 행해지는 것인만큼 이 때 선정되는 사업들은 효율성만을 강조하는 기존의 비용·편익분석을 통해 선정된 사업들과 내용면에서 많은 차이가 날 것이다. 특히 소득분배가 매우 불균등하게 형성되어 있는 나라에서 정부가 이를 시정하고자 하는 의지가 강력할 때에는 이 때 채택된 사업들의 경우 소득분배개선의 효과를 강하게 지니고 있다고 볼 수 있겠다. 이렇게 선정된 사업들은 노동집약적인 성격을 강하게 지니고 있으며 재산을 축적하지 못한 노동자계층을 비롯한 저소득그룹에게 많은 혜택이 부여되는 사업들일 것이다. 왜냐하면 이러한 사업의 편익에는 높은 사회적 가중치가 부여되며, 매우 낮은 노동의 사회적 비용이 사업비용으로 채택되기 때문이다. 또한 사회적 비용·편익분석에서는 정부의 저축에 높은 프리미엄이 부가되므로 정부수입을 높이고 정부저축을 장려하는 사업이 유리한 판정을 받게 될 것이다.

반대로 사업의 편익이 주로 고소득그룹에게 발생하게 된다든가 또는 정부에게 아주 제한된 규모의 저축을 가져다 주는 사업들은 사업선정의 우선순위에서 밀릴 수밖에 없다. 이러한 사업들은 경제적 측면에서는 존립가능성이 있다고 하더라도 사회적 측면에서는 큰 의미가 없는 것이다. 세대내소득분배 및 세대간소득분배의 양 측면을 모두 고려하더라도 이러한 사업들이 정부에 의해 추진되기에는 적합하지 않다고 보는 것이다.

[표 10-1]에서 알 수 있듯이 사회적 가중치의 배분은 소득격차의 정도와 한계효용탄력성 수치의 크기에 의해 좌우된다. 탄력성 수치(n)가 크면 한 사람을 고용하는 데 들어가는 사회적 비용은 매우 적어진다. 따라서 이러한 사업은 효율성 측면에서는 타당성이 없어도 공평성 측면에서는 타당성이 있게 된다. 물론 이러한 사업들을 추진하는 데에는 재정면에서 정부의 부담이 될 수 있겠

으나 빈민그룹의 소득을 증가시킨다는 목표 아래서는 감수할 수밖에 없을 것이다.

　이처럼 사회적 비용·편익분석은 소득분배 측면에서 매우 중요한 의미를 지니고 있는데 그 중요성이 인정되어 이를 일단 채택하기로 했으면 타당성을 평가하는 모든 사업에 이를 일률적으로 적용시키는 것이 바람직하다. 어떤 사업에 대해서는 경제적 효율성기준을 적용하고 어떤 사업에 대해서는 사회적 공평성기준을 적용한다면 사업의 정확한 평가와 우선순위 결정이 불분명해진다. 따라서 사회적 비용·편익분석에서 사용되는 변수들을 조심스럽게 선정하고 이들을 모든 사업들의 평가단계에 충실히 적용시키는 것이 중요하다.

　그러나 이렇게 중요한 사회적 비용·편익분석도 실제로는 많은 개발도상국에서 그리 많이 채택되지 못하고 있다. 1970년대에 기법의 발전에 크게 공헌하였던 국제기구(세계은행, UNIDO, OECD 등)에서 조차도 학문적 연구는 여전히 많이 하고 있어도 이 기법을 자신들의 업무에 직접 적용시키는 데에는 주저하고 있다. 그 이유는 무엇인가? 이론적인 연구와 실제의 적용 사이에 괴리가 존재하고 있기 때문이다. 현실적인 복잡성과 정보의 부족이 사회적 비용·편익분석에서 사용되어져야 할 주요 변수들을 선정하는 데 어려움을 주고 있으며, 이것이 많은 개발도상국에서 이 기법을 실제로 채택하지 못하고 초보적인 수준에 머물러 있게 하는 주원인인 것이다. 소득분배효과를 제대로 파악하기 위해서는 경제변수뿐만 아니라 정치적·사회적 변수들을 모두 포함시켜야 한다. 그러나 이러한 변수들에 대한 자료(data)나 이를 분석하는 전문인력(staff) 등이 절대적으로 부족한 상황에서 위 분석을 원만히 수행하기란 쉽지 않다. 더욱이 주요 변수들을 선정하는 데 정치권에서

의 가치판단이 요구된다면 상호 이해관계 때문에 이를 원만히 수
행하기가 더욱 어렵게 된다.

　　정보의 복잡성에 대하여 앞에서 소개한 사회적 가중치(social
weights)와 저축프리미엄(savings premium)을 가지고 좀더 설명하
여 보자. 사회적 가중치를 도출하기 위해서는 총인구의 지역별, 도
시·농촌별 소득분포 상황에 대하여 믿을 만한 데이터가 있어야
한다. 그러나 이러한 데이터는 많은 나라에서 충분히 구비되어 있
지 않다. 그리고 공공사업에 의하여 소비증가의 혜택이 특정소득
계층에게 실제로 발생하고 그 특정소득계층이 누구인지가 확인되
었을 때에 한하여 사회적 가중치가 적용될 수 있다. 더 중요한 것
은 이 소득계층의 한계효용탄력성 수치가 얼마인가를 알아야 한
다. 이러한 변수들에 대한 정보는 대단히 중요할 수밖에 없는데,
그것은 잘못된 정보를 조금만 적용하더라도 사회적 가중치가 변하
는 폭이 상당하기 때문이다. 또한 사회적 가중치의 크기는 사업의
전 기간에 걸쳐 변동하지 않는 것으로 가정하는 경우가 많은데 이
가정에도 문제가 생길 수 있다. 통상 공공사업기간은 15년~50년
사이가 될 것인바, 이 기간 동안에 소득분배상황이 변하지 않는다
고 볼 수 없는 것이다. 더욱이 공공사업의 목적이 소득분배상황을
개선하는 것이라면 사회적 가중치가 불변이라는 가정이 논리적으
로 맞지 않게 된다.

　　비슷한 문제점이 공공소득(public income)에 대한 사회적 가
치, 즉 저축프리미엄의 결정에서도 제기될 수 있다. 공공소득의 사
회적 가치(U)를 결정하는 핵심변수들로는 대체로 한계저축성향,
자본의 한계생산성, 사회적 할인율 등이 될 것이다.[3] 그러나 이와

---

3) Kedar, N. Kohli, *Economic Analysis of Investment project*: *A Practical
　　Approach*(Oxford: Oxford University Press, 1993), chapter 12.

같은 변수들에 대한 정보를 획득하는 데는 어려움이 따르며, 더욱이 이 변수들이 사업의 전체기간(15년~50년) 동안 어떻게 변할 것인가에 대한 가정설정도 필요하므로 저축프리미엄을 얼마로 책정하느냐 하는 것은 대단히 어려운 과제가 될 수밖에 없다.

　　사회적 비용·편익분석에 대한 향후 전망을 내려본다면, 많은 개발도상국에서 가까운 장래에 이 기법을 적극 활용할 것이라는 가능성은 매우 적다. 그 대신 빈곤퇴치라든가 저소득층에 대한 소비혜택의 부여 등은 국가적으로 매우 중요한 정책과제이므로 이러한 문제를 해결하는 데 직접적으로 도움을 줄 수 있는 정책사업들을 복잡한 분석 없이 바로 채택하는 방법을 주로 사용할 것이다. 예컨대, 지역개발사업, 농어촌구조개선사업, 아동복지사업, 지역보건사업 등등이 바로 이런 범주에 속할 것이다. 그러나 이러한 사업들에게도 경제적 효율성기준을 엄격히 적용하여 공공자금이 빈민구제라는 이름하에 낭비되는 일이 없도록 하여야 할 것이다.

제 11 장 　비용 · 효과분석

11.1 　개　　요

　　비용 · 편익분석도 비용과 편익항목들이 제대로 분류되고 측정될 때에 유용한 수단이지 그렇지 못하고 측정이 제대로 이루어지지 못한다면 무용지물이 되고 만다. 그런데 앞에서 수차 지적했듯이 경제적 편익의 측정이 거의 불가능한 경우가 생기며, 특히 사회정책사업(social project)에서 이런 경우를 자주 발견하게 된다. 이러한 상황에서 사용되는 방법이 비용 · 효과분석(cost-effectiveness analysis)이다.

　　비용 · 효과분석에서 가치측정이 전적으로 배제되는 것은 아니다. 비용은 비용 · 편익분석에서와 똑같은 개념과 절차에 따라 측정되어야 한다. 다만 효과를 측정할 때 화폐단위보다는 물리적 단위를 사용하여 측정하게 된다. 예컨대 사람의 수명이 몇 년 연장(보호)된다든가, 대학졸업 성적이 몇 점 증가한다든가, 또는 전염병 퇴치율이 몇 % 증가한다든가 등등으로 사업의 목표(효과)가 측정된다.

　　비용 · 효과분석은 다음과 같은 두 가지 중의 한 가지 방법을 통하여 이루어진다. 첫째로는 목표(효과)가 알려지고 주어져 있다고 할 때 이 목표를 달성하는 데 가장 적은 비용이 들어가는 대안

을 선택하는 방법이며, 둘째로는 예산(비용)이 주어져 있다고 할
때 이 예산하에서 목표를 최대로 달성하게 하는 대안을 선택하는
방법이다. 이 두 가지 방법 중에서 어느 것을 택하든지 여러 대안
들의 비용과 효과를 적절히 측정하고 평가하여 대안들 중의 하나
를 선택하게 된다. 첫 번째 방법을 택한다면 각 대안의 비용/효과
비율을 계산하여 이 비율이 가장 낮은 대안을 택해야 할 것이며,
두 번째 방법을 택한다면, 각 대안의 효과/비용 비율을 계산하여
이 비율이 가장 높은 대안을 택하는 것이 원칙이다.

　　이 때 분명히 해야 할 사항은 비교대상인 각 대안들이 동일한
성격의 목표(효과)를 가지고 있으며 그 목표가 무엇인지 확실하게
규명되고, 비록 화폐단위가 아닌 물리적 단위에 의한 것이라도 동
일한 잣대로 명확하게 측정될 수 있어야 한다는 것이다.[1] 서로 다
른 목표를 가지고 있는 사업들에 관해서는 비용·효과분석에서 이
를 비교평가할 방법이 없다.

11.2 비용·효과분석의 간단한 예

　　어느 동네에서 방역사업의 하나로 각 가정(아파트)에서 쥐를
잡아 없애는 사업을 하려고 한다고 하자. 우선 두 가지 방법이 있
는데, 방법(대안) A는 전문 방역팀을 각 가정에 보내어 전문적인
조치를 취하게 하는 방법으로 가정당 비용이 100달러 소요되고 퇴
치 성공률은 90%가 된다. 방법(대안) B는 작업인부를 각 가정에

---

1) 목표(효과)가 물리적 단위로도 측정하기가 어려운 성질의 것이라면 이 때에는
　질적 목표가 동일한 수준에 도달됐다고 판단되는 시점에서의 각 대안의 비용을
　추정하고, 그 중 가장 낮은 비용이 드는 대안을 택하면 될 것이다.

보내어 쥐약을 놓게 하는 방법인데 가정당 비용이 40달러 소요되고 퇴치 성공률은 50%이다. 시(市) 정부의 방역예산은 10,000달러이며 방역대상은 500개 가정에 달한다고 한다.

위 두 가지 대안 중 어느 것을 선택하는 것이 바람직한가? 우선 분명한 것은 시의 방역예산을 가지고는 전체 500개 가정 모두를 방역할 수 없다는 점이다. 대안 A는 오직 100개 가정에 대해서 방역이 가능하고 90개 가정이 완치될 수 있다. 대안 B는 250개 가정에 대하여 방역이 가능하고 125개 가정이 완치될 수 있게 된다. 이렇게 볼 때 선택되어야 할 대안은 당연히 B가 된다.

이상의 간단한 예를 통하여 우리는 비용·효과분석도 비용·편익분석에서처럼 순편익을 극대화시키는 방법을 채택한다는 것을 알 수 있다. 다만 비용·효과분석에서는 비용 1달러당 효과가 극대화되는 대안을 선택한다는 것뿐이다. 대안 A는 매 100달러당 0.9가정(아파트)이 완치되므로 이의 효과는 1달러당 $0.009(=0.9/100)$ 가정이 된다. 한편 대안 B는 매 40달러당 0.5가정(아파트)이 완치되므로 이의 효과는 1달러당 $0.0125(=0.5/40)$ 가정이 된다.

대안 B가 채택된다는 것은 예산의 제약 때문에 그러한 것이고 사실 예산만 충분하다면 대안 A가 절대적으로 유리하다. 퇴치 성공률이 대안 A에서 훨씬 높기 때문이다. 결국 방역사업에 시정부가 어느 정도의 의지(지불의사)가 있느냐가 어떤 대안을 택하느냐의 결정을 좌우한다고 하겠다.

이제 문제를 좀 복잡하게 하여 대안 C가 별도로 있다고 하자. 대안 C는 방역 성공률이 80%나 되는 우수한 방법인데, 다만 이것은 강변지역에 있는 50개 가정(아파트)에만 해당되는 것이고, 이때의 총경비는 3,000달러라고 한다. 대안 C의 1달러당 효과를 계산하면 $0.0133[=(0.8 \times 50)/3,000]$으로서 대안 A와 대안 B보다 효과

[표 11-1] 비용·효과분석(예)

대 안	방역대상가정 (개)	가정당 비용 (달러)	방역가능가정 (개)	퇴치 성공률	1달러당 효과
A	500	100	100	0.9	0.0090
B	500	40	250	0.5	0.0125
C	50	60	50	0.8	0.0133

면에서 높다. 그러면 이러한 상황에서 현명한 선택은 무엇일까?
이의 해답은 방역예산 10,000달러 가운데서 3,000달러는 강변지역
의 50개 가정에 사용하고, 나머지 7,000달러를 가지고 대안 B에
사용하는 방안일 것이다. 세 가지 대안을 표로 요약하면 [표 11-1]
과 같다.

11.3 의사결정기준

비용·효과분석에서의 의사결정기준에 대하여서는 우리가 제
3장(3.4)에서 논의한 것과 비슷하게 이를 4가지 의사결정형태별로
나누어 검토해 보고자 한다.

11.3.1 한 개 사업(정책)의 채택 여부

한 개 사업(정책)의 채택 여부는 그 사업의 비용/효과 비율이
정책결정자의 지불의사(willingness to pay: WTP)와 어느 정도 차
이가 나느냐에 달려 있다. 만약 그 비율이 WTP보다 낮거나 최소
한 같으면 사업은 채택된다.

예컨대 알코올 중독자를 치료하는 사업에서 총예산이 50,000 달러이고 완전치료가 가능한 사람 수가 10명이라고 하면, 비용/효과 비율은 50,000달러/10명=5,000달러가 된다. 만약 정책결정자가 이 정도의 비용을 감수할 의사가 있다면 이 사업은 채택된다.

11.3.2 독립적인 사업(정책)들 중에서 몇 개를 선택

국제보건기구에서 아프리카 지역의 질병퇴치사업을 추진한다고 하자. 천연두, 말라리아, AIDS 등등의 질병을 퇴치하는 사업들이 그 예가 될 터인데, 이 사업들은 서로 독립적인 관계에 있다고 볼 수 있다. 어떤 사업들이 채택될 것인가를 예산제약의 유무로 나누어 검토해 보자.

(1) 예산제약이 없는 경우

독립적인 질병퇴치사업의 비용/효과 비율이 다음의 [표 11-2]처럼 제시되었다고 하자. 질병퇴치사업의 효과란 이 사업에 의해 구제받은 사람들의 생명연수(life year)가 될 것인바, [표 11-2]에서의 5개 사업 각각의 비용/효과 비율을 보면 사업 A가 가장 선

[표 11-2] 독립적인 사업의 비용/효과 비율

질병퇴치사업	비 용 (달러)	효 과 (구제된 생명연수)	비용/효과 비율 (달러)
A	5,000,000	5,000	1,000
B	10,000,000	2,500	4,000
C	25,000,000	1,000	25,000
D	30,000,000	5,000	6,000
E	40,000,000	8,000	5,000

호되며, 사업 C가 선호도에서 가장 뒤떨어지고 있다.

이제 문제는 정책결정자의 WTP가 어느 정도인가이다. 예산 제약이 없기 때문에 정책결정자의 WTP가 최대 25,000달러까지도 감수할 의사가 있다면, 5개의 사업은 모두 채택될 것이다. 그러나 만약 정책결정자의 WTP가 5,000달러 정도라면 사업 A, B, E만 채택될 뿐이다.

(2) 예산제약이 있는 경우

예산제약이 있는 경우에는 예산의 범위 내에서 비용/효과 비율이 가장 낮은 사업부터 순차적으로 높은 사업을 채택하면 될 것이다. 물론 이 때에도 비용/효과 비율이 정책결정자의 WTP보다 높지 않아야 함은 당연하다. 예컨대 정책결정자의 WTP가 5,000달러 정도이고 배정된 예산이 55백만 달러라면 사업 A, B, E가 채택될 것이며, 이는 주어진 예산제약하에서의 최선의 선택이 된다. 그런데 만약 예산이 40백만 달러뿐이라면 어떻게 할 것인가? 선택 가능한 사업의 조합(subset)은 세 가지가 있다. 즉, 사업 A, B와 C, 혹은 사업 B와 D, 혹은 사업 E 이렇게 세 가지이다. 이 중 어느 조합을 택할 것인가는 순전히 정책결정자의 WTP에 달려 있게 된다. 정책결정자의 WTP가 5,000달러 정도라면 사업 E만 채택될 가능성이 있다. 다만, 다른 대안인 사업 F를 모색하여 사업 A, B와 더불어 사업 F를 추진하는 것도 바람직하며 이는 순전히 정책 결정자의 재량적 판단에 속하는 문제라 하겠다.

11.3.3 상호 배타적인 사업(정책)들 중에서 하나를 선택

어느 지방정부가 해변의 해초를 보호하는 사업을 추진하기로 하고 기초조사를 하였더니 해당지역에서 모터보트(motorboat)가 지나다니는 것이 가장 심각한 문제인 것으로 판명되었다고 하자. 지방정부는 세 가지 방안(대안)을 마련하고 이 중 하나를 택하고자 한다. 첫째 방안은 해당지역에 경고 표시판을 설치하는 것(대안 A)이고, 둘째 방안은 대안 A에 추가하여 모터보트 사용자에게 각별히 조심할 것을 당부하는 팜플렛을 발송하는 것(대안 B)이고, 셋째 방안은 해당지역을 봉쇄하여 출입을 금지시키는 것(대안 C)이라고 하자. 이 세 가지 대안은 상호 배타적인 사업들이다. 왜냐하면 어느 한 가지 대안이 채택되면 다른 대안들은 모두 배제되기 때문이다.

세 가지 대안에 대한 비용/효과 비율이 다음의 [표 11-3]에 나타나 있다.

[표 11-3]이 앞의 [표 11-2]와 다른 것은 [표 11-2]에서는 비용/효과 비율이 "단순 평균적" 개념하에서 계산되었는 데 비하여, [표 11-3]에서는 비용/효과 비율이 "한계적(marginal)" 개념하에서 계산되었다는 점이다. 이는 사업의 성격이 상호 배타적이므로 각 대안의 독자적인 비용/효과 비율을 비교하는 것은 의미가 없기 때문이다. 한계적 비용/효과 비율은 "with 대 without"의 상

[표 11-3] 상호 배타적인 사업의 비용/효과 비율

대 안	비 용 (달러)	효 과 (모터보트자 행태변화(%))	한계적 비용/효과 비율(달러)[1]
A(경고 표시판)	10,000	33	303
B(대안 A+팜플렛)	45,000	73	875
C(지역봉쇄)	1,332,000	99	49,500

주[1]: 한계적 비용/효과 비율= $\dfrac{\text{연속되는 사업(정책)간의 비용변화분}}{\text{연속되는 사업(정책)간의 효과변화분}}$

황에서 계산되는 것과 같은 개념에 해당된다.[2]

대안 A의 한계적 비용/효과 비율은 10,000달러를 33%로 나눔으로써 10,000달러/33%=303달러가 되었으며, 대안 B의 한계적 비용/효과 비율은 35,000달러($45,000-$10,000)를 40%(73%-33%)로 나누어 35,000달러/40%=875달러가 되었다. 대안 C의 한계적 비용/효과 비율은 같은 방법으로 계산하여 49,500달러[=($1,332,000-$45,000)/(99%-73%)]가 되었다.

이제 어느 대안을 채택하느냐는 앞의 예에서와 마찬가지로 정책결정자의 WTP에 달려 있다. 만약 최대 WTP가 49,500달러 또는 그 이상이라면 대안 C가 채택되어야 한다. 그러나 WTP가 49,500달러에서 875달러 사이라면 대안 B가 채택되는 것이 바람직할 것이며, WTP가 875달러에서 303달러 사이에 있다면 대안 A가 채택됨이 옳다. WTP가 303달러보다 낮다면 아무런 대안도 채택되지 못할 것이다.

11.3.4 의존적인 사업(정책)들 중에서 몇 개를 선택

의존적인 사업들을 선택하는 데 있어서는 사업의 의존성이 어느 정도인가가 중요한 고려사항이 될터인데, 여기서도 독립적인 사업의 경우처럼 예산제약의 유무로 나누어 검토한다.

(1) 예산제약이 없는 경우

예산제약이 없는 경우의 가장 단순한 의사결정기준은 한계적 비용/효과 비율이 정책결정자의 WTP보다 낮은 한 조합 가능한 사업의 조합(subset)들을 모두 선택하는 것이다. [표 11-3]에서의

---

2) "with 대 without"에 대한 설명은 제4장의 4.3.1을 참조할 것.

예에서 경고표시판 설치와 팜플렛 발송이 함께 이루어져야 하는 의존적 사업관계라면 대안 B가 자동선택된다. 물론 정책결정자의 WTP가 875달러보다 낮지 않아야 할 것이다.

(2) 예산제약이 있는 경우

예산제약이 있는 경우의 의사결정기준은 한계적 비용/효과 비율이 정책결정자의 WTP보다 낮은 한 예산의 범위 내에서 가능한 사업의 조합들이 어떤 것인가를 확인하여 그것을 선택하는 것이다. [표 11-3]에서 예산이 45,000달러 정도 배정되어 있다면 대안 B가 의존사업의 하나의 조합으로서 채택되어질 것이다.

11.4 비용·편익분석과의 비교

비용·효과분석을 비용·편익분석과 비교하여 어느 분석이 더 바람직한가를 살펴본다면 다음과 같은 점을 지적할 수 있겠다. 즉, 비용·효과분석은 편익을 화폐적 단위로 측정할 수 없는 그런 사업(정책)들을 평가하는 데 있어서는 매우 유효한 분석기법이다. 또한 실제로 많은 정부사업(정책)을 평가하는 데 비용·편익분석보다도 비용·효과분석을 더 많이 활용하기도 한다.

그러나 어느 분석이 정책판단을 위한 정보를 더 많이 제공할 수 있는가 라는 측면에서는 비용·편익분석이 역시 더 많은 정보를 제공할 수 있다. 그리고 비용·편익분석은 경제적 효율성(economic efficiency)을 측정하고 있는 반면에, 비용·효과분석은 경제적 효율성에 관해서는 아무런 정보를 제공하지 못하고 있다. 비용·효과분석은 사업에 투하된 자원이 어느 정도 효과를 내고 있느냐를 밝히는 것이 주목적이며 자원배분에 대한 사회구성원의 사회적 선호(social preference)를 측정하지는 않는다. 따라서 어떤 대안에서 자원이 가장 효율적으로 사용되고 있는가에 대해서는 비용·효과분석만으로는 아무런 결론을 내릴 수 없음을 인식해야 할 것이다.

끝으로 비용·효과분석과 비용·편익분석을 적절히 함께 사용함으로써 정부사업(정책)을 더욱 정확하게 평가할 수 있음을 지적하고자 한다. 예컨대 환경문제가 내포된 정부의 여러 사업들을 평가하는 데 있어서 비용·편익분석을 우선적으로 실시한 후 여기서 합격된 사업들에 대하여 비용·효과분석을 행하여 최종적인 선택이 이루어지게 함으로써 최선의 결과를 얻도록 하는 것이다. 경우에 따라서는 비용·효과분석을 먼저 실시하여 여기서 도출된 정보에 따라 대안별 비용·편익분석을 행하는 것도 무방할 것이다. 당연한 얘기지만 우리가 알고 있는 다양한 방법을 잘 활용하고 접목시키는 지혜가 사업(정책)평가에 무엇보다도 중요하다고 하겠다.

제 12 장 비용·편익분석의 전망과 과제

12.1 경제성분석의 요약

이제 우리는 비용·편익분석에 대한 논의를 마무리할 때가 되었다. 지금까지의 논의를 요약해 보자. 우리는 제4장에서 경제분석과 재무분석의 차이(4.5)를 간략하게나마 언급한 바 있는데, 여기서 이 양자의 차이를 다시 생각하면서 비용·편익분석이란 어떤 것인가를 다시금 정리해 보자.

공공투자사업의 경제적 측면의 비용과 편익을 계산하고 비교하기 위해서는 재무적 측면의 비용과 편익에 몇 가지의 조정작업이 일어나야 한다. 첫째, 경제분석과 재무분석에서 취급하는 영역이 서로 다르기 때문에 비용과 편익의 개념도 현격하게 다르다는 사실을 인식해야 한다. 재무분석에서는 사업의 산출물(생산물)이 중요하다. 그러나 경제분석에서는 사업의 편익이라는 것이 단순히 산출물에만 국한되는 것이 아니고 이보다 훨씬 넓고 융통성 있는 개념이 된다. 그리고 경제분석에서의 사업의 비용개념도 재무분석의 그것보다 훨씬 넓다고 보아야 한다. 재무분석에서 고려되든 혹은 고려되지 않든간에 경제분석에서는 사업의 편익을 가져다 주기 위해 발생되는 모든 비용이 고려되어야 할 것이다. 사업의 편익을 확인하는 데는 "with 대 without"원칙을 적용하여야 한다는 것을 명심해야 한다.

사업의 편익은 그 사업 없이도 발생할 수 있는 산출물의 생산 규모를 초과하여 순전히 그 사업 때문에 계속적으로 발생할 것이라고 판단되는 산출물의 순증가분만을 고려하는 것이다. 사업이 단순히 산출물의 물량적 공급을 증가시키는 것을 목적으로 하고 있다면 그 순증가분이 사업의 편익이 된다. 그러나 만약 사업이 산출물의 공급증대를 위하여 다른 대체방법을 동원한다고 하면 그 때의 사업편익은 기존방법을 중단하고 새로운 방법을 채택함으로써 얻게 되는 자원의 실질적 이득으로 측정된다. 예를 들어 발전량을 증가시키기 위해 기존의 화력발전소 대신에 새로운 수력발전소를 건설한다고 할 때 이 때의 수력발전소 건설사업의 편익은 화력발전소 대신에 수력발전소를 운영함으로써 생기는 비용절감분으로 측정되는 것이다.

둘째, 경제분석에는 재무분석에서 미처 다루지 못하는 외부효과들을 모두 포함시켜야 한다. 사업에 의한 직접적인 효과뿐만 아니라 간접적인 효과도 이것이 자원배분에 "실질적(real)"으로 영향을 끼친다면 모두 반영시켜야 한다. 이러한 효과들은 편익측면보다는 비용측면에서 더 많이 발생하는 것이 통상적이다. 가장 좋은 예가 공장건설 때문에 발생하는 공기오염, 수자원오염 등이다. 그러나 현실적으로 경제적 이윤을 계산하는 데 이러한 부정적인 효과가 충실히 반영되지 못하고 있다는 데에 안타까움이 있다.

셋째, 사업의 경제적 비용과 편익이 제대로 확인되었다고 하면, 그 다음 단계는 이들을 경제적 가치로 정확하게 측정하는 것이다. 이 때에는 기존의 시장가격이라는 것이 큰 역할을 하지 못하게 된다. 왜냐하면 시장이 완전하지 못하기 때문이다. 비용측면의 경제적 가치는 해당 사업 때문에 끌어들여 사용된 자원(생산요소)이 경제 전체에 어떤 효과를 가져다 주는가, 즉 기회비용이 얼마인가로 측정된다. 이러한 이유로 사업의 투입물은 다음과 같은 세 가지 종류로 분류하여 다루는 것이 바람직하다. 즉, 노동, 교역재인 투입물, 그리고 비교역재인 투입물, 이렇게 세 가지로 나누어 생각해 본다.

노동의 경제적 가치는 노동의 기회비용으로 측정되며 이에 대해서는 여기서 더 이상 논의하지 않기로 한다(제5장의 5.5.2 및 제7장의 7.3 참조 바람). 투입물이 교역재인 경우에는 이의 경제적 가치는 국경가격(border price)으로 측정된다. 다시 말해 수입재는 CIF가격으로, 수출재는 FOB가격으로 측정된다. 투입물이 비교역재라면 이 때의 비용측정은 상당히 까다로워지는데 대체로 시장가격에 의존하든가 또는 그 투입물의 생산비가 얼마인가를 파악하여 이를 사용하게 된다. 어느 것을 사용하는 것이 좋은가는 그 투입물의 사용이 전체투입물 공급에 어느 정도 영향을 주는가에 의해 좌우된다고 하겠다.

경제분석에서 편익의 경제적 가치측정은 비용의 경우와 마찬가지로 재무분석과 비교하여 상당한 차이가 있다. 재무분석에서는 시장가격에 의해 편익을 측정하면 족하다. 그러나 경제분석에서는 시장가치에만 의존할 수 없다. 사업의 산출물이 갖고 있는 특성에 따라 경제적 가치평가가 달라지기 때문이다. 사업의 산출물이 교역재라면 이 재화의 국경가격이 가치평가의 기준이 될 수 있다. 그러나 사업의 산출물이 비교역재라면 이 재화에 대해 소비자가 지불할 용의가 있는 가격으로 그 가치를 측정하여야 한다. 편익측정에서 가장 어려운 부분이 바로 이 비교역재에 대한 가치측정이라고 하겠다.

넷째, 비용·편익분석의 마지막 단계는 모든 비용과 편익을 경제적 가치로 측정한 후 이를 비교하여 사업의 수익률을 계산하는 것이다. 수익률 계산의 대표적 형태로 내부수익률(IRR)이 주로 인용된다. 이 때 경제분석에서는 약간의 문제가 생기는데 이는 비용과 편익을 측정할 때의 평가단위가 서로 다르다는 점 때문이다. 특정 비용과 편익은 국경가격으로 측정하였기 때문에 이제는 어떤 공통수치를 사용하여 평가단위를 하나로 통합시켜야 한다. 가장 통상적인 방법으로는 모든 교역재는 국경가격으로 측정되도록 하고 만약 이 국경가격이 외화(foreign exchange)로 표시된 것이라면 적절한 환율(잠재환율)을 적용하여 국내가격으로 환산하든가 또는 그냥 환율적용 없이 국제가격으로 표시하도록 한다. 모든 비교역재는 이들을 다시 세분화시켜 교역재로 대체될 수 있는 부분에 대해서는 해당 교역재의 국경가격을 채택하도록 하고, 더 이상 세분화시켜도 교역재로 대체될 수 없는 나머지 비교역재부분에 대해서는 적절한 전환계수(conversion factor)를 사용하여 이들을 국경가격화시키는 것이다. 이것이 통상적인 방법인데 여기에서도 알 수 있듯이 교역재의 경우는 별 문제가 없으나 역시 비교역재의 경우에 가치측정의 어려움이 내재되어 있다고 하겠다.

　　내부수익률의 계산은 일정한 공식에 따라 이루어지면 된다. 내부수익률이 갖고 있는 개념은 경제분석에서든 재무분석에서든 차이가 없다. 높은 내부수익률을 갖고 있는 사업이 더 선호된다는 점에서 양 분석 모두 동일하다. 그러나 수익률에 근거하여 사업의 타당성을 최종평가하는 기준에는 현저한 차이가 있다. 재무분석에서는 어디까지나 기업입장에서 사업의 타당성을 평가하므로 자기자본과 타인자본을 고려하여 수익이 이들의 비용을 모두 변제시켜줄 수 있다면 사업의 타당성이 인정된다. 그러나 경제분석에서는 기업보다는 국가경제 전체의 입장에서 사업의 타당성을 평가하므로, 공공사업을 통해 과연 자본의 기회비용(opportunity cost of capital)을 충분히 변제할 수 있는 수익이 발생하는가에 따라 사업의 타당성 이 결정된다고 하겠다. 이 때의 자본의 기회비용 개념은 자본이 공 공부문이 아닌 민간부문에서 사용되었을 때 통상 기대할 수 있는 한계수익률이라고 정의할 수 있겠다.

이처럼 엄격히 따져서 재무적 수익률과 경제적 수익률은 그 성격상 양자를 곧바로 비교할 수 없다. 수익률계산에 포함되어 있는 비용과 편익의 항목들이 서로 다른데다가 바로 위에서 밝혔듯이 타당성판단의 기준이 서로 다르기 때문이다. 그러나 만약 양 분석에서 추구하는 사업의 목표가 동일하고 또한 지나치게 현저한 외부효과가 존재하고 있지 않는 상황에서는 양 분석에서 도출된 수익성에 대해서 일관성 있는 비교가 가능하다. 예컨대, 어느 사업의 내부수익률이 재무적 수익성은 낮으나 경제적 수익성은 높은 것으로 계산되었다면 이 사업은 기업의 채산성으로 보아서는 크게 기대할 수 없는 사업이지만 국민경제 나아가서 사회후생증진이라는 측면에서는 채택될 수 있는 사업이라고 평가될 수 있는 것이다.

12.2 비용·편익분석의 절차

비용·편익분석의 절차(단계)는 대체로 9가지 단계를 거쳐 이루어진다.

1단계: 공공투자 사업에 의해 영향을 받게되는 자(그룹)가 누구인가를 파악한다. 즉 이 사업에 의해 혜택받는 그룹과 피해를 보는 (비용을 부담하는) 그룹이 누구인가를 파악한다.

2단계: 사업의 목표를 달성할 수 있는 대안들이 어떤 것들인지 결
　　　 정한다. 현상유지(사업을 안하는 것)도 하나의 대안으로 검토될
　　　 수 있다.
3단계: 선정된 대안들에 의한 잠재적 효과들을 구체적으로 나열하
　　　 고 이러한 효과들을 측정할 수 있는 지표(indicators)들을 선정
　　　 한다. 긍정적(+) 효과와 부정적(-) 효과 모두를 포함한다.
4단계: 사업의 전 기간에 걸쳐 발생할 양적 효과들을 예측한다.
5단계: 모든 효과들을 화폐단위로 측정하고 수치화한다.
6단계: 현재가치를 구하기 위하여 측정한 값을 적절한 할인율로
　　　 할인한다.
7단계: 측정된 편익과 비용을 합산한다.
8단계: 1개 이상의 민감도분석을 행한다.
9단계: 가장 큰 순편익(NPV)을 가져다 주는 대안을 추천한다.

　　이와같은 9가지 단계에 대해서 별도의 설명이 불필요할 것이
다. 다만 각 단계에서 직면하게 될 어려움(문제점)을 요약하면 다
음과 같다.

1단계: 사업의 영향권에 있는 사람들이 누구인가를 파악하는 것은
　　　 실제로 매우 어렵고 논란이 분분해질 수 있다. 사업의 영역을
　　　 어디까지(전국 또는 일부 지역)로 하느냐에 달려 있다.
2단계: 대안들이 수없이 많을 수 있고 결국 선택의 문제가 된다.
　　　 목표가 모호하고 다양할 때 선택은 더욱 어려워진다.
3단계: 효과들을 구체화시키기가 어렵다. 사실 진정한 효과(true
　　　 impacts)들을 관찰하고 파악하기란 불가능할지도 모른다.
4단계: 장기에 걸쳐 발생하는 효과들을 양적으로 예측하기란 쉽지
　　　 않다. 예측모형이 충분히 개발되었다고 보기 어렵다.

5단계: 모든 효과들을 화폐단위로 측정하는 일은 잘 알려진 데로 어려운 일이다. 가장 중요한 편익이 가장 측정하기 어렵다는 말이 맞다.

6단계: 적정할인율이란 개념도 어려운 얘기다. 상이한 경제논리에 따라 서로 다른 접근이 가능하다.

7단계: 단순히 합치는 것은 쉬운 일이나, 어떻게 합산하느냐에 따라 상이한 결론에 도달한다.

8단계: 민감도분석도 분석수준(선택적 또는 일반적)에 따라 무수히 존재하게 된다. 이것도 선택의 문제이다.

9단계: NPV 기준에 따르는 것이 일반적인 원칙이라고 하더라도 이 기준에만 의존하다가 낭패를 볼 수 있다. 특히 정책적 고려가 요구될 때 어려움에 봉착한다. NPV측정이 불안정하고 불확실한 경우도 발생한다.

이처럼 9가지 단계들에 내포되어 있는 어려움(문제점)들은 이미 우리가 익히 알고 있는 사항들이다. 비용·편익분석은 유용한 의사결정수단의 하나이지만 그만큼 분석과정에서 오류가 발생할 수 있음을 다시 확인하게 된다. 비용·편익분석을 사전적(ex ante), 중간과정(in medias res) 그리고 사후적(ex post), 이렇게 시간을 달리하여 분석해 본다면 대개의 경우 세 가지 모두 상이한 결과가 나올 것으로 예상된다. 이것은 시간이 경과되면서 현상자체가 변하게 되는 측면이 있겠지만 분석상의 오류가 어느정도 항상 존재하고 있음을 의미한다고 하겠다.

비용·편익분석상의 오류를 네 가지로 분류하여 살펴보자. 첫째가 누락오류(omission error)이다. 사업의 효과들을 누락시키는 잘못을 뜻한다. 누락오류에는 효과를 누락시키는 것 이외에 효과를 과대포장(예: 이중계산)시키는 것도 포함된다.

둘째로는 예측오류(forecasting error)이다. 이것은 사업의 성질상 변화하는 상황을 제대로 예측하지 못하는 어려움 때문에 발생하는 것이다. 이 이외에 인식상의 편의(cognitive bias)라든가 전략적인 이유로 발생하는 경우도 있다.

셋째로는 측정오류(measurement error)이다. 가장 널리 알려진 오류이며, 자료 및 정보의 부족, 측정기술상의 문제 등으로 정확히 측정하는 능력이 부족하기에 발생한다. 측정모형개발의 미숙 등 방법론상의 미흡이 이에 포함된다.

넷째로 평가오류(valuation error)가 발생한다. 위의 세 가지 오류가 모두 해소되었다고 하더라도 이를 화폐단위로 평가하는 데 오류가 발생한다면 정확도가 떨어질 수밖에 없다. 예컨대 환경개선의 가치, 생명의 가치는 이를 어떻게 평가하느냐에 따라 그 규모가 크게 달라진다. 또한 사업을 추진하는 과정에서 타재화와의 상대가격(relative price)들이 예상 외로 변하게 될 경우가 발생하게 되는데 이런 것들도 평가오류를 일으키는 중요 요인으로 작용한다.

이상으로 우리는 비용·편익분석의 절차와 예상되는 어려움 및 오류를 살펴보았는데 결국 철저한 준비와 분석기법을 잘 마련하여 분석해야 한다는 것을 다시금 강조하게 된다.

12.3   타당성분석보고서의 작성요령

그러면 공공투자사업의 타당성분석보고서는 어떻게 작성되는가에 대하여 간략하게 설명하고자 한다.

타당성분석보고서는 분석내용의 깊이에 따라 ① 기초조사(pilot

study), ② 예비타당성 조사(pre-feasibility study), ③ 타당성 조사 (feasibility study), 이렇게 세 가지로 분류할 수 있다. 그런데 이러한 분류는 분석수준의 차이에 불과한 것이고 분석에 있어 취급해야 할 요소라든가 내용은 전부 동일하여야 한다. 기초조사는 분석의 수준을 개략적으로 하고 그 사업의 타당성을 개략적으로 판단하는 것이라면, 타당성 조사는 분석의 수준이 매우 깊고 따라서 사업의 타당성을 정밀분석하여 평가하는 것이라고 하겠다.

타당성분석보고서에서 취급해야 할 내용에 있어서는 그 분석의 수준이 어느 정도인가를 불문하고 다음과 같은 4가지 측면에 대해서 그 타당성이 검토되어야 한다.

첫째, 기술적인 측면: 사업규모, 공사기간, 공사방법, 기술도입 등 기술적인 타당성 검토

둘째, 재무적 측면: 손익분기점, 자금조달, 부채상환 등 현금수지 및 재무적 수익성에 대한 타당성 검토

셋째, 경제·사회적 측면: 국가경제발전계획의 목표를 달성하면서 희귀한 자원을 사용할 충분한 가치가 있는지의 국민경제적 내지 나아가서 "사회적" 타당성 검토

넷째, 제도적·관리적·정책적 측면: 재원조달, 행정기관의 업무조정, 관련법규, 인력관리행정상으로 볼 때 사업의 성공가능성, 지역개발효과 및 기타 정책적 고려사항에 대한 검토

이상과 같은 4가지 측면에 대한 검토가 타당성분석보고서에서 모두 다루어져야 하는데, 적절한 절차를 거쳐서 보고서가 작성된다면 그 보고서의 체제(format)는 어떤 모양을 갖추게 되는가를 살펴보자. 하나의 표준화된 체제를 제조업을 예로 하여 소개하면 다음과 같다.

(1) 사업의 배경(project background)

(2) 사업 개요(project description)

　　① 사업목표(objectives)

　　② 대 안(alternatives)

(3) 시장분석(market analysis)

　　① 수요예측(demand)

　　② 투입물 조달계획(input supply)

　　③ 산출물 공급계획(output supply)

(4) 입지계획(location & site)

(5) 사업설계 및 공사계획(project design & engineering)

　　① 기술도입상황(technology)

　　② 설계(design)

　　③ 공사계획(engineering)

(6) 사업의 비용 및 편익계산(cost & benefit computation)

(7) 재무적·경제적·사회적 평가(financial, economic & social evaluation)

　　① 비용·편익분석(cost-benefit analysis)

　　② 현금수지분석(cash flow analysis)

　　③ 민감도분석(sensitivity analysis)

　　④ 사회영향분석(social impact analysis)

(8) 집행 및 관리(implementation & management)

　　① 조직(organization)

　　② 인력 및 훈련(manpower & training)

　　③ 법제도(legal arrangement)

　　④ 정책적 분석(policy analysis)

(9) 요약 및 결론(executive summary)

이상과 같은 보고서의 체제구성을 통해 분명히 알 수 있는 것은 사업의 타당성평가를 하는 데 있어서 어느 한 분야의 전문인만으로는 정확한 평가가 어렵고 최소한 4~5개 분야의 전문인이 공동으로 참여할 때 정확한 평가가 가능하다는 점이다.

12.4 비용·편익분석의 전망과 과제

비용·편익분석은 유용한 정책의사결정의 분석도구이지만 이 또한 많은 문제점과 한계를 가지고 있다. 가장 심각한 문제가 정보획득의 문제이다. 아무리 정교한 분석기법을 개발하였어도 정보가 불충분하고 부정확하다면 의미 있는 결과를 도출하는 것이 불가능해진다. 비용·편익분석의 또 다른 중요한 한계는 분석 자체가 많은 비용과 시간을 수반한다는 것이다. 현실적인 정책의사결정은 많은 경우 긴급하게 이루어져야 하는데, 통상의 비용·편익분석은 흔히 수개월 내지는 수년까지의 시간을 요구하며 이에 막대한 예산과 인력을 수반하는 것이다. 비용·편익분석을 실제로 수행하는 분석전문가들의 전문성이 절대적으로 중요하지만 이에 못지않게 정책결정권자들도 비용·편익분석의 원리 등에 대해서 상당한 이해가 있어야 한다. 그렇지 않으면 분석과정에 정치적 이해관계가 개입될 수 있고, 정책결정권자의 편견이나 정실, 부정 등이 개입될 여지가 있는 것이다. 아무리 분석을 철저히 잘 했다고 하더라도 정책결정권자의 이에 대한 이해가 부족하면 그 분석은 무용지물이 되고 만다. 우리 나라를 비롯한 많은 국가에서 예산과 관련된 각종 공공사업에 대한 타당성평가가 제도적으로는 비교적 원만하게 이루어지는 것처럼 되어 있으면서도 사실상 제대로 이루어지지 않고 있는 이유는 이상에서 말한 여러 가지 제약요인들 때문이다.

한편 논의의 시각을 좀 다른 차원으로 돌려서 비용·편익분석의 유용성을 정부역할의 적합성과 연관시켜 논의해 보자. 제1장에서 언급했듯이 비용·편익분석의 기법이 1960년대와 1970년대에 걸쳐 급격히 개발되었는데 이 때만 해도 많은 개발도상국가에서 정부가 주도하는 공공투자사업들이 경제발전에 주도적 역할을 하였던 시기였다. 따라서 공공투자사업의 타당성을 평가하는 비용·편익분석도 상당한 각광을 받게 되었다. 그러나 그 후 50년 가까운 시간이 지나간 지금에 와서 정부의 공공사업에 대한 국민들의 인식이 어떻게 변하였나를 한번 살펴볼 필요가 있다. 아직도 사회간접자본(social overhead capital)을 비롯한 주요 기간산업에 대해서는 공공투자가 계속 필요하다고 인식되고 있지만 그 이외의 상당한 범주의 공공사업에 대해서는 성과면에서 많은 회의가 생기게 되었다. 그것은 다음과 같은 몇 가지 이유에서 기인한다.

첫째, 많은 나라의 공기업 운영에 비능률이 발생하게 되었기 때문이다. 개발도상국가들에 있어서는 공기업 운영에 낙하산 인사가 빈번하고 그래서 전문경영가가 부족하며 제도적인 정비가 불충분하기 때문에 공사가 지연되기 일쑤이고 행정기관과의 협조부족으로 사업의 목표 미달현상이 빈번하게 발생하게 되었다. 더욱이 개발도상국가들에게 공기업이란 고용확대의 도구로 인식되었기에 효율적인 기업경영과는 동떨어진 인력관리가 이루어져 왔고 실력 있고 경험 있는 인원은 절대부족한 데도 과잉고용상태를 유지하게 됨으로써 결국 부실경영을 면하기 어렵게 되었다.

둘째, 공기업이 이윤면에서 만성적인 적자를 면하기 어렵게 된 것은 정부의 과도한 간섭 때문이기도 하였다. 정부의 간섭이

심한 부문의 하나가 공기업이 생산하는 재화와 용역의 가격에 대한 것이다. 정부는 공익성 및 국민편익의 확대라는 명분 아래 공공재의 가격을 강력하게 규제하여 왔는데, 이러한 규제는 물가안정 등에 기여하는 긍정적인 측면이 있지만 비용회복(cost recovery)이 제대로 이루어지지 못하는 문제점을 안게 된다. 공공재의 생산비용이 제대로 회복되지 못하고 여기다가 공기업 경영 자체의 비능률이 첨가될 때 공기업이 생산하는 재화와 용역의 질이 급격히 쇠퇴할 것은 자명한 일이다. 이러한 결과로 공기업은 그 동안 국민들이 요구하는 수요를 충족시킬 수 있는 서비스를 제공하는 데 실패해 왔던 것이다.

셋째, 좀더 본질적인 문제로 정부의 기능에 대한 회의 내지 불신이 1970년대 이후 싹트기 시작하였다. 중앙정부의 누적된 재정적자는 국민들로 하여금 큰 정부에 대한 반감을 불러일으켰고, 수많은 지방정부들이 대규모 투자사업을 잘못 수행하여 재정파탄을 경험하게 됨에 따라 웬만한 정부사업들은 정부개혁 차원에서 민영화시키든가 아니면 민간기업에 위탁경영(outsourcing)시켜야 한다는 주장이 폭넓게 제기되어 온 것이다.

이상으로 언급한 몇 가지 이유들로 인하여 정부의 공공투자사업에 대한 인식이 변하게 되었다면 비용・편익분석이라는 기법의 향후 역할도 이에 따라 변하게 될 수밖에 없다. 장래에 정부의 자본축적을 위한 역할이 위축된다면 그만큼 비용・편익분석의 유용성도 위축될 것이다. 그러나 정부사업의 중요성이 앞으로도 상당기간 동안 지속적으로 유지될 것으로 전망되는 분야가 여전히 많이 있다. 대표적인 것이 에너지, 교통, 환경, 지역개발 등과 같은 사회하부구조(infrastructure) 분야이다. 앞으로 공공투자의 기본적인 초점이 이러한 분야에 집중될 것이며 효율적이고 공평한 투자

결정을 내리기 위하여 비용·편익분석의 적극적 활용이 기대되고
있다.

    그러면 비용·편익분석의 활용증대와 관련하여 공공사업의 경
제적 편익을 극대화시키고, 또 공공사업에 의해 생산되는 서비스
가 가장 효율적으로 적기에 제공되도록 하기 위한 몇 가지 개선방
안을 여기에 제시하고자 한다.

    첫째, 정부에 의해 제공되는 주요 서비스들의 장래수요에 대
하여 정확한 예측이 선행되어야 한다. 정확한 수요예측은 공공투
자사업의 규모를 적정하게 결정토록 하는 데 필수적이며 불필요한
과다투자가 일어나지 않도록 도와 준다. 그러나 부정확한 수요예
측하에서 이루어진 비용·편익분석의 결과는 공공자금의 낭비를
초래하고 나아가서 민간부문의 생산활동까지 위축시키는 부정적
인 효과를 가져다 줄 것이다.

    둘째, 정부가 어떤 명확한 정책목표를 가지고 특정한 공공서
비스를 제공하고자 할 때 이 목표를 달성할 수 있는 대안(alterna-
tive)들을 가능한 한 모두 제시하고 이들 각각에 대하여 철저한 검
토가 이루어지도록 하는 노력이 필요하다. 자칫 시간과 예산에 쫓
겨 한 가지의 대안만을 가지고 타당성을 검토하려고 하는 경향이
있는데 이는 대단히 위험하며 성급한 판단을 내릴 가능성이 높다.

    더욱이 공공사업이 정치적 이해관계의 산물로 전락된다면(예
컨데 지역이기주의에 편승) 대안검토가 소홀해질 수밖에 없고 이렇
게 결정된 정부투자사업은 결국 국민들의 저항을 불러일으킬 수
있음을 명심해야 한다.

    셋째, 위에서 언급하였듯이 정부가 제공하는 공공서비스의 요
금수준은 물가안정이라든가 공평성의 확보 등과 같은 정책적 이유
때문에 저렴하게 결정되는 경우가 많다. 그러나 공공요금수준이

공기업의 경상비용에도 미달되도록 낮게 책정된다면 이는 공기업의 생산성향상에 도리어 역행한다는 사실을 명심해야 한다. 공기업에도 적정한 이윤이 발생할 수 있도록 공공요금을 현실화해야 한다. 그러나 다른 한편으로 전력이나 에너지분야 등의 공기업은 독점기업의 형태를 유지하는 경우가 많은데 이럴 경우 공기업에서 독점이윤이 발생하도록 허용해서는 안 될 것이며, 적절한 기준과 조치를 통해 독점가격을 억제해야 할 것이다.

넷째, 많은 개발도상국의 경우 공공사업을 집행하고 관리하는데 제도적 정비가 이루어지지 않아 이것 때문에 공공사업이 제대로의 수익성을 창출하지 못하고 있다. 제도적 미비(institutional deficiencies)가 현실적으로 자금사정 못지않게 공공투자사업을 추진하는 데 심각한 장애요인으로 등장하고 있다. 따라서 여러 가지 제도적 정비가 선행되어야 하며 이러한 점이 비용·편익분석과정에서 충분히 검토되어야 할 것이다.

다섯째, 비용·편익분석에서는 여러 가지 정보상의 어려움 때문에 각종의 사회영향분석(social impact analysis)을 소홀히 하기가 쉽다. 제10장에서도 언급했듯이 소득분배효과를 반영하고 있는 "사회적 비용·편익분석"은 이것이 매우 중요한 의미를 가지고 있으면서도 정보부족 때문에 제대로 수행되지 못하고 있다. 그러나 이러한 사회영향분석들은 가능한 자료수집의 범위 내에서 최선을 다해 그 효과를 규명하는 노력이 필요하며, 계량적 분석접근이 어려울 때에는 비계량적 분석이라도 충실히 해야 할 것이다. 특히 최근에는 환경에 대한 영향평가가 주요 관심사가 되고 있으므로 환경을 보호한다는 이유에서도 환경영향분석에 최선의 노력을 다해야 할 것이다. 결론적으로 말하여 비용·편익분석은 불완전한 도구이지만 그래도 매우 유용한 정책의사결정기법이다. 정부 공공투자사업의 타당성을 결정하는 데 있어서 경제적 효율성기준은 당분간 여전히 중요한 판단기준으로 작용하게 될 것인바, 분석전문가들은 공공투자가 국가경제발전과 사회후생증진에 직접적으로 공헌한다는 인식하에서 사명감을 갖고 최선의 노력을 경주해야 할 것이다. 특히 공공분야의 성장이 민간분야의 경제활동을 위축하지 않고 서로 보조를 맞출 수 있도록 각별히 주의하는 가운데 분석이 이루어지도록 해야 할 것이다. 정부는 정부대로 분석전문가를 많이 양성하기 위한 지원을 아끼지 말아야 할 것이며, 보다 현실에 적합한 의사결정이 이루어지도록 하기 위한 기법개발에 힘써야 할 것이다.

공공투자사업의 타당성분석에 대한 기법개발과 관련하여, 최근에는 비용·편익분석 위주의 경제성분석과는 별도로 여러 가지 정책적으로 고려해야 할 사항들을 분석한 후 이 두 가지 분석을 통합하여 사업의 타당성을 종합적으로 판단하는 접근방법을 많이 선호하고 있다. 효율성 위주의 경제성분석 내에서 형평성 등에 대한 고려를 적절히 포함시키기가 어렵기 때문에 이를 극복하는 방안으로 아예 처음부터 경제성분석과 정책적 분석으로 분리하여 검토한 후 나중에 이를 통합하자는 취지에서 나온 것이다. 경제성분석에서 잘 다룰 수 없는 지역균형개발 차원에서의 지역경제파급효과, 재원조달의 실현가능성, 환경·안보·문화적 차원의 분석 등이 정책적 분석에서 다루어야 할 주요 쟁점 사항이다.

이처럼 공공투자사업의 타당성을 종합적으로 판단하기 위해서는 두 가지 분석결과를 통합하여야 하는데, 이것이 그리 간단한 문제가 아니다. 경제성분석은 효율성에 입각하고 있으며 결과가 대부분 계량화되어 나타나는 반면, 정책적 분석은 형평성 등 다른 잣대가 적용되고 결과도 대부분 비계량화되어 있기 때문에 양자를 종합하여 하나의 결과를 도출하는 것이 쉽지 않다. 따라서 다양한 평가기준들을 하나로 묶는 체계적인 방안이 강구되어야 한다. 그 동안 방안 강구를 위한 여러 가지 시도들이 있어 왔으나 아직 이렇다 할 특별한 방법론이 정착되지 못하고 있다. 제1장에서 언급하였듯이 한국개발연구원(KDI)산하의 공공투자관리센터에서는 AHP (Analgtical Hierarchy Process)기법을 활용하여 경제성 분석과 정책적 분석의 통합을 시도해 왔다. AHP기법은 1970년대 초 미국의 경영학 교수(Thomas Saaty)가 미 국무부의 군비축소업무에 협력하는 과정에서 개발한 의사결정의 한 벙법론인데, 복잡한 문제를 계층화하여 주요 요인과 세부 요인들로 분해하고 이러한 요인들에 대한 쌍대비교(pairwise comparison)를 통해 상대적 중요도를 도출하는 방법이다.

AHP기법은 모형을 이용하여 상대적 중요도를 체계적으로 비율척도(ratio scale)화하여 정량적인 형태의 결과를 얻을 수 있다는 점에서 그 유용성을 인정받고 있다. 그러나 의사결정문제를 계층화할 때 그 이론적인 틀이 아직 존재하지 않기에 자칫 계층구조를 잘못 설정함으로써 부적절한 평가가 있을 수 있다는 등의 비판을 받고 있다. 앞으로 다양한 기준들을 하나의 틀로 통합하여 평가하는 다기준분석(multi-criteria analysis)에 대한 연구가 활발히 진행되어야 할 것이다.[1]

---

1) KDI, 공공투자관리센터, 「예비타당성조사 수행을 위한 다기준분석 방안 연구」 (한국개발연구원, 2000) 참조.

제 13 장 관개사업의 경제분석(사례 1)

13.1 사업배경

코히스탄(Kohistan)이라는 어느 가상적인 나라에서 대규모 관개사업(irrigation project)을 하려고 한다. 이 나라에서는 니구(Nigu)라고 칭하는 화폐가 통용되고 있다. 이 나라는 전형적인 농업국가로서 국내총생산의 2/3가 농업에서 창출된다. 그런데 인구증가속도가 농작물 생산증가속도보다 빨라서 그 동안 상당한 양의 곡물을 해외에서 수입해 올 수밖에 없었다. 정부는 농작물 생산증대를 국정의 제1차 목표로 정하고 이를 위한 정부사업을 펴나가기로 하였다.

현재 코히스탄의 농업생산성은 매우 낮다. 반면에 이 나라는 수자원이 충분하여 전체 경작지에 물을 충분히 공급할 수 있다. 그러나 관개사업이 제대로 이루어지지 않아서 총경작지의 1/5 정도에만 물공급이 원만히 이루어지고 있으며 나머지 땅은 하늘의 비에 의존하고 있는 실정이다. 경작지를 더 크게 확대시킬 여지는 현재로서는 없고, 따라서 농작물 생산을 증대시키고 농업생산성을 제고시킬 수 있는 유일한 방법은 관개사업뿐이라고 판단되고 있다. 관개사업의 핵심내용은 다양한 둑(weir)을 쌓고 관개수로체계를 건설하는 것이다. 이 사업이 완성된다면 10,000헥터에 달하는

경작지에 물공급이 가능해지는데 이는 현재 비에 의존하고 있는
경작지 전체에 물을 공급하게 됨을 의미한다. 여기에 제안된 사업
은 사업의 목표를 달성할 수 있는 여러 가지 대안들 가운데서 가
장 비용이 적게 드는 방법(least-cost method)을 택한 것이다.

제안된 사업에 의해 새로운 경작지가 개간되는 것은 하나도
없다. 그러나 관개시설이 발전됨에 따라 물공급이 원활해지고 또
한 농작물 생산에 새로운 기술이 도입됨으로써 기존의 경작지에서
수확되는 수확밀도(cropping intensity)를 크게 높일 것이라는 점은
분명하다. 새로이 건설되는 관개시설은 농작물 생산증대를 위한
추가적인 여러 가지 투입물(inputs)의 사용을 요구하게 되고 농민
들의 보다 적극적인 참여를 유도함으로써 농가소득을 올리는 데
기여할 것이다.

13.2   재무적 비용

위 사업의 재무적 총비용을 자국화폐로 측정하면 약 730백만
니구(Ng)이다. 이를 미국 달러로 환산하면 1990년의 환율($1=Ng
20)을 적용하여 36.5백만 달러이다. 이 총비용은 500백만 Ng의 기
본비용과 44백만 Ng의 물량예비비, 그리고 186백만 Ng의 가격예
비비로 구성되어 있다. 기본비용의 88%는 관개 및 배수건설과 관
련된 비용이며, 이외의 유지관리(O&M)를 위한 장비구입, 수자원
사용그룹(WUG) 등을 설치하는 비용, 사업집행시설비용, 그리고
수입품에 대한 관세 및 각종 세금 등으로 구성되어 있다. 이와 같
은 내용이 [표 13-1]에 소개되어 있다. [표 13-1]에서 보듯이 물
량예비비는 기본비용 중 관개 및 배수관련 비용의 10%에 해당되

[표 l3-1] 재무적 비용(백만 Ng)

품 목	외환비용	국내비용	총 비 용
A. 관개 및 배수	243.0	197.0	440.0
• 각종 둑(weir)건설	180.0	130.0	310.0
• 수로 및 배수	60.0	55.0	115.0
• 농촌정지작업	3.0	11.0	14.0
• 토지획득	0	1.0	1.0
B. 유지관리(O&M)를 위한 장비구입	5.0	1.0	6.0
C. 수자원사용그룹(WUG) 설치	1.0	4.0	5.0
• 토목공사	0	1.0	1.0
• 차량 및 정비	1.0	0	1.0
• 임금 및 운영비	0	3.0	3.0
D. 사업집행설비	4.0	5.0	9.0
• 토목공사	1.5	3.0	4.5
• 차량 및 장비	2.5	0	2.5
• 임금 및 운영비	0	1.9	1.9
• 모니터링	0	0.1	0.1
E. 수입관련세 및 관세	0	40.0	40.0
F. 총기본비용(1990년 가격)	253.0	247.0	500.0
G. 물량예비비(A의 10%)	24.3	19.7	44.0
H. 가격예비비	60.0	125.6	185.6
I. 총재무비용	337.3	392.3	729.6

는데 이는 홍수 등과 같은 예기치 않은 사태가 발생할 경우를 예상하여 선정된 것이다. 가격예비비는 인플레이션에 대비하여 마련된 것으로 기본비용의 1/3를 초과하고 있다. 가격예비비는 7년이라는 긴 공사기간을 고려하면서 공사기간 동안 물가가 외환비용에 대해서는 연 5% 그리고 국내비용에 대해서는 연 10%씩 증가할 것이라는 예측에 근거하고 있다.

13.3   경제적 비용

우리에게 관심사항이 되는 것은 재무적 비용이 아니라 경제적 비용이다. 경제적 비용을 산출하기 위해서는 두 가지 단계가 필요하다. 첫 번째 단계는 재무적 비용에서 경제적 비용이 아닌 것들을 제거시키는 작업이다. 위의 예에서는 토지구입비용, 관세 및 각종 세금, 그리고 가격예비비가 제거대상이 된다. 토지구입비가 제외되는 이유는 관개사업을 위해 구입된 토지가 비록 지금까지 이토지에서 생산되어 온 어떤 농작물의 수확을 포기하더라도 그 양이 미미할 것이고 또한 더 많은 농작물을 생산하기 위해 사용되어지는 것이므로 사회 전체를 보아서 토지구입이 어떠한 비용을 초래하고 있다고 보기 어렵기 때문이다. 관세 및 각종 세금은 이전지출로 간주되므로 제외되며, 가격예비비는 경제분석에서는 인플레이션을 무시하면서 그 대신 모든 가격을 1990년도 불변가격으로 산정하였으므로 여기에서 제외된다.

두 번째 단계는 모든 사업비용을 국경가격(border price)으로 전환시키는 작업이다. 외환비용은 이미 국경가격(즉, CIF가격)으로 전환된 것이므로 더 이상 조정이 필요 없으나 국내비용들은 적절

	전환계수
각종 둑(weir)건설	0.85
관개 및 배수건설	0.80
농촌정지작업 및 토목공사	0.75
O&M 장비구입	0.95
기타 표준전환계수(임금과 운영비에 사용)	0.90

한 전환계수(conversion factor)를 사용하여 국경가격화해야 한다.
정부부처에서 제공된 자료를 근거로 하여 앞에서와 같은 전환계수
가 전문가들에 의해 산정되었다.

[표 13-2] 경제적 비용(백만 Ng)

품 목	외환비용 (1)	국내비용	전환계수	국경가격 으로의 국내비용 (2)	국경가격 으로의 총비용 (1)+(2)
A. 관개 및 배수	243.0	196.0		162.8	405.8
• 각종 둑(weir)건설	180.0	130.0	0.85	110.5	290.5
• 수로 및 배수	60.0	55.0	0.80	44.0	104.0
• 농촌정지작업	3.0	11.0	0.75	8.3	11.3
B. 유지관리(O&M)를 위한 장비	5.0	1.0	0.95	0.9	5.9
C. 수자원사용그룹(WUG) 설치	1.0	4.0		3.5	4.5
• 토목공사	0	1.0	0.75	0.8	0.8
• 차량 및 장비	1.0	0	—	0	1.0
• 임금 및 운영비	0	3.0	0.90	2.7	2.7
D. 사업집행설비	4.0	5.0		4.0	8.0
• 토목공사	1.5	3.0	0.75	2.2	3.7
• 차량 및 장비	2.5	0	—	0	2.5
• 임금 및 운영비	0	1.9	0.90	1.7	1.7
• 모니터링	0	0.1	0.90	0.1	0.1
E. 총기본비용(1990년 가격)	253.0	206.0		171.2	424.2
F. 물량예비비(A의 10%)	24.3	19.7	0.825[a]	16.3	40.6
G. 총경제비용	277.3	225.7		187.5	464.8

주[a]: 위 A에서의 해당 전환계수를 가중평균한 것임.

임금에 대해서는 좀더 추가적인 설명이 필요하다. 국내가격을 기준으로 할 때 숙련공의 임금과 비숙련공의 임금간의 차이는 대략 1:0.7 정도로 판명되었다. 다시 말해 비숙련공의 잠재임금은 숙련공의 실제임금의 70% 정도였다. 따라서 국경가격화하기 위해 이를 다시 환산하면 위 표에서 보듯이 표준전환계수가 0.9이므로 숙련공의 임금과 비숙련공의 임금간의 비율은 대략 0.9:0.63 (=0.7×0.9)이 될 것이다.

이렇게 하여 경제적 총비용을 국경가격으로 계산해 보면 그 금액이 464.8백만 Ng로 측정되었고 그 자세한 내용이 [표 13-2]에 기록되어 있다. 이 중 외환비용이 277.3백만 Ng이며 국경가격화한 국내비용이 187.5백만 Ng이다.

코히스탄에서의 비슷한 경험을 토대로 계획을 세워 볼 때 위 사업은 7년이 소요될 것으로 판단되었다. 따라서 1990년에 착수하여 1996년에 완성되는 것이다. 그런데 첫해인 1990년은 설계와 인력확보 등으로 보내고 실제의 건설공사는 1991년부터 시작되는데 1991년에 10%, 1992년에 20%, 1993년에 30%, 1994년에 20%, 1995년에 15%, 그리고 마지막 해인 1996년에 나머지 5%가 완성될 것으로 계획하였다. 이러한 건설계획에 입각하여 경제적 총비용을 7개년에 걸쳐 배분시켜 놓은 결과가 [표 13-3]에 제시되어 있다.

사업의 수명기간은 건설완료 이후부터 대략 30년으로 잡고 있다. 투자효과가 충분히 발생하기 위해서는 사업의 총운영기간에 걸쳐 추가적인 비용이 수반되어야 한다. 매년의 유지관리비(O&M)가 대표적인 비용이며 이 이외에도 유지관리에 사용되는 장비들의 대체비용이 필요하게 될 것이다. 유지관리비는 1997년부터 필요하게 되는데 연간 4.5백만 Ng가 소요되며, 유지관리용 장비들의 대

[표 13-3] 총경제비용의 기간별 배분(백만 Ng)

품 목	1990	1991	1992	1993	1994	1995	1996	합계
A. 관계 및 배수	0	41.0	81.0	122.0	81.0	60.8	20.0	405.8
B. O&M을 위한 장비구입	0	0	0	0	0	2.0	3.9	5.9
C. WUG설치	0	0	0	0	2.0	1.5	1.0	4.5
D. 사업집행설비	4.0	2.0	1.0	1.0	0	0	0	8.0
E. 기본비용	4.0	43.0	82.0	123.0	83.0	64.3	24.9	424.2
F. 물량예비비	0	4.1	8.1	12.2	8.1	6.1	2.0	40.6
G. 총경제비용	4.0	47.1	90.1	135.2	91.1	70.4	26.9	464.8

체비용도 매 5년마다 발생하게 되어 6백만 Ng가 소요될 것으로
판명되었고 2001년부터 발생하게 될 것이다. 이러한 운영비용의
발생은 [표 13-12]의 (2)열 비용항목에 나타나 있다.

13.4 사업편익의 측정

　사업의 편익은 관개사업의 영향권에 있는 10,000헥터의 경작
지에서 생산되는 농작물 가치의 순증가분이 된다. 그런데 누차 강
조하였듯이, 사업편익을 측정하는 데 있어서는 "with 對 without"
의 관계가 중요하다. 다시 말하여 사업이 없었더라도 농작물의 생
산증대가 이루어질 수 있으므로 이런 점을 감안하여 사업에 의해
발생된 농작물의 순생산증대분만을 계산에 반영하여야 한다.
　다음의 [표 13-4]가 이러한 결과를 보여 주고 있는데 쌀생산
은 51,200톤이 증가되고 밀은 16,600톤 증가, 옥수수가 1,800톤 증
가된다. 그러나 콩은 관개사업 때문에 800톤 감소할 것으로 예상
되었다. 콩은 관개사업으로 도리어 재배가 잘 되지 않기 때문이다.

[표 l3-4] 사업이 있을 때와 없을 때의 생산수확 비교

수 확	사업이 있을 때(with)			사업이 없을 때(without)			생산 증대량 (톤)
	면 적 (ha)	산 출 고 (mt/ha)	생 산 량 (톤)	면 적 (ha)	산 출 고 (mt/ha)	생 산 량 (톤)	
경작면적	10,000			10,000			
수확면적	24,000			14,000			
쌀	16,000	4.0	64,000	8,000	1.6	12,800	51,200
밀	6,000	3.0	18,000	1,000	1.4	1,400	16,600
옥 수 수	2,000	3.0	6,000	3,000	1.4	4,200	1,800
콩	0	0	0	2,000	0.4	800	(－)800

아무튼 관개사업 때문에 농작물 생산이 증가한다면 그것은 다음의
두 가지 이유 때문이다. 첫째는 경작지에 물공급이 원활해짐으로
써 헥터당 산출고(yield)가 증가하기 때문이며, 둘째는 일 년 내내
물공급이 가능하므로 수확밀도(cropping intensity＝수확면적/경작면
적)가 또한 높아지기 때문이다.

　사업편익을 화폐가치로 표시하기 위해서는 자국화폐로 표시한
농작물의 단위당 경제가격을 추정하여야 한다. 농작물의 경제가격
을 구하는 데는 비용을 추정할 때와 마찬가지로 국경가격에 근거
하여야 할 것이다. 우리가 논하고 있는 이 나라는 곡물을 수입하
고 있는 나라이다. 따라서 농작물의 경제가격은 이 곡물을 수입하
는 비용(수입가격)과 일치하게 되는데, 수입가격은 수입품(곡물)의
CIF가격에다가 수입품을 국내 주요 소비판매시장까지 운반하는
데 들어가는 경비를 더해 주고, 한편으로 관개사업으로 생산된 농
작물을 경작현장(farmgate)에서 국내 주요 소비판매시장까지 운반
하는 데 들어간 경비를 감해 줌으로써 도출된다. 이와 같이 계산
된 농작물의 경제가격을 통상 경작현장에서의 경제가격(farmgate

economic price)이라고 부르는데 이를 구하는 절차가 [표 13-5]에
잘 소개되어 있다. 수입곡물의 CIF가격은 1990년 6월을 기준으로
주요 수출국에서 형성된 가격과 여러 국제기관에서 예측된 가격
등을 고려하여 산정한 것이며 해외에서의 운반·보험료가 포함되
어 있다.

　　이제 농작물 생산증가량을 보여 주고 있는 [표 13-4]와 농작
물의 경제가격을 보여 주고 있는 [표 13-5]를 합침으로써 사업의
편익 및 농작물 생산증가량의 가치가 측정될 수 있겠는데 이것이
[표 13-6]에 나타나 있다. [표 13-6]에서 보듯이 관개사업을 통해
기대되는 사업편익의 금액은 236.5백만 Ng로서 이 금액은 사업의
효과가 100% 달성되었을 때 기대할 수 있는 연간 사업편익의 최
대규모인 것이다.

[표 13-5] 농작물의 경제가격 도출

품　　목	밀	쌀(벼)	옥 수 수	콩
1. 수입품의 CIF가격($/mt)	210	240		170
2. 환율($1=Ng20)[a]	20	20		20
3. 국경가격(Ng/mt)	4,200	4,800		3,400
4. 주요 소비판매시장까지의 운반비용(Ng/mt)[b]	400	400		400
5. 경작현장에서 주요 소비판매시장까지의 운반비용(Ng/mt)[b]	350	380		350
6. 국내곡물의 가공비용	0	200		0
7. 경작현장(farmgate) 경제가격 [3+4−5−6]	4,250	(4,620)[c] 3,000	3,350	3,450

주: a) 환율은 잠재환율과 일치되도록 적정하게 결정되어 있다고 가정되었다.
　　b) 국내에서의 운반비용을 국경가격화하기 위하여 0.75의 전환계수가 사용되었다.
　　c) ( ) 속의 수치는 벼에 대한 가격이다. 벼에서 쌀로 전환되는 데는 65%의 회복
　　　률(recovery rate)이 가정되었다.

[표 13-6] 사업편익의 측정

품 목	단위당 가격 (톤당 Ng)	생산증대량 (톤)	생산증대량의 가치 (백만 Ng)
쌀	3,000	51,200	153.6
밀	4,250	16,600	70.5
옥수수	3,350	1,800	6.0
콩	3,450	(−)800	−2.7
수확잔여			9.1
합 계			236.5

그러나 연간 농작물 생산증가의 경제적 가치인 236.5백만 Ng를 그대로 사업편익으로 사용하는 데는 문제가 있다. 왜냐하면 이와 같은 생산증대를 가능하게 할 수 있는 것은 관개사업의 건설과 더불어 여러 가지 추가적인 투입물이 있고 이러한 비용은 사업편익에서 공제해야 할 것이기 때문이다. 이러한 추가적 비용은 관개사업의 운영과정에서 발생하는 유지관리비(O&M) 및 유지관리를 위한 장비구입비 같은 것과는 성격이 다른 것이다. 여기서의 추가적인 투입물이란 각종 비료를 포함한 화학제품을 사용한다든가, 새로운 종자를 구입한다든가, 나아가서 새로운 노동력을 고용한다든가 하는 것 등을 의미하게 된다. 추가적인 투입물의 사용량이 관개사업이 있을 경우와 없을 경우로 구별되어 [표 13-7]에 소개되어 있다. [표 13-7]에서 N, P, K는 비료의 종류를 가리키는데 각기 질소(Nitrogen), 인산(Phosphate), 그리고 칼륨(Potassium)을 대신한 약자이다. 또한 종자와 인적 노동이 추가되는 것 이외에 가축들도 노동에 동원되고 있음을 알 수 있다. 추가적 투입물의 사용량이 규명되었으므로 이제는 이 투입물의 경제가격을 추정하여 이를 사업편익에서 공제해야 한다. [표 13-8]에서 수입물인 세

[표 13-7] 헥터당 투입물의 양

품 목	종자 (kg)	N (kg)	P (kg)	K (kg)	인적 노동 (일)	가축노동 (일)
사업이 있을 때(with)						
쌀	53	90	40	20	167	48
밀	100	100	50	20	100	21
옥 수 수	20	60	30	30	97	25
콩	0	0	0	0	0	0
사업이 없을 때(without)						
쌀	107	26	8	0	270	80
밀	120	10	10	0	50	20
옥 수 수	35	0	0	0	90	20
콩	30	0	0	0	35	5

[표 13-8] 비료의 경제가격 도출

품 목	N	P	K
1. 수입물의 CIF가격($/mt)	220	270	180
2. 환율($1=Ng20)[a]	20	20	20
3. 국경가격(Ng/mt)	4,400	5,400	3,600
4. 경작현장까지의 운반비용(Ng/mt)[b]	190	190	190
5. 경작현장가격(Ng/mt)	4,590	5,590	3,790
6. 자양분 함유	0.460	0.48	0.60
7. 경작현장(farmgate) 경제가격	9,980	11,645	6,317

주: a) 환율은 잠재환율과 일치되도록 적정하게 결정되어 있다고 가정되었다.
　　b) 국내운반비용을 국경가격화하기 위하여 0.75의 전환계수가 사용되었다.

가지 비료(N, P, K)에 대한 경제가격이 산출되는 과정이 소개되어 있고 이것은 [표 13-5]의 경우와 대단히 유사하다. 인적 노동의 경제적 가치와 가축노동의 경제적 가치를 산출하기 위해서는 전환계수를 사용할 수밖에 없는데 앞에서 이미 소개한 표준전환계수 0.9를 사용하면 될 것이다.

	시장가격(Ng) (1)	전환계수 (2)	경제가격(Ng) (1)×(2)
인적 노동(일당)	20	0.63(＝0.9×0.7)	13
가축노동(일당)	20	0.9	18

그러면 이제 [표 13-7]과 [표 13-8]을 가지고 추가적 투입물에 대한 경제적 평가를 내려야 하겠는데 이 때에도 사업이 있을 경우("with")와 사업이 없을 경우("without")를 분명히 구별하고 이 양자간의 차이를 구하여 이것을 관개사업에 의한 추가적 경제비용으로 간주해야 할 것이다. [표 13-9]에서 사업이 있을 경우의 추가적 비용이 계산되었는데 그 규모가 113.64백만 Ng로 계산되었다. [표 13-10]에는 사업이 없을 경우의 추가적 비용이 계산되었는데 이 때의 비용은 28.71백만 Ng로 계산되었다. 따라서 관개사업에 의해 발생하는 추가투입물의 순증가비용은 84.9백만 Ng로서 이 금액은 앞에서 계산된 사업편익액인 236.5백만 Ng에서 공제되어야 할 것이다. 이렇게 하여 계산된 관개사업의 총편익은 연간 151.6백만 Ng로 결정된다.

	금액(백만 Ng)
① 농작물 생산증가량의 가치	236.5
② 추가적 투입물의 가치(추가비용)	84.9(＝113.64－28.71)
③ 관개사업의 최종편익 (①-②)	151.6

[표 13-9] 사업이 있을 경우의 투입물 총량에 대한 경제적 가치

품 목 (1)	단위 (2)	단위가격 (Ng) (3)	헥터당 투입물 (4)	헥터면적 (5)	총투입량 (6)	총투입량의 가 치(백만 Ng) (7)=(3)×(6)
1. 쌀(개량종)						82.14
· 종 자	kg	3.00	53	16,000	848,000	2.54
· N	kg	9.98	90	16,000	1,440,000	14.37
· P	kg	11.65	40	16,000	640,000	7.45
· K	kg	6.32	20	16,000	320,000	2.02
· 화학제품	kg	4.50	100	16,000	1,600,000	7.20
· 노 동	일	13	167	16,000	2,672,000	34.74
· 가 축	일	18	48	16,000	768,000	13.82
2. 밀						25.27
· 종 자	kg	4.25	100	6,000	600,000	2.55
· N	kg	9.98	100	6,000	600,000	5.99
· P	kg	11.65	50	6,000	300,000	3.50
· K	kg	6.32	20	6,000	120,000	0.76
· 화학제품	kg	4.00	100	6,000	600,000	2.40
· 노 동	일	13	100	6,000	600,000	7.80
· 가 축	일	18	21	6,000	126,000	2.27
3. 옥 수 수						6.23
· 종 자	kg	3.35	20	2,000	40,000	0.13
· N	kg	9.98	60	2,000	120,000	1.20
· P	kg	11.65	30	2,000	60,000	0.70
· K	kg	6.32	30	2,000	60,000	0.38
· 화학제품	kg	2.00	100	2,000	200,000	0.40
· 노 동	일	13	97	2,000	194,000	2.52
· 가 축	일	18	25	2,000	50,000	0.90
4. 합 계 (1+2+3)						113.64

[표 13-10] 사업이 없을 경우의 투입물 총량에 대한 경제적 가치

품 목 (1)	단위 (2)	단위가격 (Ng) (3)	헥터당 투입물 (4)	헥터면적 (5)	총투입량 (6)	총투입량의 가치(백만 Ng) (7)=(3)×(6)
1. 쌀(재래종)						14.13
·종 자	kg	3.00	55	6,000	330,000	0.99
·노 동	일	13	120	6,000	72,000	9.36
·가 축	일	18	35	6,000	210,000	3.78
2. 쌀(개량종)						6.54
·종 자	kg	3.00	52	2,000	104,000	0.31
·N	kg	9.98	26	2,000	52,000	0.52
·P	kg	11.65	8	2,000	16,000	0.19
·노 동	일	13	150	2,000	300,000	3.90
·가 축	일	18	45	2,000	90,000	1.62
3. 밀						1.74
·종 자	kg	4.25	120	1,000	120,000	0.51
·N	kg	9.98	10	1,000	10,000	0.10
·P	kg	11.65	10	1,000	10,000	0.12
·노 동	일	13	50	1,000	50,000	0.65
·가 축	일	18	20	1,000	20,000	0.36
4. 옥 수 수						4.94
·종 자	kg	3.35	35	3,000	105,000	0.35
·노 동	일	13	90	3,000	270,000	3.51
·가 축	일	18	20	3,000	60,000	1.08
5. 콩						1.36
·종 자	kg	4.50	30	2,000	60,000	0.27
·노 동	일	13	35	2,000	70,000	0.91
·가 축	일	18	5	2,000	10,000	0.18
6. 합 계 (1+2+3+4+5)						28.71

13.5 사업편익의 발생과정

관개사업의 최종편익이 연간 151.6백만 Ng로 산출되었다고 하여 이러한 편익이 관개사업건설이 완료되는 1996년 이후부터 즉각적으로 발생할 것이라고 생각한다면 그것은 대단히 잘못된 것이다. 151.6백만 Ng는 사업효과가 100% 달성될 때 기대되는 금액이며 대체로 전문가들의 견해에 따르면 이것은 2001년부터 발생될 것으로 예상된다. 반대로 사업이 시작된 1990년부터 사업이 완료되는 1996년까지 사업편익이 전혀 발생하지 않을 것이라고 가정하는 것도 잘못이다. 관개사업이 진행되는 과정에서 어느 특정연도부터는 사업편익이 조금씩 발생한다고 보아야 한다. 이러한 모든 것은 사업이 진전되는 내용과 속도에 따라 달라질 수 있겠는데 대체로 다음과 같은 전망을 내리게 되었다고 하자.

연 도	사업완료된 경작지 면적(누진)	사업효과 발생의 잠재력
1995	2,000ha	30%
1996	4,000ha	60%
1997	7,000ha	80%
1998	10,000ha	100%

위와 같은 전망에 근거하여 실제의 사업편익이 발생할 것으로 예상된 결과가 [표 13-11]에 제시되어 있다. 이 표에서 보듯이 사업편익이 1995년부터 실제로 나타나지만 그 규모는 최종편익의 6%에 불과한 9.1백만 Ng이며 1998년에는 최종편익의 63% 정도인 95.5백만 Ng, 그리고 2001년에 가서 드디어 최종편익이 151.6백만 Ng가 되는 것으로 추정되었다. 151.6백만 Ng의 최종편익은 사업

[표 13-11] 경제적 편익의 성장과정

연 도	1995	1996	1997	1998	1999	2000	2001
총편익에 대한 %	6	18	37	63	82	94	100
편익금액(백만 Ng)	9.1	27.3	56.1	95.5	124.3	142.5	151.6

의 수명이 끝나는 2026년까지 계속되는 것으로 추정하고 있다.

13.6 사업의 타당성평가

　이상으로 우리는 관개사업의 경제적 비용과 편익의 추정을 완료하였으며 그 핵심적인 정보가 [표 13-3]과 [표 13-11]에 소개되었다. 이제 우리가 해야 하는 다음 단계는 이 사업이 과연 타당성이 있는가를 평가하는 작업이다. [표 13-12]에서는 지금까지 논의한 비용과 편익의 흐름을 1990년부터 2026년까지에 걸쳐 소개하고 있으며, 이제 이 자료를 가지고 사업의 순현재가치(NPV)와 경제적 내부수익률($EIRR$)을 계산할 수 있게 된다.

　[표 13-12]에서 보듯이, 1990년부터 1996년까지의 사업비용은 [표 13-3]의 자료를 그대로 갖다 놓은 것이다. 1997년부터의 사업비용은 매년 유지관리비(O&M)가 4.5백만 Ng만큼 발생하는 것을 뜻하고 또한 매 5년마다 한 번씩 유지관리용 장비구입비 6백만 Ng가 발생되고 있음을 알 수 있다. 사업편익은 1995년부터 발생하며, 1995년~2001년 동안의 사업편익은 [표 13-11]의 것을 그대로 갖다 놓은 것이다. 그리고 2002년부터 2026년까지 매년 일정액의 사업편익(151.6백만 Ng)이 발생하는 것으로 되어 있다. 이상의 두 가지 자료(사업비용과 사업편익)를 가지고 있을 때 순현재가치

(NPV)와 경제적 내부수익률($EIRR$)의 계산은 공식에 따라 자동
적으로 이루어진다. 다만 순현재가치의 계산을 위해서는 사회적
할인율(social discount rate)이 얼마인지를 미리 알아야 할 것이다.
[표 13-12]에서는 사회적 할인율을 13%로 잡고 있으며 이렇게
하여 계산된 순현재가치는 154.44백만 Ng로 나타났다. 이 수치는
0보다 큰 수치로서 위의 관개사업은 당연히 타당성이 있는 것으
로 판명된다.

　　　그러면 경제적 내부수익률($EIRR$)은 얼마나 될까? 그 답은
[표 13-13]을 통해 확인할 수 있다. [표 13-13]에서 보듯이 만약
할인율을 13%로 하여 순현재가치를 계산하면 그 값이 154.44백만
Ng가 되었고, 만약 할인율을 20%로 올려서 계산하면 순현재가치
의 값이 −55.04백만 Ng가 되었다. 이것은 위 관개사업의 경제적
내부수익률이 13%와 20% 사이에 존재하고 있으며 그것도 20%쪽
에 더 가깝다는 것을 암시하고 있다. 그래서 할인율을 18%로 하
여 계산하니 순현재가치가 0에 더욱 가까운 −18.31백만 Ng가 되
었다. 결국 경제적 내부수익률은 18%보다 약간 낮은 것으로 인식
되며 공식을 통해 정확히 계산하면 17.2%가 된다. 내부수익률이
17.2% 정도라는 것은 대부분의 국가에서는 대단히 높은 것이다.
비록 사회적 할인율이 얼마인지는 정확히 모르고 있다고 하더라도
이 정도의 내부수익률은 대부분의 국가에서는 타당성이 있는 것으
로 판명될 것이다. 문제는 정부가 생각하고 있는 사업판단의 최저
기준율(cut-off rate)이 얼마이냐에 달려 있는데 최저기준율이
17.2%보다 낮은 한, 이 사업은 타당성이 있는 것으로 평가된다.

[표 I3-I2] 관개사업의 비용과 편익의 흐름(백만 Ng)

연 도 (1)	비 용 (2)	편 익 (3)	순 편 익 (3)−(2) (4)	할인계수 (13%) (5)	현재가치 (13% 할인) (6)
1990	4.0	0	−4.0	1.000	−4.00
1991	47.1	0	−47.1	0.885	−41.68
1992	90.1	0	−90.1	0.783	−70.55
1993	135.2	0	−135.2	0.693	−93.69
1994	91.1	0	−91.1	0.613	−55.84
1995	70.4	9.1	−61.3	0.543	−33.28
1996	26.9	27.3	0.4	0.480	0.20
1997	4.5	56.1	51.6	0.425	21.93
1998	4.5	95.5	91.0	0.376	34.22
1999	4.5	124.3	119.8	0.333	39.89
2000	4.5	142.5	138.0	0.295	40.71
2001	10.5	151.6	141.1	0.261	36.82
2002	4.5	151.6	147.1	0.231	33.98
2003	4.5	151.6	147.1	0.204	30.01
2004	4.5	151.6	147.1	0.181	26.62
2005	4.5	151.6	147.1	0.160	23.54
2006	10.5	151.6	141.1	0.141	19.90
2007	4.5	151.6	147.1	0.125	18.39
2008	4.5	151.6	147.1	0.111	16.33
2009	4.5	151.6	147.1	0.098	14.42
2010	4.5	151.6	147.1	0.087	12.80
2011	10.5	151.6	141.1	0.077	10.86
2012	4.5	151.6	147.1	0.068	10.00
2013	4.5	151.6	147.1	0.060	8.83
2014	4.5	151.6	147.1	0.053	7.80
2015	4.5	151.6	147.1	0.047	6.91
2016	10.5	151.6	141.1	0.042	5.93
2017	4.5	151.6	147.1	0.037	5.44
2018	4.5	151.6	147.1	0.033	4.85
2019	4.5	151.6	147.1	0.029	4.27
2020	4.5	151.6	147.1	0.026	3.82
2021	10.5	151.6	141.1	0.023	3.25
2022	4.5	151.6	147.1	0.020	2.94
2023	4.5	151.6	147.1	0.018	2.65
2024	4.5	151.6	147.1	0.016	2.35
2025	4.5	151.6	147.1	0.014	2.06
2026	4.5	151.6	147.1	0.012	1.76
순현재가치(NPV)					154.44

[표 13-13] 관개사업의 경제적 내부수익률($EIRR$) 계산(백만 Ng)

연 도	순 편 익	현재가치 (13% 할인)	현재가치 (20% 할인)	현재가치 (18% 할인)
1990	-4.0	-4.00	-4.0	-4.0
1991	-47.1	-41.68	-39.25	-39.89
1992	-90.1	-70.55	-62.53	-64.69
1993	-135.2	-93.69	-78.28	-82.33
1994	-91.1	-55.84	-43.91	-47.01
1995	-61.3	-33.28	-24.64	-26.79
1996	0.4	0.20	0.13	0.15
1997	51.6	21.93	14.40	16.20
1998	91.0	34.22	21.20	24.21
1999	119.8	39.89	23.24	26.96
2000	138.0	40.71	22.36	26.45
2001	141.1	36.82	19.05	22.86
2002	147.1	33.98	16.47	20.15
2003	147.1	30.01	13.68	17.06
2004	147.1	26.62	11.46	14.56
2005	147.1	23.54	9.56	12.36
2006	141.1	19.90	7.62	10.02
2007	147.1	18.39	6.62	8.82
2008	147.1	16.33	5.59	7.50
2009	147.1	14.42	4.56	6.32
2010	147.1	12.80	3.82	5.44
2011	141.1	10.86	3.10	4.37
2012	147.1	10.00	2.65	3.82
2013	147.1	8.83	2.21	3.24
2014	147.1	7.80	1.91	2.79
2015	147.1	6.91	1.47	2.35
2016	141.1	5.93	1.27	1.98
2017	147.1	5.44	1.03	1.62
2018	147.1	4.85	0.88	1.47
2019	147.1	4.27	0.74	1.18
2020	147.1	3.82	0.59	1.03
2021	141.1	3.25	0.42	0.85
2022	147.1	2.94	0.44	0.74
2023	147.1	2.65	0.44	0.59
2024	147.1	2.35	0.30	0.59
2025	147.1	2.06	0.30	0.44
2026	147.1	1.76	0.15	0.29
순현재가치 (NPV)		154.44	-55.04	-18.31

13.7 농가소득의 증대

지금까지의 분석은 경제적 효율성에 입각한 관개사업의 타당
성평가에 관한 것이었다. 이제는 공평성이라는 측면에서 이 사업
이 과연 소득분배의 개선에도 도움을 줄 수 있는가를 살펴볼 필요
가 있다. 다시 말해 관개사업이 농민들에게 소득의 순증대 기회를

[표 13-14] 사업이 있을 경우의 농가소득 (헥터당 Ng)

품 목	단 위	쌀(개량종)		밀		옥 수 수	
		양	가 치	양	가 치	양	가 치
1. 소 득							
곡 물	톤	4	12,800	3	12,000	3	8,700
수확잔여			625				
합 계			13,425		12,000		8,700
2. 지 출							
종 자	kg	53	170	100	400	20	58
N	kg	90	990	100	1,100	60	660
P	kg	40	320	50	400	30	240
K	kg	20	90	20	90	20	90
화학제품	Ng		500		445		220
노 동	일	167	3,340	100	2,000	97	1,940
가 축	일	48	960	21	420	25	500
합 계			6,370		4,855		3,708
3. 헥터당 순소득(1−2)			7,055		7,145		4,992
4. 수확면적			1.6		0.6		0.2
5. 수확당 소득			11,288		4,287		998
6. 전체 수확으로부터 의 헥터당 총소득		16,573					

가져다 주는지의 여부를 판단하여 농민들에게 위 사업이 유익하다
는 확신을 심어 주는 것이 필요해진다. 농민들에게의 혜택을 측정
하기 위해서는 시장가격을 그대로 사용하는 것이 원칙이다. 왜냐
하면 농민들이 그들의 투입물에 대하여 지불하는 가격은 시장가격
이며, 그들의 산출물에 대하여 농민들이 거두어들이는 가격도 시
장가격이기 때문이다. 농민들에게의 혜택은 관개사업에 의해 헥터
당 생산물의 순증가가 일어났고 이것에 의해 농민들에게 돌아간

[표 13-15] 사업이 없을 경우의 농가소득　　　　　　　　　（헥터당 Ng）

품　목	단위	쌀(재래종)		쌀(개량종)		밀		옥 수 수		콩	
		양	가 치	양	가 치	양	가 치	양	가 치	양	가 치
1. 소　　득											
곡　물	톤	1.5	4,800	2.0	6,400	1.4	5,600	1.4	4,060	0.4	2,000
수확잔여			200		300		—		—		—
합　계			5,000		6,700		5,600		4,060		2,000
2. 지　출											
종　자	kg	55	176	52	166	120	480	35	101	30	150
N	kg	—	—	26	286	10	110	—	—	—	—
P	kg	—	—	8	64	10	80	—	—	—	—
노　동	일	120	2,400	150	3,000	50	1,000	90	1,800	35	700
가　축	일	35	700	45	900	20	400	20	400	5	100
합　계			3,276		4,416		2,070		2,301		950
3. 헥터당 순소득(1-2)			1,724		2,284		3,530		1,759		1,050
4. 수확면적			0.6		0.2		0.1		0.3		0.2
5. 수확당 소득			1,034		457		353		528		210
6. 전체 수확으로부터의 헥터당 총소득		2,582									

소득의 증대를 계산함으로써 산출된다. 이 때에도 관개사업이 없
었더라도 소득의 증대는 일어날 수 있으므로 관개사업이 있을 때
의 소득과 관개사업이 없을 때의 소득을 비교하여 그 차액만을 농
민들의 혜택분으로 처리해야 할 것이다.

　　[표 13-14]와 [표 13-15]에 이러한 결과가 나타나 있다. 이
표들에서 보듯이 관개사업이 없었다면 기대되는 농가소득이 헥터
당 총 2,582Ng인데 관개사업이 있음으로써 기대되는 농가소득은
헥터당 총 16,573Ng이다. 사업을 통해 거의 6배 이상의 농가소득
증대가 예상되며 관개사업에 의한 농가소득의 순증대는 헥터당
13,911Ng이다. 이 정도 규모의 농가소득 증대는 농민들의 관심을
끌기에 충분하며 소득분배의 개선에도 공헌하게 될 것이다. 따라
서 정부는 농민들에게 이 사업의 타당성을 설득할 수 있으며 동시
에 관개사업에 의해 공급되는 물에 대하여 적정한 부담금을 부과
하는 근거를 마련하게 된다.

13.8　민감도분석

　　마지막으로 위 사업의 민감도분석을 행해야 한다. 대체로 4가
지 변수에 대하여 분석할 수 있겠는데, 생산량의 변화(10% 감소),
농작물가격의 변화(10% 하락), 투입물가격(비용)의 변화(10% 인상),
그리고 투자비의 변화(10%증가)에 대하여 그 민감도를 측정하고자
한다. 이와 같은 4가지 상황의 변화가 일어난다면 경제적 내부수
익률($EIRR$)이 어떻게 변하게 될 것인가의 계산결과가 [표 13-16]
에 나와 있다. 새롭게 계산된 내부수익률은 당초 내부수익률 17.2%
보다는 모두 낮아지는 것으로 판명되었으나 특히 농작물생산량이

[표 13-16] 경제적 내부수익률(*EIRR*)에 대한 영향(백만 Ng)

연 도	당초계획	생 산 량 10% 감소	농작물가격 10% 하락	투입물비용 10% 인상	투 자 비 10% 증가
1990	−4.0	−4.0	−4.0	−4.0	−4.4
1991	−47.1	−47.1	−47.1	−47.1	−51.8
1992	−90.1	−90.1	−90.1	−90.1	−99.1
1993	−139.2	−135.2	−135.2	−135.2	−148.7
1994	−91.1	−91.1	−91.2	−91.2	−100.8
1995	−61.3	−63.1	−62.7	−61.8	−68.3
1996	4.0	−5.0	−3.9	−1.6	−2.3
1997	51.6	40.5	42.5	47.4	51.6
1998	91.0	72.2	76.1	83.9	91.0
1999	119.8	95.3	100.4	110.5	119.8
2000	138.0	109.9	115.7	127.4	138.0
2001	141.1	111.2	117.4	129.8	141.1
2002	147.1	117.2	123.4	135.8	147.1
2003	147.1	117.2	123.4	135.8	147.1
2004	147.1	117.2	123.4	135.8	147.1
2005	147.1	117.2	123.4	135.8	147.1
2006	141.1	111.2	117.4	129.8	141.1
2007	147.1	117.2	123.4	135.8	147.1
2008	147.1	117.2	123.4	135.8	147.1
2009	147.1	117.2	123.4	135.8	147.1
2010	147.1	117.2	123.4	135.8	147.1
2011	141.1	111.2	117.4	129.8	141.1
2012	147.1	117.2	123.4	135.8	147.1
2013	147.1	117.2	123.4	135.8	147.1
2014	147.1	117.2	123.4	135.8	147.1
2015	147.1	117.2	123.4	135.8	147.1
2016	141.1	111.2	117.4	129.8	141.1
2017	147.1	117.2	123.4	135.8	147.1
2018	147.1	117.2	123.4	135.8	147.1
2019	147.1	117.2	123.4	135.8	147.1
2020	147.1	117.2	123.4	135.8	147.1
2021	141.1	111.2	117.4	129.8	141.1
2022	147.1	117.2	123.4	135.8	147.1
2023	147.1	117.2	123.4	135.8	147.1
2024	147.1	117.2	123.4	135.8	147.1
2025	147.1	117.2	123.4	135.8	147.1
2026	147.1	117.2	123.4	135.8	147.1
EIRR(%)	17.20	14.68	15.23	16.29	16.13

감소될 경우가 내부수익률을 낮추는 데 가장 큰 영향을 끼치고 있음이 발견된다. 이러한 판단은 [표 13-17]에서 민감도지수(sensitivity indicator)의 크기를 계산하여 보아도 금방 알 수 있다. 따라서 위의 관개사업을 추진하는 데 있어 농작물의 수확상태를 계획된 바대로 유지하는 데 각별한 노력을 기울여야 함이 요망된다.

[표 13-17]   관개사업의 민감도분석

	$EIRR$(%)	민감도지수[a]
1. 당초계획	17.2	—
2. 생산량 10% 감소	14.7	1.5
3. 농작물가격 10% 하락	15.2	1.2
4. 투입물비용 10% 인상	16.3	0.5
5. 투자비 10% 증가	16.1	0.6

주[a]: 민감도지수=$EIRR$의 % 변화/해당 변수의 %변화

제 14 장 도로사업의 경제분석(사례 2)

14.1 사업개요

인도의 한 마을에서 도로를 새로 건설하려고 계획하고 있다. 이 마을은 인구밀도가 매우 높으나 생활수준은 비교적 낮은 편이다. 다행히 농토가 비옥하여 농작물 수확은 양호하며, 주변을 흐르는 강에서 잡아들이는 고기(fish)가 또한 주요 생계수단이 되고 있다.

이 마을이 직면하고 있는 가장 큰 어려움은 주변에 도로가 제대로 정비되어 있지 않다는 점이다. 우기 때는 말할 것도 없고 건기 때에도 자동차가 다닐 수 있는 길이 매우 제한되어 있다. 주변에 공장지대는 없으나 석회암이 주변에 매장되어 있어 석회암 채굴이 이 마을의 주요 관심사업이 되고 있다. 주변에 시멘트(cement)공장이 하나 있는데 지금까지 이 공장에 매일 400톤가량의 석회암을 공급해 왔다. 그러나 도로가 정비되어 있지 않아 주로 수로(water-way)를 이용하여 석회암을 운반하여 왔다. 석회암채석장에서 시멘트공장까지의 수로길이는 약 100마일 정도에 달한다.

시멘트공장에서는 시멘트생산량을 증가시키려고 하는데 이를 위해서는 석회암공급을 하루에 1,000톤가량으로 늘려야만 한다. 이런 계획하에서는 기존의 수로를 이용한 석회암운송에는 문제가 너무 많고, 특히 수로의 2/3 정도의 거리(석회암채석장에서 선착장까지

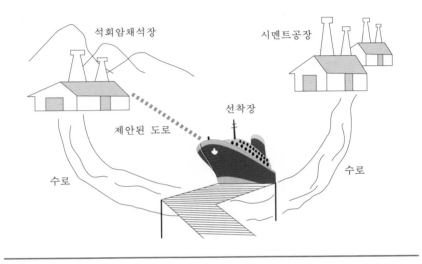

그림 14-1 제안된 도로의 건설

석회암채석장

시멘트공장

선착장

제안된 도로

수로

수로

의 거리)는 연중 6개월 동안만 운항이 가능한 실정이다. 수로의 나머지 거리(선착장에서 시멘트공장까지)에서는 일 년 내내 운항이 가능하다. 따라서 연중 6개월 동안만 운항이 가능한 수로부분에 대해서는 대안(alternative)이 마련되어야 하는데, 이 대안으로서 제기된 것이 석회암채석장에서 선착장까지 도로를 건설하여 일 년 내내 석회암 운송이 가능하게 하자는 것이다(그림 참조).

제안된 도로건설의 총길이는 21마일이며 폭 10미터의 2차선 포장도로이다. 여러 개의 다리 및 배수지가 함께 건설되어야 하며 중형 트럭이 운행하는 데 지장이 없도록 건설되어야 한다. 여기서 이 사례의 도로사업을 정의한다면 사업내용을 좀 넓게 보아 도로의 건설에만 국한시키는 것이 아니라 도로를 유지·관리하고 석회암을 시멘트공장까지 원활히 운송토록 하는 전체의 업무를 의미한다고 하겠다. 따라서 사업의 비용이라면 도로건설비용, 도로 유지·관리비용, 그리고 선착장에서 시멘트공장까지 수로로 석회암을 운반하는 데 들어가는 비용 등이 모두 포함될 것이다. 사업의 편익으로는 석회암을 채석장에서 시멘트공장까지 기존 수로로 운반하는 데 들어가는 비용(비용이 절감되므로 이를 사업편익으로 간주)에다가 도로가 건설됨으로써 발생하는 농작물 생산증대, 고기 어획량 증대 등을 포함시킨 금액이 될 것이다. 도로의 경제적 수명은 도로건설 후 20년으로 잡고 있다.

14.2 도로사업의 비용

14.2.1 자본비용

도로사업의 비용내역이 [표 14-1]에 상세히 기록되어 있다. 우선 도로건설과 관련된 자본비용(capital costs)을 논의해 보자. 자본비용의 핵심은 21마일에 달하는 도로를 건설하는 데 소요되는 비용이다. 그러나 자본비용은 이것에만 국한되지 않는다. 도로가 새로 건설되면서 석회암을 원활히 운송하기 위해서는 여러 가지 장비가 필요하게 된다. 대표적인 장비가 운반용 트럭이다. 트럭구입 이외에도 트럭으로 운반된 석회암을 선착장에서 내리고 실을 때 필요한 장비, 선착장 부두를 이에 알맞게 설치하는 일, 선착장 부두에서 사용될 각종 예인선과 짐배 등등이 마련되어야 할 것이다. 도로건설과 관계없이 어차피 구입해야 할 장비는 여기에 해당되지 않는다. 오직 도로가 생김으로써 구입이 요구되는 장비들만 여기에 해당된다.

[표 14-1] 도로사업의 비용과 편익(백만 Rs)

연도	비용 도로건설(1)	장비구입(2)	도로유지관리(3)	운영비(4)	총비용(5)	기존 수로이용비용(비용절감) 사용확장(6)	대체비(7)	운영비(8)	농수산업 혜택 쌀(9)	과일(10)	생선(11)	총편익(12)	현재가치(12%할인율) 비용(13)	편익(14)	현재가치(10%할인율) 비용(15)	편익(16)
1	36.00	0	0	0	36.00	0	0	0	0	0	0	0	36.00	0	36.00	0
2	45.00	0	0	0	45.00	0	0	0	0	0	0	0	40.19	0	40.91	0
3	29.40	21.78	0	0	51.18	48.00	0	0	0	0	0	48.00	40.79	38.26	42.27	39.65
4	0	0	0.33	5.15	5.48	0	0	7.80	2.40	0.30	0.39	10.89	3.90	7.75	4.12	8.18
5	0	0	0.36	5.15	5.51	0	0	7.80	3.30	0.60	0.42	12.12	3.50	7.71	3.76	8.28
6	0	0	0.39	5.15	5.54	0	0	7.80	3.90	0.96	0.45	13.11	3.14	7.43	3.44	8.14
7	0	0	0.42	5.15	5.57	0	0	7.80	4.02	0.99	0.48	13.29	2.82	6.74	3.14	7.50
8	0	1.08	0.45	5.15	6.68	0	0	7.80	4.14	1.02	0.51	13.47	3.02	6.09	3.43	6.91
9	0	0	0.48	5.15	5.63	0	0	7.80	4.26	1.05	0.54	13.65	2.27	5.51	2.63	6.37
10	0	0	0.51	5.15	5.66	0	33.60	7.80	4.38	1.08	0.57	47.43	2.04	17.12	2.40	20.11
11	0	0	0.54	5.15	5.69	0	0	7.50	4.53	1.11	0.60	13.74	1.83	4.42	2.20	5.30
12	0	0	0.57	5.15	5.72	0	0	7.50	4.68	1.14	0.63	13.95	1.64	4.00	2.00	4.88
13	0	10.38	0.60	5.15	16.13	26.10	0	7.50	4.83	1.17	0.66	40.26	4.15	10.35	5.15	12.84
14	0	0	0.63	5.15	5.78	0	0	7.50	4.98	1.20	0.69	14.37	1.32	3.29	1.68	4.17
15	0	0	0.66	5.15	5.81	0	0	7.50	5.16	1.23	0.72	14.61	1.19	3.00	1.53	3.84
16	0	0	0.69	5.15	5.84	0	0	7.50	5.34	1.26	0.75	14.85	1.07	2.72	1.40	3.55
17	0	11.88	0.72	5.15	5.87	0	0	7.50	5.52	1.29	0.78	15.09	0.96	2.46	1.28	3.29
18	0	0	0.75	5.15	17.78	21.00	0	7.50	5.70	1.32	0.81	36.33	2.60	5.30	3.52	7.19
19	0	0	0.78	5.15	5.93	0	0	7.50	5.88	1.35	0.84	15.57	0.77	2.02	1.07	2.80
20	0	0	0.81	5.15	5.96	0	18.60	7.50	6.06	1.38	0.87	34.41	0.69	3.99	0.98	5.64
21	0	0	0.84	5.15	5.99	0	0	7.50	6.27	1.41	0.90	16.08	0.62	1.67	0.89	2.40
22	0	0	0.87	5.15	6.02	0	0	7.50	6.48	1.44	0.93	16.35	0.56	1.52	0.81	2.21
23	0	0	0.90	5.15	6.05	0	0	7.50	6.69	1.47	0.96	16.62	0.50	1.38	0.74	2.04
24	0	−5.40	0	0	−5.40	−10.50	−9.30	0	0	0	0.96	−19.80	−0.40	−1.47	−0.60	−2.22
합계													155.17	141.26	164.75	163.07

NPV=−13.91 (순현재가치) IRR=10% (내부수익률)

[표 14-1]의 제 1 열에 도로건설비가 소개되어 있는데 3년간의 총공사비가 110.4백만 루피(Rs)이다. 이 금액은 경제적 비용에 해당되는데, 사실 재무적 비용으로는 총공사비가 108백만 Rs정도였다. 그러나 재무적 비용은 경제적 비용으로 바뀌어야 하기에 세 가지의 조정이 이루어졌다. 첫째, 9백만 Rs의 세금이 제외되었다. 둘째, 잠재환율이 외환비용에 적용되었는데 공정환율보다 1.7배 높게 책정되었다. 따라서 수입재의 외환비용이 공정환율로는 30백만 Rs였는데 이것에 잠재환율을 적용하여 52.5백만 Rs로 조정되었다. 셋째, 이 마을에는 상당한 실업과 잠재실업이 존재하고 있기에 미숙련노동자의 임금에 50%의 잠재임금을 적용하였다. 따라서 노동비용을 22.2백만 Rs에서 11.1백만 Rs로 축소하였다. 이와 같은 세가지 요소를 적용시키고 난 후의 비용(경제적 비용)은 110.4백만 Rs였으며, 이러한 비용이 3개년에 걸쳐 발생하는 것으로 추정되었다.

[표 14-1]의 제 2 열에 장비구입비가 추정되어 있다. 우선 매일 1,000톤의 석회암을 21마일의 도로로 운반하기 위해서는 15톤짜리 덤프트럭 11대가 필요한 것으로 판단되었다. 실제 운행에 8~9대가 사용되고 나머지 2~3대가 예비용이다. 11대의 트럭은 모두 수입해 와야 하므로 수입재(CIF가격)에 대해 잠재환율을 적용하여 외환비용(세금공제)을 계산하였으며 그 비용이 약 1.08백만 Rs로 판명되었다. 트럭의 수명은 과도한 사용 때문에 5년에 불과하다. 따라서 5년마다 새로운 트럭으로 교체되어야 할 것이다.

선착장에서는 3대의 배가 동시에 정박할 수 있는 부두(jetty)가 필요한데 이를 정비하는 데 0.6백만 Rs가 소요되며 이의 내용연수는 20년이다. 그리고 한 시간에 80톤의 석회암을 짐배에 옮겨싣도록 하는 기계인 그래브(grab)의 구입비가 1.8백만 Rs이고 이의 내용연수는 10년이다. 마지막으로 2대의 예인선(tug)과 6대의

짐배(barge)가 필요한데 이의 구입비가 각기 7.5백만 Rs와 10.8백
만 Rs이며, 이들의 내용연수는 대체로 15년이다.

　　이렇게 보면 장비구입비로서, 트럭 1.08백만 Rs; 부두시설 0.6
백만 Rs; 그래브 1.8백만 Rs; 예인선과 짐배 18.3백만 Rs, 모두
합쳐서 21.78백만 Rs가 도로건설이 끝나는 3차년도에 필요하게 된
다. 그리고 나서 향후 20년 동안 주기적으로 장비대체비가 발생할
것이며, 마지막 연도에는 장비들에 대한 감가상각 후의 잔여가치
(salvage value)가 반영되어야 할 것이다. 이러한 계산의 결과가
[표 14-1]의 제2열에 나타나 있다.

14.2.2 운영비용

　　본 사업의 운영비용(operating costs)은 크게 두 가지로 구분될
수 있다. 첫째가 도로를 유지·관리하는 비용이며, 둘째가 장비사
용비 및 선착장에서 시멘트공장까지 수로로 석회암을 운반하는 데
들어가는 운영비용이다. 여기에 들어가는 인건비, 장비사용 연료비
및 각종 소모비는 모두 잠재가격화하여 계산하여야 할 것이다.

　　첫째의 도로를 유지·관리하는 데 소요되는 연간비용은 마일
당 18,000Rs가 될 것이며 따라서 21마일에 대한 연간 유지·관리
비는 378,000Rs이다. 이 비용은 재무적 비용이므로 경제적 비용으
로 전환시켜야 한다. 우선 총비용의 15%가 외환비용이므로, 1.7배
의 잠재환율을 적용하여 외환비용이 43,000Rs 증가하게 된다. 그리
고 총유지·관리비용의 50%가 노동임금인데 50%의 잠재임금을
적용할 때 노동비용은 90,000Rs가 감소하게 된다. 따라서 도로의 연
간 유지·관리비는 331,000Rs가 되었다(378,000Rs+43,000Rs−90,000Rs=
331,000Rs). 그런데 향후 점차 교통량이 증가하여 도로파손도 많아

[표 14 - 2] 연간 장비사용 및 부두운영 비용(백만 Rs)

품 목	경비내역	비 용
트 럭	9트럭×340마일/일×300일×3.48Rs/마일	3.20
부두운영	유지·관리	0.06
그래브(grab)	연료, 유지·관리 및 노동	0.33
예인선과 짐배	연료, 유지·관리 및 노동	1.56
합 계		5.15

지고 또한 노동의 잠재임금도 인상될 것이므로 시간이 흘러가면서 도로의 유지·관리비도 점차적으로 상승될 것이다. 이 관계가 [표 14-1]의 제3열에 잘 나와 있다.

두 번째의 운영비용은 각종 장비를 사용하는 비용, 선착장 부두에서의 운영비용, 그리고 기존 수로를 이용하여 선착장에서 시멘트공장까지 석회암을 운반하는 비용 등이다. 그런데 선착장에서 시멘트공장까지 수로로 석회암을 운반하는 과정에서 발생하는 운영비는 사업편익을 계산할 때에도 이 부분이 반영될 것인바, 서로 중복되므로 상호공제하는 것이 편리할 것이다. 따라서 이 부분은 계산에서 제외하도록 한다. 이렇게 계산된 운영비용이 [표 14-2]에 요약되었으며 이것이 다시 [표 14-1]의 제4열에 나타나 있다.

14.3 도로사업의 1차적 편익

본 도로사업의 1차적 편익은 사업이 없었을 경우 기존 수로를 이용하여 석회암을 채석장에서 시멘트공장까지 운반하는 데 소요되는 총비용이다. 도로가 건설됨으로써 이러한 비용이 절감(cost saving)된다고 보고 이 절감비용을 도로사업의 편익으로 간주한다. 그런데 석회암 공급량이 일당 400톤에서 일당 1,000톤으로 증가하도록 되어 있기 때문에 기존 수로의 사용능력을 확대시켜야 한다. 따라서 기존수로를 이용한 총비용에는 수로사용의 확장경비, 기존 장비의 대체경비 및 이들의 운영비용 등이 포함되어야 할 것이다 (선착장에서 시멘트공장까지의 운영비용은 앞의 사업비용에서 이 부분을 제외했기에 여기서도 제외한다).

14.3.1   수로사용 확장을 위한 자본비용

석회암 공급량이 일당 400톤에서 일당 1,000톤으로 증가되어야 하므로 일당 600톤의 순증가를 해결할 수 있는 각종 장비구입과 부두시설의 확장이 필요하게 된다. 더욱이 석회암채석장에서 선착장까지의 수로는 일 년에 6개월 동안만 운항이 가능하므로 이 점을 고려할 때 석회암 공급물량의 증가가 일당 1,200톤에 이르고 있다고 간주하고 시설투자를 해야 한다는 결론에 도달한다. 부두시설을 확대함과 더불어 짐배, 예인선 및 그래브 등의 장비가 새로 확보되어야 한다. 전문가들의 예측에 의하면 짐배(barge)는 14대가 필요하고 예인선(tug)은 6대가 필요하다고 한다. 그리고 그래브(grab)도 2개가 확보되어야 한다고 한다. 이러한 자본비용이 처음에는 총 48백만 Rs가 소요되며, 새로 마련한 장비들에 대한 대체비용도 내용연수에 따라 주기적으로 일어날 것이므로 이에 대한 경비도 마련되어야 한다. 사업의 마지막 연도에는 잔여가치가 계산에 포함되어야 할 것이다. [표 14-1]의 제6열에 이와 같은 계산이 기록되어 있다.

14.3.2 기존장비의 대체경비

여기서의 기존장비라 함은 수로사용확장을 위해 새로 구입한 장비가 아니라 기존의 일당 400톤 공급을 위해 사용되어 온 장비들을 뜻하는 것이다. 이러한 기존장비들도 수명이 다하면 대체되어야 하므로 이의 대체경비가 계산에 반영되어야 한다. 기존장비로는 106대의 짐배, 4대의 예인선, 그리고 2개의 그래브로 구성되어 있었으며, 최초의 대체가 향후 10년경에 일어나게 되는데 그 비용이 약 33.6백만 Rs이 될 것으로 예측되었다. 이와 같은 계산이 [표 14-1]의 제7열에 나와 있다.

14.3.3 운영비용

연간 부두운영 및 장비사용비가 [표 14-3]에 나와 있다. 연간약 7.5백만 Rs가 소요될 것이며 다만 최초 몇 년 동안은 옛 장비를 사용함으로 인한 비용의 증가 때문에 약 7.8백만 Rs가 필요하게 될 것이다. 이러한 금액이 [표 14-1]의 제8열에 나와 있다.

[표 14-3] 연간 부두운영 및 장비사용비(백만 Rs)

품 목	경비내역	비 용
부두운영	유지·관리	0.15
예인선과 짐배	연료, 유지·관리 및 노동	6.60
그래브(grab)	연료, 유지·관리 및 노동	0.75
합 계		7.50

14.4 도로사업의 추가적 편익

　　지금까지 우리는 기존 수로를 이용했을 때 발생하는 여러 비용들을 계산하여 이를 도로사업 때문에 절감되는 것으로 보고 이를 도로사업의 편익으로 간주하였다. 그러나 도로사업의 추가적 편익이 또한 발생할 수 있음을 간과해서는 안 된다. 세 가지의 중요한 추가적인 편익을 생각할 수 있겠는데, 첫째가 쌀의 생산증대, 둘째가 과일과 채소의 생산증대, 그리고 셋째가 보다 많은 신선한 생선을 시장에 공급할 수 있다는 점이다. 물론 이와 같은 추가적 편익은 이 지역의 특수성 때문에 생겨나는 것이며, 모든 도로사업에서 공통적으로 일어난다는 의미는 아니다.

14.4.1 쌀 생산의 증대

　　농업전문가들의 견해에 따르면 도로사업이 없다고 하더라도 쌀 생산은 향후 3년 내에 10% 증가할 수 있다고 하며 도로사업이 추진된다면 3년 내에 쌀 생산이 20%까지 증가할 것이라고 전망하고 있다. 이것은 연간 2,400톤의 쌀 생산증가를 의미한다.

　　이 지역의 쌀에 부과되는 평균도매가격은 톤당 3,300Rs이고, 따라서 2,400톤의 가치는 7.9백만 Rs이다. 그러나 이 금액을 전액 편익으로 반영하는 것은 무리이다. 우선 쌀의 생산증대를 위해 추가적인 투입물(비료, 종자 등)이 투입되었을 것이고 쌀의 도매가격도 경제가격으로 환산할 때에는 편익의 규모가 크게 축소될 가능성이 많다. 대략 축소될 범위가 50%라고 보고 쌀 생산증대량의 경제적 가치를 연간 4.0백만 Rs로 추정하였다. 3년 후에 이 규모

에 도달할 것이며 이후부터는 연평균 3.5%씩 증가할 것으로 예측
하였다([표 14-1])의 제9열 참조).

14.4.2 과일 및 채소의 생산증대

이 지역에서 그 동안 과일과 채소가 생산되고 있었으나 교통사
정이 좋지 않아서 시장에 공급되는 양은 극히 제한적이었다. 도로
가 건설된다면, 도로주변의 500에이커(acres)에 달하는 면적에서 과
일(특히 바나나)과 채소가 본격적으로 재배되어 시장에 전량 공급
될 것이다. 과일과 채소는 평균하여 연간 에이커당 85몬드(maunds)
가 생산될 것이며 가중평균된 도매가격은 몬드당 45Rs로 추정되
었다. 따라서 생산량의 총가치는 약 1,912,500Rs(=500에이커×85몬
드×45Rs)이다. 그러나 이 금액은 재무측면의 가치이며 경제적 가
치를 도출하기 위해서는 생산비를 살펴볼 필요가 있다. 생산원가가
대략 위 금액의 1/2 정도로 추정되어 그 경제적 가치는 956,250Rs
로 산정되었다. 과일과 채소의 경우에는 3년 내에 이 규모에 도달
할 것으로 판단되었고 그 후부터 매년 조금씩 증가할 것으로 추정
되었다([표 14-1]의 제10열 참조).

14.4.3 생선(fish)의 공급증대

건설된 도로주변의 강, 연못 등에서 그 동안 고기가 상당히
잡혀왔다. 도로가 건설된다고 하여 고기 어획량이 더 늘어날 것이
라고는 기대되지 않으나, 다만 그 동안에는 건어(dried fish)를 시
장에 공급해 왔는데 도로가 건설됨으로써 신선한 고기(fresh fish)
를 시장에 공급할 수 있다는 데서 편익이 발생한다. 건어보다는

신선한 고기가 시장에서 더 높은 값에 팔리기 때문이다. 그 동안
어획 시즌(1월~4월)중의 고기 어획량은 큰 고기, 작은 고기 모두
합쳐서 약 50,000몬드(maunds) 정도였다. 이 기간중의 도매가격은
큰 고기가 몬드당 120Rs, 그리고 작은 고기가 몬드당 60Rs, 그래
서 평균하여 몬드당 90Rs 정도이다. 고기 어획시즌이 지나고 나면
고기 어획은 더 이상 없어지게 되고 이 때부터 고기는 건어가 되
면서 고기값이 크게 뛰게 된다. 이리하여 일 년 내내 건어의 시장
도매가격은 몬드당 300Rs를 부르고 있다. 그런데 사실 마른 고기
인 건어 1몬드를 만드는 데는 신선한 생선 5몬드가 필요하게 된
다. 신선한 생산 5몬드라면 그 가치가 450Rs(=90Rs×5몬드)는 되
므로 결국 건어를 파는 것보다 신선한 생선을 파는 것이 훨씬 이
익이 많이 남게 된다는 것을 알 수 있다. 도로가 건설된다면 연간
50,000몬드의 고기 어획량 가운데서 최소한 12,500몬드의 고기는
건어화되지 않고 직접 신선한 상태로 시장에 내다 팔 수 있다. 이
12,500몬드의 신선한 생선값은 몬드당 90Rs로 계산하여 1,125,000Rs
가 된다. 이것이 만약 건어가 된다면 그 양은 12,500몬드에서
2,500몬드로 축소될 것이며 그 가치는 몬드당 270Rs가 될 것이다
(건어화하는 데 들어가는 비용을 감안하면 몬드당 30Rs가량을 실제 수입
에서 공제해야 한다). 따라서 2,500몬드의 건어를 시장에 팔 때의
실제 수입은 675,000Rs에 불과하게 된다. 결국 건어 대신에 신선
한 고기를 시장에 공급함으로써 연간 450,000Rs(=1,125,000Rs-
675,000Rs)의 사업편익을 얻게 된다. 생선의 경우에도 쌀이나 과일
의 경우와 마찬가지로 위 편익이 3년 후에 이루어지는 것으로 보
고 있으며 그 이후 점차 증가하는 것으로 추정되었다([표 14-1]의
제11열 참조).

14.5 사업비용과 사업편익의 비교평가

이상으로 논의한 도로사업의 비용과 편익의 합계가 [표 14-1]의 제5열과 제12열에 각각 나와 있으며, 이들을 상호비교한 결과가 제13열~제16열에 걸쳐 소개되어 있다. 우선 사회적 할인율을 12%로 잡고 비용과 편익을 현재가치화해 본 결과 순현재가치(NPV)가 -13.91백만 Rs가 나왔다. 이것은 할인율 12%에서는 위 사업의 타당성이 없다는 것을 의미한다. 한편, 내부수익률(IRR)을 알아내기 위하여 할인율 10%를 적용하여 비용과 편익을 현재가치화해 보았더니 비용과 편익의 현재가치가 거의 비슷하게 나왔고, 따라서 내부수익률은 10% 정도가 된다는 것을 알 수 있다. 만약 정부에서 생각하고 있는 이 사업의 최저기준율(혹은 사회적 할인율)이 10%보다 높다면 이 사업은 당연히 기각되어야 할 것이다. 그러나 이 사업은 다음과 같은 몇 가지 사항을 주의깊게 고려한다면 사업의 타당성이 긍정적으로 평가될 수도 있다. 첫째, 이 사업은 도로건설과 관련한 자본비용에 매우 민감함이 발견된다. 예컨대 도로건설의 설계를 조금 변경하여 도로건설비용을 20% 정도 줄일 수 있다면 12%의 할인율하에서 순현재가치를 약 20백만 Rs 상승시킬 수 있다. 이렇게 되면 이 사업은 채택될 수 있는 것이다. 둘째, 이 사업은 장비구입 및 장비사용과 관련한 비용에 대해서는 그리 민감하지 못하다. 왜냐하면 이러한 비용들은 사업비용과 사업편익의 양 측면에 어느 정도 공동으로 영향을 미치고 있기 때문이다. 그러나 만약 석회암채석장에서 선착장까지의 기존 수로를 이용하여 석회암을 운반하는 경우, 기존 수로의 이용기간이 얼마인가는 대단히 민감한 사항이다. 우리의 계산에는 운항기간을 연중

6개월만 잡고 있다. 그런데 이 운항기간이 기후관계로 6개월이 아니고 4~5개월 정도에 불과하다면 이 때는 목표공급량을 달성하기 위해 더 많은 장비를 투입하여야 하고 따라서 기존방식하의 비용은 더 크게 늘어나게 될 것이다. 이것은 이 도로사업의 편익이 그만큼 더 커진다는 것을 의미하며 이럴 경우에는 이 도로사업의 타당성이 인정될 수 있을 것이다. 셋째, 농수산업에서 발생하는 편익의 추정은 사실 상당히 불확실하다. 계산상의 어려움도 있지만 무엇보다도 농수산업으로부터의 산출량 추계가 성격상 크게 달라질 수 있기 때문이다. 따라서 만약 기후가 좋든가 하여 농수산물(쌀, 과일, 생선 등)의 수확이 30% 정도 예상보다 증가할 수 있다면 이 사업은 12%의 할인율하에서 순현재가치가 0보다 크게 되어 타당성이 인정될 수 있다. 다시 말하여 내부수익률이 12%보다 크게 될 수 있다는 뜻이다. 아무튼 사업의 타당성 여부는 이러한 여러 측면을 면밀히 검토하여 결정되어야 할 것이다.

제 15 장   교육사업의 타당성분석(사례 3)

15.1 머 리 말

　　본 사례의 목적은 교육사업의 타당성분석을 어떻게 하는가에 대하여 알아보는 데 있다. 통상 교육사업(education project)이란 사람들에게 지식을 넓혀 주는 사업이므로 교육사업의 편익을 교육받은 자가 벌어들일 수 있는 평생소득으로 파악하는 경우가 일반적이다. 그러나 본 장에서 소개하고자 하는 사례는 비용·효과분석(cost-effectiveness analysis)에 관한 것이다. 어떤 교육사업의 여러 대안들이 동일한 효과를 발생시키고 있다는 것을 전제로 하여 그들이 얼마만큼의 비용차이(cost differentiation)를 나타내고 있는가를 따져보는 것이다. 또한 여기서 논의되는 대안들은 상호배타적인 사업(mutually exclusive projects)들이므로 이런 경우 사업의 내부수익률(IRR)이 어떻게 계산되는가를 살펴보기로 한다. 본 사례는 1971년 세계은행에서 엘살바도르(El Salvador)의 교육사업에 대해 실제로 분석한 일부를 소개한 것이다.

15.2   교육환경 및 사업배경

엘살바도르는 1971년 현재 약 3백7만 명의 인구를 가지고 있는 소국가이다. 인구의 20% 정도가 엘살바도르 수도를 비롯한 몇 개의 큰 도시에 살고 있으며 나머지 80%는 시골(농촌)에서 살고 있다. 공식적인 교육체계는 9년간의 초등교육(1학년~9학년), 3년간의 중등교육(10학년~12학년), 그리고 2년~6년에 걸친 대학교육(전문교육포함)으로 구성되어 있다.

교육아동의 91%가 1학년에서 6학년까지에 등록하고 있으나 실제로 6학년까지 마치는 학생은 도시학생의 경우 65%, 농촌학생의 경우 23%에 불과하다. 12학년까지의 초·중등교육을 모두 마치는 학생은 전체 학생수의 약 10%이며, 대학에 진학하는 학생은 전체 인원의 5% 정도이다. 이와 같은 진학수치는 엘살바도르의 교육환경이 얼마나 열악한가를 단적으로 보여 준다. 특히 농촌지역의 교육환경은 대단히 빈약하다. 교육에 대한 열의도 부족할 뿐만 아니라 교육자료도 불충분하고 비효율적이다.

1971년 현재 9,200개에 달하는 초등교육 교실 가운데서 2,400개가 임대(rent)로 사용되고 있고, 1,400개 정도가 매우 낡은 건물에서 운영되고 있어서 대단히 불결하고 위험하기도 하다. 교실 크기가 너무 좁아 학생/교사의 비율이 비경제적으로 낮으며 따라서 교원봉급 등의 비용이 지나치게 과중하다. 임대사용료로 지불되는 금액도 매우 높다.

엘살바도르 정부는 정부예산의 27%를 차지하고 있는 교육예산을 보다 효율적으로 집행하면서 교육의 질을 높이고 특히 농촌지역의 학생등록을 증가시킬 수 있는 상당히 의욕적인 사업을 추

진하기로 하였다. 약 35백만 코론(Colones; Cn)의 예산을 들여서
교실을 신·개축하고 교육장비를 현대화시키며, 교사들의 훈련 및
농촌지역의 교육프로그램을 강화하는 것 등을 골자로 하는 사업계
획을 마련하고 있다. 이 중 대표적인 사업을 소개하면 다음과 같다.
　첫째, 현재 학교시설을 갖추지 못하고 있는 농촌지역에 143개
의 새로운 학교를 신축하고자 한다. 여기에 소요되는 비용은 약
6.25백만 Cn이며, 이것이 완성되면 12,500명의 신규학생에게 교육
을 제공하게 된다.
　둘째, 현재 운영하고 있는 121개 학교를 대폭 개선하고 실험
실 등 새로운 시설을 확충하고자 한다. 여기에 소요되는 비용은
약 4.83백만 Cn이며, 이 사업이 완성되면 7,120명의 학생들을 추가
적으로 등록시킬 수 있다.
　셋째, 현재 299개 학교가 시설을 임대하고 있던가 혹은 대단
히 열악한 환경 속에서 운영되고 있다. 이 299개 학교가 수용할 수
있는 학생수는 정부의 최저 시설기준(최소한 학생 1인당 0.95m²)하
에서 22,300명인데 현재 실제 등록하여 다니는 학생은 44,155명에
달하여 대단히 과밀하다. 따라서 이 299개 학교에 대하여 완전히
새로 건물을 신축하여 새로운 시설에서 공부하도록 하든가 그렇지
않으면 시설을 대폭 개량·개축하든가 하는 결정을 내려야 할 시
점에 와 있다. 새로운 학교의 신축에 소요되는 경비는 약 16.0백만
Cn이며, 이 시설에서는 22,300명의 학생에다가 14,600명의 학생을
추가하여 총 36,900명의 학생에게 교육을 제공할 수 있을 것이다.
16.0백만 Cn에 달하는 새로운 학교신축비용에는 학교부지획득비용
이 포함되어 있지 않다. 그 이유는 해당 지역단체에서 학교 부지
를 기부할 것을 전제로 하고 있기 때문이다. 만약, 지역단체에서
땅을 기부하지 않을 경우 토지구입비가 예산에 추가로 반영되어야

할 것이다.

15.3 사업대안

우리가 타당성을 검토하고자 하는 것은 바로 앞의 세 번째 사
업에 관한 것이다. 즉, 299개 학교를 어떻게 대체시키느냐에 대한
것이다. 299개 학교 가운데서 98개가 임대형태로 사용되고 있으며
201개는 시설환경이 대단히 열악하여 어떤 조치가 취해지지 않으
면 안 될 상황에 처해 있다.

대체가 고려되고 있는 299개 학교의 선정은 순전히 경제적 논
리 위에서 결정된 것이다. 다시 말하여 실제의 운영비와 보수비
등을 합친 비용흐름의 현재가치가 이 학교를 새로운 시설로 대체
할 경우의 투자비와 운영비 등을 합친 비용흐름의 현재가치와 같
거나 더 커질 가능성이 있는 학교만을 선정한 것이다. 물론 엄격
히 말하여 비경제적 편익같은 것도 고려되어야 한다. 예컨대 시설
을 대체함으로써 교육환경이 좋아지고 그래서 교육성과가 높아지
며 또한 안전성(safety), 시설공간의 다양한 활동 등을 기대할 수
있는데 이러한 모든 것이 다 중요한 편익항목이 된다. 그러나 299
개 학교를 선정하는 데는 이러한 비경제적인 편익은 고려하지 않
고 오직 비용흐름의 차이만을 선택의 기준으로 삼았다.

이제 우리는 세 가지 대안을 마련하고 그 각각에 대한 타당성
을 검토함으로써 최종안을 선택하고자 한다. 그 세 가지 대안은
다음과 같다.

대안 A: 299개 학교를 모두 새로운 신축학교로 대체하며 공
사 기간은 4년이 걸린다(정부의 표준시설기준(학생당 1.3m²)을 채택

할 때 학생수용능력은 36,900명임).

대안 *B*: 현재의 299개 학교시설을 아무런 개축공사 없이 그대로 사용한다(정부의 최저시설기준(학생당 0.95m²)을 채택할 때 학생수용능력은 22,300명임).

대안 *C*: 현재 299개 학교시설을 새로운 학교신축과 맞먹도록 상당히 확장개축하여 교육환경을 개선하며 동시에 정부의 표준시설기준(학생당 1.3m²)을 지키면서 운영한다(따라서 이 때의 학생수용능력은 36,900명임).

15.4 각 대안에 대한 비용분석

세 가지 대안(*A*, *B*, *C*)에 대한 비용측정이 [표 15-1]에 소개되어 있다. 그 각각에 대하여 설명하고자 한다.

15.4.1 대안 *A*

① 투자비: 앞에서 이미 밝혔듯이 새로운 학교건설을 위한 총 건설공사비는 16.0백만 Cn으로 산정되었다. 그러나 이 건설비는 수용학생수 36,900명을 위한 건설비용이다. 그런데 우리가 비교하려고 하는 것은 기존시설의 학생수 22,300명을 위한 시설비용과 얼마만큼 차이가 있느냐 하는 것이므로 16.0백만 Cn의 건설공사비를 22,300명에 대한 것으로 하향 조정해야 한다. 따라서 36,900명에 대한 22,300명의 비율을 적용할 때 16.0백 만 Cn은 대략 9.5백만 Cn으로 조정될 수 있으며 이것은 4년간의 건설기간에 걸쳐 적절히 배분되었다.

[표 15-1] 대안들의 비용측정(1971년 불변가격)   (단위: 천 Cn)

	연 도				
	0	1	2	3	4~30[1]
대안 A: 새로운 학교 신축					
학 생 수	-	-	22,300	36,900	44,500
교 사 수	-	-	372	610	744
투자비(토목공사비 등)	1,189	4,328	2,711	1,284	-
토지비용	296	296	-	-	-
직접교사비용(봉급 등)	-	-	1,602	2,627	3,204
기타운영비	-	-	201	329	402
총 비 용	1,485	4,624	4,514	4,240	3,606
대안 B: 기존시설 그대로 이용					
학 생 수	-	-	22,300	36,900	44,500
교 사 수	-	-	511	839	1,023
투 자 비	-	-	-	-	-
직접교사비용(봉급 등)	-	-	2,200	3,613	4,405
기타운영비[2]	-	-	258	423	516
총 비 용	-	-	2,458	4,036	4,921
대안 C: 기존시설을 확장개축					
(표준시설기준 적용)					
학 생 수	-	-	22,300	36,900	44,500
교 사 수	-	-	680	1,115	1,360
투 자 비	123	448	280	113	-
직접교사비용(봉급 등)	-	-	2,928	4,801	5,856
기타운영비[3]	-	-	201	329	402
총 비 용	123	448	3,409	5,243	6,252

주: 1) 4~30년 기간 동안의 연간 인원수 및 비용임.
    2) 표준운영비 및 임대료가 포함되어 있음.
    3) 표준운영비만 계산됨(임대료 불포함).

한편 학교부지는 지역단체에서 기부하도록 되어 있으므로 정부예산에 땅값이 반영될 필요는 없다. 그러나 사업의 타당성을 논하는 데 있어서는 기부된 땅이라도 기회비용을 발생시키므로 이를 비용으로 처리해야 한다. 현재 땅을 임대하여 운영하고 있는 학교가 98개 학교이며, 각 부지당 약 10,000Cn이 소요된다면 총 980,000Cn이 토지비용으로 반영될 수 있다. 이를 22,300명을 위한 비율로 조정하면 대략 592,000Cn이 되며 이를 첫 2년 동안에 균등배분하여 토지획득비용으로 계산에 반영시켰다. 각종 장비구입비를 투자비에 포함시켜야 할 것이나, 본 사업에서의 교육장비는 기존시설에서 사용되어 온 것을 그대로 사용하기로 결정하였으므로 별도 장비구입비는 없다.

② 직접교사비용: 직접교사비용이란 교사들의 봉급을 주로 의미한다. 새로운 학교시설에서는 학급당 평균 학생수를 40명으로 잡고 있으며 교사들의 50%가 돌아가면서 2부수업을 담당하기로 한다. 이럴 경우 학생/교사 비율은 평균 60명이며 따라서 4차년도부터는 744명의 교사가 필요하게 된다.

③ 기타운영비: 1971년 현재의 실제 운영비는 학생 1인당 2.50Cn이었다. 이 운영비는 앞으로 유지·관리가 개선되고 새로운 교육자료들이 보급됨에 따라 증가할 것으로 예상된다. 따라서 장래의 운영비는 학생 1인당 9Cn이 될 것으로 예측되었다.

15.4.2 대안 B

① 투자비: 기존 시설을 그대로 사용하므로 투자비는 없다.

② 직접교사비용: 실제의 교실크기가 한정되어 있으므로 위의 대안 A보다 교사수가 더 필요하게 된다. 교사의 50%를 2부수업

에 참여시킬 때 학생/교사 비율은 평균 43.6명이 된다. 따라서 4차
년도부터 1,023명의 교사가 필요하다.

③ 기타운영비: 운영비 중 가장 비중이 큰 것이 임대료 지불
이다. 2차년도에 57,000Cn, 3차년도에 94,000Cn, 그리고 4차년도
이후에는 114,000Cn의 임대료 지불이 발생한다.

15.4.3   대안 C

① 투자비: 투자비용이 대안 A보다는 훨씬 적게 발생하지만
개량·개축을 위한 투자비용이 4년에 걸쳐 발생한다. 보수비용으
로 m²당 평균 34Cn에서 57Cn이 소요될 것으로 측정되었다. 총
교실면적 10% 정도는 보수가 필요 없는 것으로 판명되었다.

② 직접교사비용: 세 가지 대안 가운데서 교사수를 가장 많이
필요로 하게 된다. 교육부에서 교실면적의 표준기준으로 내세우고
있는 학생당 시설수준은 1.3m²이다. 이 기준을 지키는 것을 전제
로 할 때 학급당 학생수는 21.0명으로 줄어들게 되며, 교사 50%의
2부수업 허용을 전제로 하더라도 학생/교사 비율은 평균 32.8명
정도이다. 따라서 4차년도부터는 1,360명의 교사가 필요하다.

③ 기타운영비: 대안 A와 동일하게 학생 1인당 9Cn을 표준
운영비용으로 산정하였다(여기서는 시설을 대안 A와 맞먹도록 확대
개량했기 때문에 대안 A와 동일한 운영비를 계산했다. 그러나 실제로는
임대료 지불 등 때문에 운영비가 대안 A보다 더 커질 수 있을 것이다).

15.5 대안의 최종 선택

[표 15-2] 비용흐름의 현재가치 (단위: 천 Cn)

대안 A

연 도	비 용	할인계수($r=10\%$)	현재가치
0	1,485	1.000	1,485
1	4,624	0.909	4,203
2	4,514	0.826	3,728
3	4,240	0.751	3,184
4~30	3,606	6.940*	25,026
합 계			37,626

대안 B

연 도	비 용	할인계수($r=10\%$)	현재가치
0	-	-	-
1	-	-	-
2	2,458	0.826	2,030
3	4,036	0.751	3,031
4~30	4,921	6.940*	34,152
합 계			39,213

대안 C

연 도	비 용	할인계수($r=10\%$)	현재가치
0	123	1.000	123
1	448	0.909	407
2	3,409	0.826	2,816
3	5,243	0.751	3,937
4~30	6,252	6.940*	43,389
합 계			50,672

주)*: 4~30년간의 누진할인계수

대안의 최종선택을 위해서는 다음과 같은 두 가지 접근방법을 택하는 것이 바람직하다.

15.5.1 대안들의 비용흐름을 현재가치화

대안 A, B, C들의 비용흐름을 사회적 할인율 10%를 적용하여 현재가치화하면 [표 15-2]와 같게 된다.

[표 15-2]의 계산결과를 살펴볼 때, 가장 저렴한 비용으로 교육목표를 달성할 수 있는 대안은 대안 A이다. 대안 B는 현상을 유지하는 것이므로 사실상 고려할 가치가 없는 대안이지만 대안 A 및 대안 C를 비교하기 위하여 채택한 것이다. 대안 C가 가장 비용이 많이 드는 대안인데 그 이유는 비록 투자비는 대안 A보다 낮으나 3차년도 이후 직접교사비용 등이 급격히 증가하기 때문이다.

15.5.2 대안들간의 내부수익률(IRR) 비교

주지하는 바와 같이 대안 A, B, C는 상호배타적인 대안들이다. 따라서 각 대안들에 대한 내부수익률을 직접 계산하여 비교한다는 것은 아무 의미도 없으며 대안과 대안들간의 비용흐름의 차이를 구하여 그 차이에 근거한 내부수익률을 계산하여야 한다(제8장(8.4) 및 [표 8-5]를 참조할 것).

① 대안 A와 대안 B간의 비교: 이것은 일종의 사업이 있을 때(with project)와 사업이 없을 때(without project)를 비교한 것과 같은 개념이다. 비용흐름의 차이에 대한 내부수익률을 계산하면 [표 15-3]과 같다.

[표 15-3]의 계산과정을 살펴보면 '비용흐름의 차이'란 것은

[표 15-3] 내부수익률 계산 (단위: 천 Cn)

연 도	대안 A 비용	대안 B 비용	비용흐름 의 차이	$r=10\%$		$r=15\%$	
				할인계수	현재가치	할인계수	현재가치
0	1,485	-	-1,485	1.000	-1,485	1.000	-1,485
1	4,624	-	-4,624	0.909	-4,203	0.869	-4,018
2	4,514	2,458	-2,056	0.826	-1,698	0.756	-1,554
3	4,240	4,036	-204	0.751	-153	0.658	-134
4~30	3,606	4,921	+1,315	6.940*	+9,126	4.283*	+5,632
합 계					+1,587		-1,559

주)*: 4~30년간의 누적할인계수

내부수익률(IRR)=10+5(1,587/3,146)=10+5(0.50)=10+2.5=12.5%

대안 A와 대안 B의 비용흐름을 서로 차감한 것으로 이것은 대안 A가 대안 B에 비하여 비용을 얼마만큼 절약(cost-saving)할 수 있는가를 밝히고 있는 것이다. 계산한 내부수익률은 이 비용절약분에 대한 수익률을 가리킨다. 따라서 이러한 내부수익률이 높을수록 대안 A가 갖고 있는 비용절약가치가 높다는 것이며 내부수익률이 사회적 할인율보다 높으면 대안 A가 채택되고, 반대로 내부수익률이 사회적 할인율보다 낮으면 대안 B가 채택된다. 위에서 계산된 내부수익률은 12.5%이므로 사회적 할인율 10%하에서는 대안 A가 채택된다.

② 대안 A와 대안 C간의 비교: 그러면 대안 A를 현상유지가 아닌 확장·개축하는 대안인 대안 C와 비교하면 어떻게 될 것인가를 확인해 볼 필요가 있다. 앞의 경우와 같은 방법으로 내부수익률을 계산해 본다.

[표 15-4]의 계산결과에 대한 설명은 [표 15-3]의 경우와 동일하다. 다만 여기서의 내부수익률은 27%로서 앞의 것보다 훨씬

[표 15-4] 내부수익률 계산 (단위: 천 Cn)

연 도	대안 A 비용	대안 C 비용	비용흐름의 차이	r=25%		r=30%	
				할인계수	현재가치	할인계수	현재가치
0	1,485	123	-1,362	1.000	-1,362	1.000	-1,362
1	4,624	448	-4,176	0.800	-3,341	0.769	-3,211
2	4,514	3,409	-1,105	0.640	-707	0.592	-654
3	4,240	5,243	+1,003	0.512	+513	0.455	+456
4~30	3,606	6,252	+2,646	2.043*	+5,406	1.516*	+4,011
합 계					+509		-760

주)*: 4~30년간의 누적할인계수

내부수익률(IRR)=25+5(509/1,269)=25+5(0.40)=25+2.0=27%

높다. 이것은 무엇을 의미하는가? 대안 A를 대안 C와 비교할 때의 비용절약가치는 대안 B와 비교할 때의 비용절약가치보다 훨씬 크다는 것을 이 수치가 의미하고 있다. 따라서 사회적 할인율 10%하에서 대안 A가 채택되어야 함은 당연하다.

15.5.3 최종 선택에 대한 결론

이상으로 세 가지 대안들을 비교·분석해 본 결과 대안 A, 즉 새로운 학교를 신축하는 사업에 경제적 타당성이 인정된다고 결론지을 수 있다.

부　　록

할인계수표(n년도의 할인율 i에서 1이 갖고 있는 현재가치)

n/i	2%	3%	4%	5%	6%	7%
1	0.980	0.971	0.962	0.952	0.943	0.935
2	0.961	0.943	0.925	0.907	0.890	0.873
3	0.942	0.915	0.889	0.864	0.840	0.816
4	0.924	0.888	0.855	0.823	0.792	0.763
5	0.906	0.863	0.822	0.784	0.747	0.713
6	0.888	0.837	0.790	0.746	0.705	0.666
7	0.871	0.813	0.760	0.711	0.665	0.623
8	0.853	0.789	0.731	0.677	0.592	0.544
9	0.837	0.766	0.703	0.645	0.592	0.544
10	0.820	0.744	0.676	0.614	0.558	0.508
11	0.804	0.722	0.650	0.585	0.527	0.475
12	0.788	0.701	0.625	0.557	0.497	0.444
13	0.773	0.681	0.601	0.530	0.469	0.415
14	0.758	0.661	0.577	0.505	0.442	0.388
15	0.743	0.642	0.555	0.481	0.417	0.362
16	0.728	0.623	0.534	0.458	0.394	0.339
17	0.714	0.605	0.513	0.436	0.371	0.317
18	0.700	0.587	0.494	0.416	0.350	0.296
19	0.686	0.570	0.475	0.396	0.331	0.277
20	0.673	0.554	0.456	0.377	0.312	0.258
21	0.660	0.538	0.439	0.359	0.294	0.242
22	0.647	0.522	0.422	0.342	0.278	0.226
23	0.634	0.507	0.406	0.326	0.262	0.211
24	0.622	0.492	0.390	0.310	0.247	0.197
25	0.610	0.478	0.375	0.295	0.233	0.184
26	0.598	0.464	0.361	0.281	0.220	0.172
27	0.586	0.450	0.347	0.268	0.207	0.161
28	0.574	0.437	0.333	0.255	0.196	0.150
29	0.563	0.424	0.321	0.243	0.185	0.141
30	0.552	0.412	0.308	0.231	0.174	0.131
40	0.453	0.307	0.208	0.142	0.097	0.067
50	0.372	0.228	0.141	0.087	0.054	0.034

할인계수표(계속)(n년도의 할인율 i에서 1이 갖고 있는 현재가치)

n/i	8%	9%	10%	11%	12%	13%	14%
1	0.926	0.917	0.909	0.901	0.893	0.885	0.877
2	0.857	0.842	0.826	0.812	0.797	0.783	0.769
3	0.794	0.772	0.751	0.731	0.712	0.693	0.675
4	0.735	0.708	0.683	0.659	0.636	0.613	0.592
5	0.681	0.650	0.621	0.593	0.567	0.543	0.519
6	0.630	0.596	0.564	0.535	0.507	0.480	0.456
7	0.583	0.547	0.513	0.482	0.452	0.425	0.400
8	0.540	0.502	0.467	0.434	0.404	0.376	0.351
9	0.500	0.460	0.424	0.391	0.361	0.333	0.308
10	0.463	0.422	0.386	0.352	0.322	0.295	0.270
11	0.429	0.388	0.350	0.317	0.287	0.261	0.237
12	0.397	0.356	0.319	0.286	0.257	0.231	0.208
13	0.368	0.326	0.290	0.258	0.229	0.204	0.182
14	0.340	0.299	0.263	0.232	0.205	0.181	0.160
15	0.315	0.275	0.239	0.209	0.183	0.160	0.140
16	0.292	0.252	0.218	0.188	0.163	0.141	0.123
17	0.270	0.231	0.198	0.170	0.146	0.125	0.108
18	0.250	0.212	0.180	0.153	0.130	0.111	0.095
19	0.232	0.194	0.164	0.138	0.116	0.098	0.083
20	0.215	0.178	0.149	0.124	0.104	0.087	0.073
21	0.199	0.164	0.135	0.112	0.093	0.077	0.064
22	0.184	0.150	0.123	0.101	0.083	0.068	0.056
23	0.170	0.138	0.112	0.091	0.074	0.060	0.049
24	0.158	0.126	0.102	0.082	0.066	0.053	0.043
25	0.146	0.116	0.092	0.074	0.059	0.047	0.038
26	0.135	0.106	0.084	0.066	0.053	0.042	0.033
27	0.125	0.098	0.076	0.060	0.047	0.037	0.029
28	0.116	0.090	0.069	0.054	0.042	0.033	0.026
29	0.107	0.082	0.063	0.048	0.037	0.029	0.022
30	0.099	0.075	0.057	0.044	0.033	0.026	0.020
40	0.046	0.032	0.022	0.015	0.011	0.008	0.005
50	0.021	0.013	0.009	0.005	0.003	0.002	0.001

할인계수표(계속)(n년도의 할인율 i에서 1이 갖고 있는 현재가치)

n/i	15%	16%	18%	20%	25%	30%	40%
1	0.870	0.862	0.847	0.833	0.800	0.769	0.714
2	0.756	0.743	0.718	0.694	0.640	0.592	0.510
3	0.658	0.641	0.609	0.579	0.512	0.455	0.364
4	0.572	0.552	0.516	0.482	0.410	0.350	0.260
5	0.497	0.476	0.437	0.402	0.328	0.269	0.186
6	0.432	0.410	0.370	0.335	0.262	0.207	0.133
7	0.376	0.354	0.314	0.279	0.210	0.159	0.095
8	0.327	0.305	0.266	0.233	0.168	0.123	0.068
9	0.284	0.263	0.225	0.194	0.134	0.094	0.048
10	0.247	0.227	0.191	0.162	0.107	0.073	0.036
11	0.215	0.195	0.162	0.135	0.086	0.056	0.025
12	0.187	0.168	0.137	0.112	0.069	0.043	0.018
13	0.163	0.145	0.116	0.093	0.055	0.033	0.013
14	0.141	0.125	0.099	0.078	0.044	0.025	0.009
15	0.123	0.108	0.084	0.065	0.035	0.020	0.006
16	0.107	0.093	0.071	0.054	0.028	0.015	0.005
17	0.093	0.080	0.060	0.045	0.023	0.012	0.003
18	0.081	0.069	0.051	0.038	0.018	0.009	0.002
19	0.070	0.060	0.043	0.031	0.014	0.007	0.002
20	0.061	0.051	0.037	0.026	0.012	0.005	0.001
21	0.053	0.044	0.031	0.022	0.009	0.004	0.001
22	0.046	0.038	0.026	0.018	0.007	0.003	0.001
23	0.040	0.033	0.022	0.015	0.006	0.002	
24	0.035	0.028	0.019	0.013	0.005	0.002	
25	0.030	0.024	0.016	0.010	0.004	0.001	
26	0.026	0.021	0.014	0.009	0.003	0.001	
27	0.023	0.018	0.011	0.007	0.002	0.001	
28	0.020	0.016	0.010	0.006	0.002	0.001	
29	0.017	0.014	0.008	0.005	0.002		
30	0.015	0.012	0.007	0.004	0.001		
40	0.004	0.003	0.001	0.001			
50	0.001	0.001					

참고문헌

Ali, Ifzal, *Public Investment Criteria: Economic Internal Rate of Return and Equalizing Discount Rate*, Report Series, no. 37, Manila: Asian Development Bank, 1986.

_____, *A Framework for Evaluating Economic Benefits of Power Projects*, Staff Paper, no. 43, Manila: Asian Development Bank, 1989.

_____, *Public Investment Criteria: Financial and Economic Internal Rates of Return*, Report Series, no. 50, Manila: Asian Development Bank, 1990.

Ahmed, S., "Shadow Prices for Economic Appraisal of Projects," World Bank Staff Working Paper 609, Washington D.C.: World Bank, 1983.

Anderson, L.G. and R.F. Settle, *Benefit-Cost Analysis: A Practical Guide*, Lexington, Mass.: Lexington Books, 1997.

Asian Development Bank, "Guidelines for Economic Analysis of Projects," Manila: Economics Office, Asian Development Bank, 1987.

Arrow, K.J. and R.C. Lind, "Uncertainty and the evaluation of public investment decisions," *American Economic Review* 50, 1970, pp. 364-378.

Bator, F.M., "The anatomy of market failure," *Quarterly Journal of Economics* 72, 1958, pp. 351-379.

Baum, Warren C. and Stokes M. Tolbert, "Investing in Development:

Lessons of World Bank Experience," *Finance and Development*, vol. 22, no. 4, December 1985.

Barish, N. and S. Kalpan, *Economic Analysis for Engineering and Managerial Decision Making*, 2nd ed., New York: McGraw-Hill, 1978.

Baumol, W.J., "On the social rate of discount," *American Economic Review* 58, 1968, pp. 788-802.

Boadway, R. and N. Bruce., *Welfare Economics*, Oxford: Basil Blackwell, 1984.

Brent, R., *Project Appraisals for Developing Countries*, New York: New York University Press, 1990.

Buchanan, J.M., and G. Tullock, *The Calculus of Consent*, Ann arbor: Univ. of Michigan Press, 1962.

Campleman, G., "Manual on the Indentification and Preparation of Fishery Investment Projects," FAO Fisheries Technical Paper No. 149, Rome: Food and Agriculture Organization of the United Nations, 1976.

Coase, R.H., "The Problems of Social," *Journal of Law and Economics*, 3, 1960, pp. 1-44.

Currie, J.M., J.A. Murphy, and 4. Schmitz, "The concept of economic surplus and its use in economic analysis," *Economic Journal* 81, 1971, pp. 741-799.

Curry, S. and J. Weiss, *Project Analysis in Developing Countries*, New York: St. Martin's Press, 1993.

Dasgupta, A.K., and D.W. Pearce, *Cost-Benefit Analysis*, New York: Barnes and Noble, 1972.

_____, S. Marglin, and A. Sen, *Guidelines for Projet Evaluation*, New York: United Nations, 1972.

Davis, O.A., and A.B. Whinston, "Externality, welfare and the theory of games," *Journal of Political Economy* 70, 1962, pp. 241-

262.

Desai, N., "Economic Analysis of Power Projects," Asian Development Bank Economic Staff Paper No. 24, Manila, 1985.

Dinwiddy, C. and F. Teal, *Principles of Cost-Benefit Analysis for Developing Countries*, Cambridge: Cambridge University Press, 1996.

Dixon, J., "Project Appraisal: Evolving Applications of Environmental Economics," Working Paper No. 19, Honolulu: East-West Environment and Policy Institute, 1990.

_____, and M. Hufscmidt, *Economic Valuation Techniques for the Environment: A Case Study Workbook*, Baltimore: Johns Hopkins Press, 1986.

_____, and P. Sherman, *Economics of Protected Areas: A New Look at Benefits and Costs*, Wash., D.C.: Island Press, 1990.

Dorfman, R., ed., *Measuring Benefits of Government Investment*, Washington, D.C.: Brookings Inst., 1965.

Dreze, J. and N. Stern, "The Theory of Cost-Benefit Analysis," Chapter 14 in A.J. Auerbach and M. Feldstein(eds.), *Handbook of Pubilc Economics*, vol. II, Amsterdam: Elsevier Science Pub., 1987.

Dreze, J. and N. Stern, "Policy Reform, Shadow Prices, and Market Prices," *Journal of Public Economics* 42, 1990, pp. 1-45.

Dunn, W., A. Lynch, and P. Morgan, "Benefit-Cost Analysis of Fuelwood Management Using Native Alder in Ecuador," *Agroforestry Systems* 11, 1990, pp. 125-139.

Dupuit, J., "On the measurement of utility of public works," *International Economic Papers* 2, 1952, pp. 83-110(translated from French, 1844).

Duvigneau, J. and R. Prasad, "Guidelines for Calculating Financial and Economic Rates of Return for DFC Projects," World Bank

Technical Paper No. 33, Wash., D.C. 1984.

Eckstein, O., "Investment criteria for economic development and the theory of intertemporal welfare economics," *Quarterly Journal of Economics* 71, 1957, pp. 56-85.

_____, *Water Resources Development : The Economics of Project Evaluation,* Cambridge, Massachusetts: Harvard Univ. Press, 1958.

Feldstein, M.S., "Net social benefit calculation and the public investment decision," *Oxford Economic Paper* 16, 1964, pp. 114-131.

Fontaine, Ernesto R., "Comment on 'Project Appraisal and Planning Twenty Years On,' by Little and Mirrlees," *Proceeding of the World Bank Annual Conference on Development Economics* 1990, Wash., D.C.: The World Bank, 1991.

Freeman, A.M. III., *The Measurement of Environmental and Resource Values: Theory and Methods,* Washington, D.C.: Resources for the Future, 1993.

Freese, S., J. Glock, and D. Squires, "Direct Allocation of Resources and Cost-Benefit Analysis in Fisheries," *Marine Policy* 19(3), 1995, pp. 199-211.

Friedman, M., "The Marshallian demand curve," *Journal of Political Economy* 57, 1949, pp. 463-495.

_____, and L.J. Savage, "Utility analysis of choices involving risks," *Journal of Political Economy* 56, 1948, pp. 279-304.

Gramlich, Edward M., *Benefit-Cost Analysis of Government Programs,* Englewood Cliffs, N.J.: Prentice-Hall, Inc., 1981.

Gittinger, J., *Economic Analysis of Agricultural projects,* Second edition, Baltimore: Johns Hopkins Univ. Press, 1982.

Griliches, Z., "Research costs and social returns: Hybrid corn and related innovations," *Journal of Political Economy* 66, 1958, pp.

419-431.

Gutierrez-Santos, L.E. and G. Westley, *Economic Analysis of Electricity Supply*, Washington, D.C.: Inter-American Development Bank, 1979.

Hanley, N. and C. Spash, *Cost-Benefit Analysis and the Environment*, London: Edward Elgar, 1993.

Harberger, A.C., "Basic Needs versus Distributional Weights in Social Cost-Benefit Analysis," *Economic Development and Cultural Change* 32(3), 1984, pp. 455-474.

Harber, A.C., *Project Evaluation: Collected Papers*, Chicago The University of Chicago Press, 1976.

Haveman, R.H. and Julius Margolis, eds., *Public Expenditure and Policy Analysis*, Chicago: Rand McNally College Publishing Co., 1981.

Helmers, F.L.C.H., *Project Planning and Income Distribution*, Boston: Martinus Nijhoff, 1979.

Henderson, A.M., "Consumer's surplus and the compensating variation," *Review of Economic Studies* 8, 1941, pp. 117-121.

Hicks, J.R., "The foundations of welfare economics," *Economic Journal* 49, 1939, pp. 696-712.

_____, "The four consumers' surpluses," *Review of economic Studies* 11, 1941, pp. 31-41.

_____, *A Revision of Demand Theory*, Oxford: Clarendon Press, 1956.

Hirshleifer, J., J.C. DeHaven and J.W. Milliman, *Water Supply: Economics, Technology, and Policy*, Chicago: Univ. of Chicago Press, 1960.

Hitch, C.J. and R.N. Mckean, *Economics of Defense in the Nuclear Age*, Cambridge, Massachusetts: Harvard Univ. Press, 1960.

Hotelling, H., "The general welfare in relation to problems of taxation and of railway and utility rates," *Econometrica* 6, 1938, pp. 242-269.

Hufschmidt, M., D. James, A. Meister, B. Bower, and J. Dixion, *Environment, Natural Systems, and Development: An Economic Valuation Guide*, Baltimore: Johns Hopkins Press, 1983.

Hughes, Gordon, "Shadow Prices in Indonesia," Memo, Cambridge University, 1989.

Hunter, L., "Tropical Forest Plantations and Natural Stand Management: A national Lesson from East Kalimantan?" *Bulletin of Indonesian Economic Studies* 25(2), 1984, pp. 111-123.

Irwin, George, *Modern Cost-Benefit Methods: An Introduction to Financial, Economic, and Social Appraisal of Development Project*, London: The Macmillan Press Ltd., 1978.

James, D., "A Hypothetical Case Study: The Lake Burley Fishery Project," in J. Dixon and M. Hufschmidt, eds., *Economic Voluation Techniques for the Environment: A case Study Workbook*, Baltimore: Johns Hopkins University Press, 1886.

Johansson, P., *An Introduction to Modern Welfare Economics*, Cambridge: Cambridge University Press, 1991.

_____, *Cost-Benefit Analysis of Environmental Change*, Cambridge: Cambridge University Press, 1993.

Just, R., D. Hueth, and A. Schmitz, *Applied Welfare Economics and Public Policy*, New Jersey: Prentice-Hall, 1982.

Kaldor, N., "Welfare propositions of economics and interpersonal comparisons of utility," *Economic Journal* 49, 1939, pp. 549-552.

Kohli, K.N., *Economic Analysis Journal of Investment Projects: A Practical Approach*, Hong Kong: Oxford University Press, 1993.

Kolb, J. and J. Scheraga, "Discounting the Benefits and Costs of Environmental Regulations," *Journal of Policy Analysis and Management* 9(3), 1990, pp. 381-390.

Kopp, R., "Why Existence Value Should Be Used in Cost-Benefit Analysis," *Journal of Policy Analysis and Management* 11(1), 1992, pp. 123-130.

Krutilla, J. V., and O. Eckstein, *Multiple Purpose River Development*, Baltimore, Maryland: Johns Hopkins Univ. Press, 1958.

Layard, R. and S. Glaister, *Cost-Benefit Analysis*, Second Edition, Cambridge, U.K. Cambridge University Press, 1994.

Levin, Herman M., *Cost Effectiveness: A Primer* Beverly Hills California: Sage Publications, 1983.

Levy, H. and M. Sarnat, *Capital Investment and financial Decisions*(3rd ed.), Prentice Hall, 1986.

Lind, R.C., "A Primer on the Major Issues Relating to the Discount Rate for Evaluating National Energy Options," In R. Lind, et al., *Discounting for Time and Energy Policy*, Wash., D.C.: Resources for the Future, 1982, pp. 21-94.

Lindsay, H., "The Indonesian Log Export Ban: An Estimation of Foregone Export Earnings," *Bulletin of Indonesian Economic Studies* 25(2), 1989, pp. 111-123.

Little, I.M.D. and J.A. Mirrlees, *Project Appraisal and Planning for Developing Countries*, New York: Basic Books, 1974.

_____, "Project Appraisal and Planning Twenty Years on," Paper Presented at the World Bank Annual Conference on Development Economics, Washington, D.C.: The World Bank, 1990.

_____, *A Critique of Welfare Economics*, 2nd ed., London and New York: Oxford Univ. Press, 1957.

Lutz, E. and M. Munasinghe, *Environmental-Economics Analysis of Projects and Policies for Sustainable Development*, Environment Working Paper No. 42, Environment Department, The World Bank, 1993.

Maass, A., "Benefit-Cost analysis: Its relevance to public investment decisions," *Quarterly Journal of Economics* 80, May 1966, pp. 200-226.

_____, et al., *Design of Water Resource Systems: New Techniques for Relating Economics Objectives, Engineering Analysis and Government Planning*, Cambridge, Massachusetts: Harvard Univ. Press, 1962.

Malaysia, Prepared by M. Veitch, Kuala Lumpur: Economic Planning Unit, United Nations Development Program/ World Bank State and Rural Development Project, 1984.

Marglin, Stephen A., *Public Investment Criteria: Benefit-Cost Analysis in Planned Economic Growth*, Cambridge, Mass.: The M.I.T. Press, 1967.

_____, "The social rate of discount and the optimal rate of investment," *Quarterly Journal of Economics* 77, 1963, pp. 95-111.

_____, "The opportunity costs of public investment," *Quarterly Journal of Economics* 77, 1963, pp. 274-289.

Margolis, J., "The economic evaluation of federal water resource development," *American Economic Review* 49, 1959, pp. 96-111.

Markandya, A., *The Economic Appraisal of Projects: The Environmental Dimension*, Washington, D.C. Project Analysis Department, The Inter-American Development Bank.

Mckean, R.N., *Efficiency in Government Through Systems Analysis*, New York Wiley, 1958.

Mendelsohn, R., "The Choice of Discount Rates for Public Projects," *American Economic Review* 71, 1981, pp. 239-241.

Merewitz, L., and S.H. Sosnick, *The Budget's New Clothes*, Chicago: Markham, 1971.

Mishan, E.J., *Cost-Benefit Analysis*, Fourth edition, London: Unwin Hyman, 1988.

_____, "The relationship between joint products, collective goods, and external effects," *Journal of Political Economy* 77, 1969, pp. 329-348.

_____, *Welfare Economics: An Assessment*, Amsterdam: North-Holland Publ., 1969.

Mishra, S. and J. Beyer, *Cost-Benefit Analysis, A Case Study of the Ratnagiri Fisheries Project*, Delhi: Hindustan Pub. Corp., 1976.

Morgan, M. and M. Henrion, *Uncertainty: A Guide to Dealing with Uncertainty in Quantitative Risk and Policy Analysis*, Cambridge University Press, 1990.

Munasinghe, M., *Environmental Economics and Sustainable Development*, Washington, D.C.: The World Bank, World Bank Environment Paper No. 3, 1993.

_____, and E. Lutz, *Environmental Economics and Valuation in Development Decisionmaking*, Environment Working Paper No. 51, Environment Department, The World Bank, 1993.

Nash, C., D. Pearce, and J. Stanley, "An evaluation of cost-benefit analysis criteria," *Scottish Journal of Political Economy* 22, June 1975, pp. 121-133.

Pearce, D., "The limits of cost-benefit analysis as a guide to environmental policy," *Kyklos* 29, 1976, pp. 97-112.

_____, *Cost-Benefit Analysis*, Second edition, London: Macmillan Press, 1983.

_____, and C. Nash, *The Social Appraisal of Projects: A Test in Cost-Benefit Analysis*, New York: John Wiley & Sons, 1981.

_____, and A. Markandya, "Marginal Opportunity Cost as a Planning Concept in Natural Resource Management," in G. Schramm and J. Warford(eds.), *Environmental Management and Economic Development*, Baltimore: Johns Hopkins Press, 1989.

_____, and A. Markandya, *Environmental Policy Benefits*: *Monetary Valuation*, Paris: Organization for Economic Cooperation and Development, 1989.

_____, and R. Turner, *Economics of Natural Resources and the Environment*, London: Harvester Wheatsheaf, 1990.

Papadopoulos, P. A. and M. N. Tamvakis, "Application of Probability Theory to Marine Project Appraisal," *Maritime Policy & Management* 22(1), 1995, pp. 51-62.

Pindyck, R., "Irreversibility, Uncertainty, and Investment," *Journal of Economic Literature* XXIX 1991, pp. 1110-1148.

Pigou, A. C., *Economics of Welfare*, 4th ed., New York: Macmillan, 1946.

Pouliquen, Louis Y., *Risk Analysis in Project Appraisal*, World Bank Staff Occasional Paper, No. 11, Baltimore: The Johns Hopkins University Press, 1970.

Powers, T.(editor), *Estimating Accounting prices for Project Appraisal*, Washington, D. C.: Inter-American Development Bank, 1981.

Prest, A. R. and R. Turvey, "Cost-Benefit analysis: A survey," *Economic Journal* 75, 1965, pp. 683-735.

Queensland Treasury, *Draft Project Evaluation Guidelines*: *Economic Evaluation of Public Sector Capital Projects in Queensland*, Brisbane, Queensland, Australia, 1992.

Raiffa, H., *Decision Analysis*, Reading, Mass.: Addison-Wesley, 1968.

Ray, A., *Cost-Benefit Analysis*: *Issues and Methodology*, Baltimore: Johns Hopkins Press, 1984.

Repetto, R., W. Magrath, M. Wells, C. Beer, and F. Rossini, *Wasting Assets*: *Natural Resources in the National Income Accounts*, Wash., D. C.: World Resources Institute, 1989.

Reutlinger, S., *Techniques for Project Appraisal Under Uncertainty*,

Baltimore: Johns Hopkins Press, 1970.

Roemer, M. and J.J. Stern, *The Appraisal of Development Project: A Practical Guide to Project Analysis with Case Studies and Solutions*, New York: Praeger Publications, 1974.

Rosenthal, D. and R. Nelson, "Why Existence Value Should Not Be Used in Cost-Benefit Analysis," *Journal of Policy Analysis and Management* 11(1), 1992, pp. 116-122.

Rothenberg, J., *The Measurement of Social Welfare*, Englewood Cliffs, New Jersey: Prentice-Hall, 1961.

Samuelson, P.A., "The pure theory of public expenditure," *Review of Economics and Statistics* 36, 1954, pp. 387-389.

_____, *Foundations of Economic Analysis*, 2nd ed., Cambridge, Massachusetts: Harvard Univ. Press, 1963.

_____, *Economics*, 9th ed., New York: McGraw-Hill, 1973.

Sassone, P. and W. Schaffer, *Cost-Benefit Analysis: A Handbook*, New York: Academic Press, 1978.

Schiender, Hartmut, *National Objectives and Project Appraisal in Developing Countries*, Paris: Organization for Economic Cooperation and Development Centre, 1978.

Schwartz, Hugh, and Richard Berney, eds., *Social and Economic Dimensions of Project Evaluation*, Washington, D.C.: Inter-American Development Bank, 1977.

Scott, M. and D. Lal., *Public Policy and Economic Development*, Oxford: Clarendon Press, 1990.

Sinden, J. and A. Worrell, *Unpriced Values: Decisions without Market Prices*, New York: John Wiley & Sons, 1979.

Squire, L. and H. Van der Tak, *Economic analysis of Projects*, Baltimore: Johns Hopkins Press, 1975.

_____, "Project Evaluation in Theory and Practice," Chapter 21 in H. Chenery and T.N. Srinivasan(eds.), *Handbook of Develop-*

ment Economics, vol. II, Amsterdam Elsevier Science Pubs., 1969.

_____, "Comment on 'Project Appraisal and Planning Twenty Years on,' by little and Mirrlees," *Proceeding of the world Bank Annual Conference on Development Economices* 1990, Wash., D.C.: The World Bank, 1991.

Steiner, P.O., "Choosing among alternative public investments in the water resource field," *American Economic Review* 49, 1959, pp. 893-916.

Stern, N., "An Appraisal of Tea Production on Small Holdings in Kenya," Case Study No. 2, Series on Cost-Benefit Analysis, Paris: Development Center, Organization for Economic Coopera- tion and Development, 1972.

Stokey, E. and R. Zeckhauser, *A primer for Policy Analysis*, New York: W.W. Nortonn & Co., Inc., 1978.

Sugden, R. and A. Williams, *The Principles of Practical Cost-Benefit Analysis*, New York Oxford University Press, 1978.

Szekeres, S., "Considering Uncertainty in Project Appraisal," *Economic Development Institute Training Materials* 030/088, World Bank, 1986.

Timmer, C.P., *Getting prices Right: The Scope and Limits of Agricultural Price Policy*, Ithaca: Cornell University Press, 1906.

Tisdell, C., *Environmental Economics*, Edward Elgar, 1993.

Turvey, R., "On divergences between social cost and private cost," *Economica* 30, 1963, pp. 309-313.

United Nations Industrial Development Organization, *Guidelines for Project Evaluation*, New York, 1974.

United Nations Industrial Development Organization, *Guidelines for Project Appraisal*, Prepared by P. Dasgupta, J. Marglin, and A. Sen, New York: United Nations, 1972.

U.S. Bureau of the Budget, Reports and budget estimates relating to federal programs and projects for conservation, development, and use of water and related land resources, Circular A-47, Washington, D.C., 1952.

U.S. Federal Interagency River Basin Committee, Subcommittee on Benefits and Costs, *Proposed Practices for Economic Analysis of River Basin Projects*, Washington, D.C.: U.S. Government Printing office, 1950.

U.S. Office of Management and Budget, *Discount rates to be used in evaluating time-distributed costs and benefits*, Circular A-94(revised), Washington, D.C., March 27, 1972.

U.S. Water Resources Council, *Policies, Standards and Criterica for Formulation, Evaluation and Review of Plans for Use and Development of Water and Related land Resources*, Senate Document 97, 87th Congress, Washington, D.C.: U.S. Government Printing Office, 1962.

U.S. Water Resources Council, "Principles, standards, and procedures of water and related land resource planning," *Federal Register*, Part Ⅲ, 1973, pp. 38-174.

Ward, W. and B. Deren, *The Economics of Project Analysis: A Practitioner's Guide*, Washington, D.C., Economic Development Institute of The World Bank, 1991.

Warr, P., "The Jakarta Export Processing Zone: Benefits and Costs," *Bulletin of Indonesian Economic Studies* 19(3), 1983, pp. 28-49.

_____, "Malaysia's Industrial Enclaves: Benefits and Costs," *The Developing Economies* 25, 1987, pp. 30-55.

Webb, M. and D. Pearce, "The Economic Value of Power Supply," Washington, D.C.: World Bank, Mimeographed, 1984.

Weiss, J.(ed.), *The Economics of Project Appraisal and the environment*, London: Edward Elgar, 1994.

Williams, A. and E. Giardina(eds.), *Efficiency in the Public Sector*:

The Theory and Practice of Cost-Benefit Analysis, London: Edward Elgar, 1993.

Zerbe, R. Jr. and D. Dively, *Benefit-Cost Analysis: In Theory and Practice*, New York: Harper Collins, 1994.

색 인

著者略歷

서울대학교 상과대학 경제학과 졸업
미국 Georgia대학교 대학원 졸업(경제학박사)
미국 Tennessee대학교 경제학과 교수
미국 Chicago대학교 객원교수
미국 California주립대학교 초빙교수
서울대학교 기획실장 역임
한국재정학회 회장 역임
한국철도학회 회장 역임
대통령자문 정부혁신추진위원회 위원장 역임
現 서울대학교 행정대학원 명예교수

著書 및 論文

『현대재정학』
『경제분석』
『재정과 경제복지』(공저)
『위험한 조류』(역서)
『경제발전에 있어서 국가재정의 역할』(연구총서)

제4판
비용·편익분석

1997년	8월	30일	초판발행
2004년	6월	30일	개정판발행
2008년	2월	29일	제3판발행
2012년	2월	25일	제4판발행
2021년	3월	10일	중판발행

저 자 김 동 건
발행인 안 종 만
발행처 (주)**박영사**
　　　　서울특별시 종로구 새문안로3길 36, 1601
　　　　전화 (733)6771 FAX (736)4818
　　　　등록 1959. 3. 11. 제300-1959-1호(倫)

www.pybook.co.kr e-mail: pys@pybook.co.kr

파본은 바꿔드립니다. 본서의 무단복제행위를 금합니다.

정 가 22,000원　　　　　ISBN 978-89-6454-210-1